無神の革命［I］

福岡正信

春秋社

人が何かを知ろうとする前に、
人が何かを求めようとする前に、
人が何かを為そうとする前に、
神がなぜ人間を見すてたかを知れ
人類は破局の真因を知らず、
人間復活の道を求めず、
人は為すべきことを知らずして、
ただ為すこと多きを誇る。

はじめに

万物を知らざれば、
　一物を知ることあたわず。
一物を知りえざれば、
　万物を知るあたわず。
万物は一物に凝結し、
　一物は万物を覆いつくす。
全宇宙の生命、一茎の花に宿れば、
　全宇宙は即ち一茎の花。
人は全宇宙をみて、
　一木一草を観ることあたわず、
神は一木一草をみて、全宇宙を観る。
人は一花の心を知らずして、

宇宙を知るごとく言い、
神は全宇宙を知りて、
　なお一花を語らず。
神は語りえざるをもって語らず。
　人は語りえずして語る。
人は真言を知らずして、万学をとき、
　神は万象に通じて、一言を説かず。
神は無為にして万事をなすも
　人は万事を為して、一事をなしえず。
真知は〝知らず〟
真言は　二つなく、
為すこと　一つもなきに、
　一文を草せしことを
神の名に恥ず。

小心庵にて

『無』(初版)自序

無い。

何も無い。

何でもなかった。

人間は価値ある何ものも所有してはいなかった。


すべての常識を大まじめに否定する私は、馬鹿なのか、私は狂っているのであろうか。

私がくどくどと述べる事柄は、人々にとっては何の問題にもならないことなのだろうか、愚劣な路傍の雑草として踏みにじって行く人。

一瞥も与えないで、嘲笑して行く人。

しかし路傍の一木一草に、哲学の最初にして、しかも最後のものがないとだれが言い得ようか。

悶々として二十年、消そうとしても消えず、燃やすにもまたすべなく、胸底に明滅していた心の灯火をここに記してみたが、

……………

私の乱打した鐘は……気づいてみると、無音の鐘の音でしかなかった。
音を発していない。
だが怒濤の波うちぎわで、狂気のようにもだえている私の姿に、
はるかに高い断崖の上で、楽しそうに乱舞している人々が、ふと気づいて……足をとめて……。
「あの男は何を言っているのだろう」と考えてくれたら、
私もまた一刻の心の安らかさを得ることができる。

昭和二十二年

再版（『百姓夜話』）にあたって

若いとき私は、ある一事を知った。

それから……茫漠とした十年がすぎ、さらに何をすることもなく、怠惰な二十年、三十年と時がたった。

過去は一瞬の夢であったようでもあり、長い長い無限の時であったようにも思われる。

いつも怒り、泣き、笑う、みにくい自己の愚鈍さを悲しむとともに、私の心には、この世の人間、社会に対するがまんのならぬ憤怒の炎があった。

私ほど歓びを知り、幸せな男はいないと思いながら、一方では、自分ほど孤独でみじめさを知る者もないだろうとも思ってきた。

この書は平凡な一百姓の人生報告ではない。私を支配して、私の一生を狂わしてしまった一事が何であったかを書こうとしたにすぎない。

不可能と知りながら……。

昭和三十三年

『無』三部作（新版）のしおり

私は終戦後まもない頃に『無』と題した謄写本を出した。それを昭和三十三年に『百姓夜話』と改題して出版した。

私はこの一書にすべてを書きつくしたつもりで、二度とペンをとるつもりはなかった。

だが十年たった後に、読者の不満から『百姓夜話』を哲学的に解説した『無』をさらに自然農法を主体にした実践編として『緑の哲学』を出版するはめになった。

もちろんいずれも特異な内容のため、自費出版の限定版で、世間の片すみでほそぼそと読まれたにすぎなかった。

ところが時代は変わったのか、忘れかけたこの頃になって、この『夜話』『無』の再版を要望する声が多くなった。

この機会に、もともとこの三部作は一冊の本として出されるべきものであったので、総括して、標題も『無』に統一し、内容も大幅に補足して、面目を一新して出すことにした。

第Ⅰ部　神の革命（宗教篇）

第Ⅱ部　無の哲学（哲学篇）

第Ⅲ部　自然農法（実践篇）

しかし、各冊とも書く形式、文体が異なっていた。特に「第Ⅰ部　神の革命」の骨組とした『百姓夜話』は、自問自答を対話形式で書いているため、書き改めようかとも思ったが、三十年前の結論と今の思想の間には寸分の差異も変化もないこと、またその当時の指摘が現在ぴたりとあてはまることから、原文を訂正することは一切（校正以外）避けるようにした。

ただ今回、文意が通じやすくなるように若干の補足を加えたために、総体的にみれば、この版で前書の面目を一新したと言えないこともない。

この第Ⅰ部（宗教篇）を読まれる人に望みたいことは、文体や文章のまずさにこだわらず、言葉の奥にある文意をくみとって欲しいということである。

言葉《ことば》は光透波としての役目を果たすにしても、その奥の思念をキャッチして解読して役立てるかどうかは、どこまでも受信装置であるあなた次第と言わねばならないだろう。

私の責任はどこまでも、真理を書いたか、否かにかかっている。その点で全責任をもつが、何分にも百姓仕事の片手間での拙速で粗雑きわまりない書物であることは了解して欲しい。

所詮書物は、もの言わぬ石と同じ価値しかない。しかし愚劣でもの言わねば言わぬほど、石は凝結せる真理を物語るとも言える。

この書がどんなに粗雑で、愚劣であったとしても、これが彼岸と此岸を結ぶ一本の丸木橋であるという私の確信はゆるがない。なぜならば愚人の私と神の共著であるからである。貴方が信じてこの橋を渡ってゆけば、やがて彼岸の神と対面できるはずである。ただ残念ながらこの丸木橋は現在極めて粗末である。でも人々がこの丸木橋のどこが悪いか、不完全なところを指摘してくれさえすれば、どのようにも補足することができる。
この丸太の橋は、あなたと神の協力によってのみ完成される。

昭和六十年

目次

無I　神の革命

宗教篇

第一章　無価値（物）

——価値あるものは何もない

一　衣――暖寒、美醜

早春の麦畑のことである。暖かい日の光を背に受けてあぜ端に腰を下して休んでいるとき、山の方からひさしぶりに例の白髪の老人がやってきた。

「暖かくなりましたな。」

「……」老人はにこやかに笑っている。

「一枚いらなくなりました。」私は上衣をぬぎにかかった。

青空を仰いで、とぼけた顔で老人は、

「そうだ人間は衣物を着ている……人間だけが……」

私は皮肉に応じた。

「犬猫は寒くないのでしょう。」

ふと老人の顔にくもりがさし、そしてつぶやくように言った。

「衣物を着るから寒い。」老人は冗談を言ってはいない。

「いや寒いから着るのでしょう、着ると暖かい。」

「なるほど、綿は暖かい、着たときは、着ないときより暖かい。しかし人間が衣物を着たとき、その時から人間は寒さを知るようになる。そして一度衣物になれたとき、二度とその衣物を手ばなすことができないように、人間の体も心も弱くなる。」

「寒いから暖かくする、暖かくするとなおさら寒くなるというわけで……」

「寒さは寒いから寒いのではない、寒いから寒さを感じるのではない。寒いということを人間が知った時から寒くなる。寒いと思って暖をとる。そのとき初めて人間は寒さを知る。そしてそのときから本当に寒くなる。」

「……」

「犬猫も冬の寒さがその身に迫ることは確かであろう。しかし、寒の水中の魚が寒いと言ったという話はまだ聞かない。彼らは〝冬は寒い〟を知らない。知らない彼らは寒いということは思わない。寒いと思わない、彼らには冬の寒さも寒くないのだ。」

「なるほど、それで彼らは衣物を着ていないのか。犬や猫も冬の寒さは身に感ずるであろう……が衣物は着ない。寒いということを知らないがゆえに……だが、寒さに強いものもあれば弱いものもある。犬は強く猫は弱いがゆえに、日の光をしたってうずくまる……」

「犬は冬の寒い外をかけ回るがゆえに強く、猫はひなたぼっこばかりしているから弱い……とは考えられぬかな。北極の熊は強いから寒地に生存しうるのか、寒地にいたから強くなったのか、それよりもっと大切な問題は、熊も犬もともに裸でいて寒いと言わないということだ。人間ばかりが暖かい衣物を着ねばならぬほど弱い動物なのだろうか……人間も裸で生まれた。」

「……しかし、生まれたばかりの赤子は、暖炉で温められて風を避け、部屋の温度に注意され、暖かい衣で包まれ、そうして生長した。人間は人工的加温を必要としないで生長する動物だとは、もはや現今の人々の常識では考えられないことである。人間は裸で生まれた。しかし裸で育てるということは、もはや現代人には喜劇でしかない。」

そこまで言って私はふと思いだした。私はかつて北辺の極寒地で、赤子に浴せる水を氷を割って汲んでいる人を見た。またこの村でも祖父の代の人々は、清水を出産児にあびせてその元気を祝した。今ではだれも、産児に湯あみさせる湯は摂氏何度でなければ危険なものとかたく信じている。古代の人たちと現代の人たち、野蛮な国の人たちと文明国の人たちと、衣服にたいする程度には非常な差のあることは確かである。

人間ははたして衣物を必要とする動物か、人間もまた裸で生存しえられる動物か、私は迷わざるをえなくなってきた。

その時、老人はひとりごとのように言った。

「草木魚虫、暖衣なし、暖寒を知らず、嬰児また暖寒を知らず、嬰児、衣を欲せず、人、暖衣を与う、嬰児暖を知りて、寒を得たり。」

私はまだ疑惑の中から反問した。

「冬まずわが衣を棄てるべきか。」

「大人が先か？　赤子が先か？」

老人は軽くさとした。

「鶏が先に生まれたか、卵が先か。」

「では……」一瞬ためらう私に、

「人間が先か、衣が先か。」

老人は叱咤した。

私はもはや言葉を口にすることができなかった。暖衣を着け、体温を計り、冬は暖房装置、夏は冷房装置に守られて育つ都会の人と、酷暑のときも極寒の頃も、木の葉を綴り合せたような衣物一枚、飄々と暮らすこの老人と、いずれがはたして真の人間の姿であろうか?……。

野性のたくましさを失い、暖衣の乏しいのを憂える人々、一衣なお尊しとする人……私が独り考えにしずんでいるとき、老人は何かあらぬ方を見つめていた。私がなにげなくその瞳を追ったとき、そこには麦畑の向こうを行く美しい娘さんの姿があった。

私は救われたように「衣服はただ寒さを防ぐばかりではなかった」とつぶやいた。

と、老人が言った。「美しいか。」

「いつ見ても美しい娘さんですね。」

「そう見えるか。」

私は不審に思った。老人は向き直って、

「美しいと言ったが、何が美しいかな。」

「美しい顔立ち、美しい化粧、美しい衣物……」と言いかけて私は口をつぐんだ、あるものに気

づいて。

老人は知らぬ顔で奇妙なことを言いだした。

「猿が美しい衣物を着て、お化粧したとき、お前は美しいと言うだろうな」と。

「それはおかしいでしょう。」

「なぜ……美しくなければならないはずだが……」

私は言葉に詰まり苦しまぎれに言った。

「人間は美しいが、猿は滑稽にしかすぎない。」

「猿が人間を見たとき、同じことを言うであろう。おれが赤い衣物を着るのはもっともだが、人間が赤い衣物を着るのは滑稽だよ、とな。」

私にはわけがわからない気がしはじめた。

老人は、

「自分のことは知らないものだ。猿は猿のことを、人間は人間のことを。」

「人間は人間のことは知っていますよ。」私はすこし不平であった。

「人間が人間は人間のことを知っているというのは、水中の魚がおれのことはおれが一番よく知っているというのと同じ意味でだ。猿や犬が衣物を着たり、魚や虫がお化粧しはじめたら、それは奇怪であるが、人間がお化粧するのは奇怪でないと考えるのは……」

「わかりましたよ、人間以上の神様から見れば同じように滑稽だと……言われるのでしょう。だが他のものから見れば奇怪でも、人間同士の間では滑稽でなく、美しく見えれば差しつかえはないでしょう。」

「もしそのため人間が不幸になるというのでなければ、滑稽は滑稽ですまされもしよう。一つの美しい服を造るのに幾人かの職人が労役にしたがわねばならないが、それもいとわないというのであればそれもよい。ただ一つの最も重大なことは、一人の美人を作るためには十人の不美人が必要であるということである。

一人が美服をまとえば十人の服がみすぼらしくなり、十人が醜く損われよう。美しい服ばかりでは、美しい服も美しい服にならぬ。醜い衣ばかりの世界では、醜い衣も醜い衣にならぬ。醜衣の中に美服があってのち、醜衣が初めて醜衣となる。百千の衣も同じであれば美醜はない。百の中に一の美服をなげこんで百の衣は醜となる。

千の衣も一美服のために損われる。一美服を造って喜ぶまえに、千の衣の損われたことをなぜ人は悲しまぬのか。一を得て、百千を失う。百千のものを泣かして、一人愚劣な美に喜ぶ。これが悲劇でなく、これが人間の不幸でなくてなんであろう。

万人が同一美服をまとえば美服は美服でなくなる……ような美服を得るがために自己を損い、他を排斥し、やれ美しい、珍しいお化粧じゃ、衣装じゃと体を飾るに夜も日もなく、狂い回って買いあさり、他人の乏しいのを見ては得意になり、傲慢、無礼の鼻を高くし、富んだ人を見てはいみ、ねたむ。他人の迷惑犠牲はかえりみず、しゃにむに衣装に身をやつして何が美しい。醜なければ美もなし、一人の美人を囲んでわいわい騒げば、裏で十人の醜女が泣かねばならぬ。美人と思う心がすでに醜、醜とて歎く心も醜、美醜ともに変じて醜態といわねばならぬ。」

老人の言葉にも私はなお不満を残していた。もちろんこの世には、愚劣な美も邪悪な美もあるであろう。しかしなお、この世には真に美しいと言うものがないとは考えられない。

そして人間はその美にあこがれるのだ。何ものにかえても……私は老人にふたたび向かった。

「美しいものは美しい。器量よしは器量よし、たとえそのために他のものを歎かしめようとも、生まれつきであれば、優劣美醜もまたやむをえない。老人は美服を排斥することができても、人間の美を排斥するわけにはいきますまい。」

「生まれつき、見目形が美しいというのかな……器量よし、美しい顔というのはどういう顔かな。」

「たとえば、色は白い、丸顔で、目が張り、鼻が高く口は小さく……」

「卵形で、目が細く、という時代もあったな、南方で色は黒いほどよく、口唇は太く厚いほど美人とする地方もある。歯の出張った、尖ったのを喜ぶ土人もある。」

「近頃の流行では眉に墨を塗り、まぶたに青色を、顔に黄色や赤色を、口唇や爪先に紅を塗るという化粧法もあるにはあるが……」

「昔は歯は黒く染め、眉を落し、髪は長く黒く、今は縮れて短く赤くあるいは青く……」

「いやもうわかりましたよ、少なくとも美人の標準が転々と浮動しているということは……人は好きずき、美といい醜という、何をもって美といい醜と名づけるか？　美というものには何の根も葉もない……にしてもこの世に美というものがないということは……」

「この世に美が、美人がないとは言わない。しかしお前らが考えている美は真の美ではない。なんの意味もない偽物をもてあそんで喜んでいるにすぎないのだ。とにかくみんなが考えている美は、美人は、美服は、美しいから美しいのではない。」

「と言われると。」

「美しいと思うから美しいにすぎない。赤ん坊の目に大人の美しいと思うものが映っても美しいとは喜ばない。」

「子供も美しい衣物を着て喜ぶが。」

「赤子には赤い衣物も白い衣物も同価値にすぎない。大人がこの衣物は美しいのだ、高価な衣物だ、喜ぶはずのものだと無理に教え信じこませたときから、子供はこの衣物は美しいと喜びはじめる。」

「美しいから美しいのではない、美しいものだと知ったときから美しく見えはじめると言われる。

では美を知らず美しいと考えず思わなければ……」

「美しくもなんともない。」

「では、あの娘さんも御老人の目には美しくは映りませんかな。」

「アハハハハ、花は紅、柳は緑。」

「では美しい？」

「人もとより動物、意馬心猿。何ぞ醜骸に美服をまとわんやだ……わからぬか。

昨日までの鼻たれ小僧、娘になっていそがしく衣装じゃ化粧じゃ、今日は生花、明日はお茶、お琴じゃと、美しくなりたい、美しくしたい、お上品だと言われたいと思うところに邪悪なものがひそんでいるのに気づかぬか。美しくなりたいは、醜さから逃れたい、隠したいの裏表、醜いがゆえに美と思う、美しくと思う思いがすでに醜なのじゃ。

美醜は本来同一物の裏表、悪知恵の利口者ほど、顔には出さぬ。しとやかだの、奥ゆかしいの、人は心の内までのぞきえないのをよいことにして、どんなに上手にぼろを隠すかに気をくばる。ばかばかしいことだが、どんなに上手に醜い心をつつんで隠したかによって、人間の品位が決定されているのが実際だ。

だが考えてもみよ、猿の衣装はごていねいで立派なほど滑稽じゃ、猿がおとなしく、すまして歩くといえばさらに奇怪じゃ。まして猿が恋心を内にひめて悩むといえば、しおらしい風情があると言いうるか。

風呂に褌して入るのが上品か、隠すのが上品であればお姫様は衣物を着て風呂に入らねばならぬ。人間が上品にすればするほど、隠せば隠すほど、美しくしようとすればするほど、人間は滑稽になってくる。それはなぜだ……。

人間は人間らしく、猿は猿らしく、人間が人間を離れ、猿が猿らしさを離れるにしたがって滑稽になる。」

「ふさわしくないから滑稽になる。異常だから滑稽になる。」

「そうだ。しかし問題は人間にはなにが真にふさわしいのか異常なのかを知りえない、わかっていないということだ。

世間の人々が言う〝ふさわしくない〟ということは、ただにその姿に慣れていないということを言っているにすぎないのでないか。

満蒙の人々が日本の衣装を着ければ滑稽だという。日本人が西洋人の服装をするとふさわしくないという。しかしそれもしばらく慣れてくると滑稽だとは言わなくなる。猿や犬も長年月衣物を着ておれば、人間は滑稽だと言わなくなるであろう。異常だから滑稽だと言っていても、人々の言う異常とは一時的なものにすぎない。」

「異常とは正常の反対である。」

「では正常は？」

「……」

「異常の反対と言うのであろう。とすれば人間には真の正常とは何かということはわかっていないことになる。

黄色い顔の人々の間に一人の白色人がおれば異常だという。白色人の間にまじる黒人は異常と見る。白い大根の中に赤い大根があれば奇怪に思い、赤い人蔘の中に黄色い人蔘があれば異常と見る。

しかし黄色い人蔘ばかり見慣れている人々には赤い人蔘が異常に見える。

白人は黄色人を異常とさげすみ、黄色人は黒人を異常と笑う、黒人はまた白色を奇怪に思う。人間には正常も異常もわからないがゆえに一は他を笑い、他は一をさげすむ。

人々はふさわしいということが何であるのか、異常か何かわからないままに時と場合で、異常だ、滑稽だ、ふさわしくない、醜だ、美だと騒いでいるのだ。

日本人は和服が最もふさわしく美しいと考える。西洋人には洋服が、南洋の土人には土人の服装が最もふさわしく美しいと……はたして何が真実の美か、誰も断言しうるものはない。」

「ふさわしいものが何かわからないでは、人間にとって最もふさわしい、すなわち最も美しい服装は？……」

「……」

「人間にふさわしい衣物と考える所に、すでに人間の間違いの元がある。」

「人間にふさわしい衣物はない、猿にふさわしい衣物があるか？」

「猿にふさわしい衣物がないという論拠は？」

「猿には美醜がない。」

「人間の世界には美醜がある。」

「人間の世界にも猿の世界にも美はある。しかし人間の言う美醜は猿の世界にはない。」

「人間の世界にのみあるという美醜とは？」

「知恵の洞窟の中で、人間が勝手に名づけた美醜である。人間の言う美醜は真に美であるがゆえに美と名づけ、醜であるがゆえに醜と名がついたものではない。物に勝手に名づけて一を美、一を醜と呼んだにすぎない。美は醜に発し醜はまた美に出発する。美は醜があって、醜は美があって存在する。美即醜、醜即美、二者は本来同一物じゃ。

醜をのがれようとするのは醜、美をもとめるもまた醜。醜をいみきらえば、ますます醜となり、美をこいねがうことにあくせくすると、ますますもって醜となる。」

「人間は美に憧れ、美を求める。醜をしりぞけ、醜を排斥していくことによって美が獲得せられるものと信じて努力する。だが老人の言葉では人間の努力はどうなるのか。」

「人間は釣竿をかついで山に出かけているのだ。東行しているつもりで西行しているのだ。彼らが求めるものは前方にはない。求めるものは後にある。人間は求めるものとますます遠ざかりつつあることに気づかないで、ますます前進しているのだ。人間の努力は永遠の喜劇でしかない。」

「？……」

「譬えて言えば、美と醜の関係は、ちょうど人間とその影法師の関係にあたる。人間が去ればその影も去る。人間がとどまれば影もとまる。美が拡大すればその影法師の醜も拡大する。美が少なくなればその影である醜もなくなる。美が前進すれば醜もまた前進する。決して美は醜をふりはなすことはできない。捨てることも逃れることもできない。美と醜はどこへ行ってもくっついていて離れることはない。

人間の捨てようとする醜は美の投影であり、人間の求める美はまた醜の投影でもある。二者は同一物なのだ。人間の世界には、醜なくして美は存在しえない、醜なき美、絶対の美すなわち真の美は存在しないのだ。」

「しかもなお人間は真の美をこいねがう……」

「人間が本当に醜から逃れようとすれば、まず人間は美を捨てねばならぬ。人間が本当に美を求めるなれば、人間は醜をも抱きかかえねばならぬ。

真の美を人間がうるためには、人間は人間のもつ美も醜も捨てねばならぬ。

美も醜も人間が捨てたとき、なお屹立するものがある。それはもはや美醜と名づけられる美ではない。寂莫の世界になお厳としてあるもの、それは名無き美である。」

「美でもない、醜でもない、名無きもの、美を捨て醜を捨ててなお存する名無きもの……名無きもの」と、私は口のなかでつぶやきながら反問した。

「名無きものは……」

と老人は冷たく強く言った。

「言いようもない。」

私はハッとした。老人はもうしっかりと口をとじている。私は長いあいだ老人の顔を見つめていた。

老人はもうこのことについては何ごとも話さないであろう。私は沈思することも忘れて茫然としていた。

老人は静かに腰をあげた。そして何ごともなかったように飄々と歩みはじめた。

私は独りで呟いていた。「名無きもの……」

私の目は見るともなく老人の枯木のような後姿を見ていた。その姿はあまりにも素朴であった。が次の瞬間、急に私の腹の中には熱い愉快な流れが湧き起こっていた。

「名無きもの」、つい口にした私の声は大きかった。老人はふり返った。そして微笑した。

「名無きものは？」

私はすぐ答えた。老人の後姿を真直に指しながら、

「ここに存在する！」

老人は私の顔を凝視し、そしてカラカラと笑った。私も声高く笑った。

足早く山の方に消え行く老人の後姿を見送りながら、私はひとりごとを言った。

「暖寒は衣服によらず、心身の健不健にあり。

醜骸は美服をまとうもいやし。

貧衣に包むも法身は尊し。

五尺の醜体、一布衣をまとえばすでに十分。」

二　食——甘酸、好悪

河の鯉がとれた夜、老人をまねいて、ごちそうしたことがある。

老人は一椀の鯉汁、一椀の盃に陶然として舌鼓をうたんばかりに御満足であった。

この老人の喜色をみて私の心も嬉しくなり、つい私はからかってみたいような気がしはじめた。

「御老人にもごちそうはおいしいとみえますな。」

と、意外なと言わんばかりの気色で老人は言った。

「ごちそうでないものがあるのかな。」

私はちょっとめんくらったが、負けていなかった。

「糞尿変じてこの大根となる。」

私のさし出した大根漬を老人はうまそうにぱくりとやって言った。

「大根を食って糞となり、糞を施して大根となる。大海の水変じて雲となり、雲は雨と変じて海に帰る。一々気にする事もあるまい」と軽く言って、なお老人は、

「悪人もてあそべば黄金も穢物となり、善人そそげば穢物も黄金の水となる。まして百姓の流汗結集してこの大根となる。」

大根漬をぼりぼり食って何くわぬ顔の老人、私は苦笑して話を変えた。

「近頃山門の僧徒も一汁一菜の粗食をやめてしまったと聞きますがいかがですか?」

「山門の徒もまた全からずか。やむをえまい。」

「?……」

「病人に薬じゃ。」

私は次をうながした、老人は静かに話しはじめた。

「体が健やかであれば薬は不要じゃ、体が病を得て栄養を求める。」

「心身が健康でも、これを保つのに栄養ある食を必要とするというのとは違いましょうか。」

老人はちょっとほほえんで突然こう言った。

「人間は生きているのか、死んでいるのか。禽獣生あり、人また生命を得てこの地上に生きる。生はもとよりなり。食もとより存すべし。何ぞ求めんや、禽獣また食を求む。しかしじゃ、鳥はただこれを啄んで食し、獣これを噛んで食べるにすぎない。人はこれを尋ねこれを求め作り労して食う。あい似てあい離るること千万里というわけだ。わかるかな。」

「求めて食わぬと飢えるという現実の世に……」

「水中の魚がまだ飢えたのを見たことがない。犬や猿が米騒動を起こした話は聞かぬ。」

「彼らはどこに斃れても悔いがない。」

「人のみ死にきれぬというか、食をもとめて生きて何の益もないことは禽獣と同じであるが……」

このとき、老人の額は少し曇って悲しくも見えた。

老人はつけ加えるように、

「人は食の足らないのを恐れる、偏すると憂える、おいしくないとて嘆く。しかしだ」と、老人は言葉を切り、

「山野に草木みち茂るあり、何ぞ足らずと言わん。山川に魚獣住むあり、何ぞ偏するを憂えん。食の甘、不味を嘆かんより、その心身の弱きを正すべし。心身健ならば、地上の草木魚虫鳥獣、一として食たり得ざるものなく、一として食して甘からざるものなし。

身体不健なればいかなる食もこれをとり得ず、いかにすとも美味とはなり得ざるなり。食の豊貧、栄養、不味、美味、食に在りて食になし。みな我身に発して我身に帰る。

人退いて食膳に美食を求めんより、進みて山野に不味を獲るにしかざるなりじゃ。」

老人はかるく目をとじて言った。

「一日美味を味うと、後日の食はみなその美味を失う。一つ美食すれば、一のものが不味となり、二の美食をうれば四の不味を得たことになる。一を得て二を失い、二を得て四を失う。

しかも美味もなお二度食うとうまくなく、三度食うとまずくなる。珍味も二度食うと珍味とならず、三度食うと平凡となり、四度、五度重なるといやじゃと言いだす人間じゃ。

食はさがせば乏しく、貧して求めると、ますます窮す。食は求めずして存在し、心は豊かに身は貧にあると、食はますます豊かとなる。

食を食膳に求むるをもって、食偏す。原野に食を求むれば食全し。食偏して身体全からず、心豊かに、食偏せざれば身体全く、貧にしてなお頑健となる。身体虚弱ならば食ありて食すでになく、身体頑健なれば食なくて食自ら生ず。

人、食に貪欲にして食を失い、

鳥獣、食に無欲にして食は豊。

禽獣は天命にゆだねて食を求めざるがゆえに、食至るところの山野に満ち満ちてあまねし。

人、天命を知らず、浅慮に走り食を求めて食を失い、食を喰いて食となしえず、焦慮、奔走して狂態を演じ、甘味を求め、美味を尋ね、珍味を欲し、しかもなお偏するを憂え、投薬、施療に戦々兢々として寧日なし。

朝に北海の珍果をもとめ、夕に南溟の海に海獣をとり、東に人を走らして穀をえ、西に人を使して魚を尋ね、朝に乏しきを怒り、夕べに豊かなるを誇る。あさましとや言わん。あくことを知らざる人間、おごれる王者、しかもはたして彼が食豊かなりや、食美味なりや。」

と、老人はジロリと私の顔を見た。

私はつぶやいた。

「人、食を食して食を知らず。

食、食にして食にあらず。

求めてこれを失い、探ねてこれに遠ざかる。

人、果して木によりて魚を求めたるか、水中に鳥を獲て喜びたるか？……。

わが食せるものは果して何ぞ……」
老人がつけ加えるように言った。
「満蒙の野人、食偏して健。
都人、食足りてなお弱。
山海の珍味も変じて毒となり。
一汁一菜も変じて山海の珍味となる。
食は食に在らず、人食によらず。
人、人によりて全し。
　色、触、香、味、これもまた空か
　　アハハハ……」
老人は声高く笑った。

三　住――大小、優劣

ある日、意外な門前に例の老人を見出した。老人はこの近隣には少ない豪壮な邸宅を見上げ見廻してなにか不審顔しているのである。

意外なというのは、かつてこの家の下男が老人に道で出会ったとき、下男が、「老人よ、お前さんはなにも好んで貧乏人の所ばかりに行かなくても、有り余る旦那さまの所に出入りすればいいかけるや否や、老人は、「有り余れば倉の外にこぼれているはずだが」と、とぼけた。その豪家の門前に、老人を見出したからである。

「何か御用でも……」と尋ねると、老人は私をふり向きもしないでつぶやくように、

「この家の人は何年生きられるつもりじゃろう……」

老人は知っていての皮肉でもなさそうである。

「この家の御主人はよい方ですが、長い間、胃病で病の床につかれ、また娘さんも病気で都から帰っておられるようですよ。みんなよいお方達ばかりだのに。」

「おお……それはお気の毒な……この門は、この塀は、家は、何百年も、何千年も残るだろうが……」

私はオヤオヤと思った。老人は何を言い出すかわからない。この家の誰かの耳にでも入ればと心配しだしたとき、老人はすたすたと歩きはじめた。老人はいつになく悲しそうな、愁い顔のようにも見える。私はあわてて後を追いかけた。

「あの邸宅は老人のお気にはいりませぬか？」

老人はぽつりと一口言った。

「わたしは五尺じゃ。」

なるほど、爺さんは貧相な体だ。この姿であの広壮な邸宅には似合わない。やはりお山の掘立て小屋がふさわしい。

「心命雨露をしのげば足るというわけで……」

老人は路傍の石に腰を下ろした。そしてぽつりと言った。

「そうじゃの。住家というものは、雨露をしのぎ風雪を防ぎうればもう充分じゃ。広壮な建物はもはやねぐらとは言えぬの。」

私にはねぐらと言う言葉が何か懐しい気がした。

老人は鳥獣も、人間も区別しない。そうだ。ねぐらとは鳥獣にとっては憩いの場所を意味する……が広壮な建物は……ねぐらではないと老人は言う。

「広壮な邸宅は憩いの場所として？……」

「憩いにはなるまい」とはっきり言いきられては、私も追求せずにはいられなくなった。老人は明らかに広壮な邸宅を軽蔑している。

「ごらんのように、あの邸宅は雨露をしのぐというよりは風雨の漏れる一分の隙もありません。外気の寒さ暑さも邸宅の中にはおよびませぬ。はりめぐらされたガラスで冬の日も暖い。そればかりか、部屋の中ではストーブが赤く焚かれています。夏は夏で扇風機が冷風を吹き送ります。人が住み憩うには完璧のように存じますが？」

「完璧か、なるほど、完璧な遮断じゃの。……あの屋根、厚い壁、頑丈な戸、高い垣、堅い門、陽光を避け、地温を遮り、大空を遮断して正に完璧と言うべきじゃの。真実この世の姿ではない。御主人はこの世から逃れたいと言うのか？　でもなかろう。」

「高い垣、重い屋根をもってすれば、冬は陽光も透らない。厚い壁では夏の冷風も遮られる、だが家は夏冬の暖寒を和らげ」と言いかけるや、老人は、

「外気に暖寒はあるが、禽獣に暖寒はない。人にも暖寒はない。人々に暖寒がなくても、人心が暖寒を知るため、暖寒を生ずる。暖寒は我が身に出発するのに気づかぬのか。

八方を開けば、外気はすでにない。寒風をついて走れば身は熱汗の暖をおぼえ、閉めきって部屋にたてこもれば隙間もる風にも肩をすくめて震えねばならぬのじゃ。

人間が外気を恐れて逃げようとするのは、水中の魚が水を嫌って陸に上るのとおなじ愚。人間も、地上に住むをやめて海中に住めば、寒風もなし、熱風もなし。管を出して海上の空気を呼吸すれば完璧か？……。

春夏秋冬の暖気、風ありてよく、風なくてよし。有難ければ恐るべき何物もないはずじゃ。天に春夏秋冬があり、暖寒は定まらずというが、極北、南溟の地はさておいて、冬から夏に飛び、春から秋に移り変わるというものでもあるまい。暖寒は徐々に来て徐々に去る。

鳥獣草木はみな、その所に慣れ安んじて生命を保つ。冬が来たとて、鶏ははだしじゃ。春が来たとて狸が衣替えをした話は聞かん。冬が来れば戸を閉ざし、夏が来れば、戸を開くはまだしも、夜が来た、朝が来たとて、毎日毎日ガタピシ戸障子を開けたてせねばならぬほどに人間は弱い動物なのか。

家に扇風機あり、暖炉あり、ガラスあり、灯火ありと誇るのは、玉を棄てて瓦をかかえて喜ぶの愚にひとしい。

どんな扇風も野の薫風には及ばない、暖炉も陽光に、灯火もまた日の光に及ばない。夏に熱風があるがゆえに、人は木立の涼味を知り、冬に寒冷あるがゆえに、人はまた陽光の温暖を楽しむことができる。

完璧と自負する邸宅もまた不備、不具、不善。広壮を誇る邸宅もまたあわれむべし。狐狸の巣、高楼の夢。橋下の寝床に遠く及ばない。」

私は老人の舌鋒に微苦笑せざるをえなかった。

老人の住む山小屋はまさしく垣なく、壁なく、戸障子もない。外気もなければ内気もない。日が昇れば小屋をはい出し、日が落ちて木の葉のしとねに寝る。暖寒あれど、暖寒を覚えず、風雪あれど、風雪を知らずか。着たきり雀のぼろ衣一枚、飄々として山中を飛び歩く老人には大自然のふところこそ、そのねぐらなのであろう。

大都会にたちならぶ広壮なビルディング、幾十階と空にそびえる鉄筋、鉄骨のアパート、厚い壁、頑丈な窓、部屋には暖房、冷房の装置、羽毛の布団、絹の衣物、そしてレコード、ラジオ、テレビジョン等々と連想していって、私はふと思い出した。住宅は寒暖、風雪をしのぐばかりが目的ではない。私は老人に向かって言った。

「あのお屋敷の中には立派な部屋がある。床には山水の名幅がかかげられ、花瓶には生花あり、庭園にはまた老松あり、奇岩怪石、泉水の妙があると聞きます。邸に美あり、楽しみあり、慰めあり」と、言いも終わらぬうちに、老人はカラカラと笑って事もなげに言った。

「本物と遊ぶことはしないで、玩具をもてあそんで喜ぶ。外に青山や清川があり、海浜には巨松、巨岩の怪もある。緑野に百花乱れ咲き、百鳥囀ってこれに和す。何ぞ小屋の床に名幅をかかげて遊び、庭園の盆景を眺めんやじゃ。」

私は二の句がなかった。老人は嘆息して言った。

「人心すでに暗ければ、眼《めし》は盲いて天下の絶景を見ず、耳すでに閉ざされて天地の妙音を聴かず。山野の美も床の間にうつさねば承知ができぬ。外に出でて風物をめでず、庭に移して後安心してこれを愛玩する。鳥の声も野に放っては聞けず、籠に入れてようやく美声に耳を傾ける。

婦女は足下の花をふみにじってかえりみることがなくても、小枝をたおって花瓶にさしては美しいとほめる。

山野の巨松が斬られて嘆く人は少ないが、己れの所有する盆景が損われたら狼狽怒号する。山野に一文の価値なく、一幅の名画に千金を投じてなお惜しいとは言わない。

　愛すべきものを愛するのではない、賞すべきものを賞するのでもない。百花の中にあっては百花も花とはならぬ。人は百花を棄てて一枝を愛玩する。美を見て美をめでるのではなくて、我欲、我執を賞美しているにすぎぬのじゃ。

　人はすでに百花に遠ざかり、百鳥、百景を失ったことは思わず、一枝を手折って邸宅を飾り、名画をかかげ、名曲に耳を傾け、庭園をはい回って自らを慰める。

　人は高台に遊ぶ時は百景、百花をかえりみることがなく、その身が一度牢獄の囚人となって初めて、窓外の桜花一枝の美しさにも感泣する。

　我欲、我執の徒、壁を高くし、門をとざし、身を囚人のごとくして、花瓶の偽花、一幅の偽画、偽景をかかえては、名器、名画よ、名園よとて人に誇り、独りこれをひねくりまわして感激する。

　その身はすでに我欲、我執の囚人となっていることを知らず、外にでて真の姿にふれるを忘れ、虚姿を楽しんで耽溺する。

　美をねがうはすでに美に遠ざかったもの、楽しむというは、すでに楽しみを失ったもの、憩いを求めるのは、すでに疲れたものである。美をねがわず、美を追わず、慰めを求めないものこそ尊い。

　広壮な邸宅はまた奥深い牢獄、その身を守るのに完璧と信ずるものは、鉄柵に身を最も堅く束縛された人に外ならない。牢獄にしばられ、真の姿を楽しまないで虚の姿に憩う。広壮の邸宅に存するもの、誇るもの一つとして軽蔑に値しないものはない、何ぞ住むに広壮の邸宅をもってせんやじゃ。」

「老人の目には宮廷に住む王者も、虚栄に憩う囚人にすぎないのか。」

「広壮という、広いというがすでに奇怪じゃ、青空の下、大地の上、何ぞ一画を区切って広いと言うぞ。

山野の絶景、美花、色鳥を邸中に移して、これを愛玩するといっても、耳目、一物を見ようとすれば他物を見ることができない。一物に執着すれば、万物は消える。一鳥の声を聴こうとすれば、百鳥の声は耳に入らない、一鳥を籠に入れたとき百鳥の囀りをきく耳を失う。

獲得することが多いと思うとき、人はますます多くを失っている。執着すればますます失い、失えば心はますます狭く、心狭くなれば王様の邸宅もまた狭い。天下の名画をそろえ、山水の景を掌中ににぎる王者の邸宅も、心なければ囚屋の如く味気ない。」

「心に囚われなく心広ければ？……」

「窮屈な王者の邸宅など逃げ出すじゃろう。

人は半生苦役しても広壮の邸宅を建てて、後生を思い子孫に残すことを希う。人を欺き、盗財を貯え、辛労して石を動かし、材を運び、万人を使役して広壮の邸宅を建てようとする。

高楼の建ったとき、辛労また帰って、わが身疾患をまぬがれることができず、その身が衰えては羽毛の布団、絹の夜着も病軀には重く、疲れた心を横たえるに役立つのみであろう。

地熱、陽光、快風をさえぎり、深窓にかくれて住いすれば子孫代々病の絶える間のないのも道理。鉄筋、鉄骨の建物は万代に残るが、住むべき人は絶え、人は変わる。

やれ拭《ふ》いた、掃いた、磨き上げよとわめきたてて、下男下女が走りまわって、いたずらに広いのに苦しむくらいが落ちじゃ。

傲慢不遜、広壮の邸内に満ち満ち、羨望、羨視、垣の外にそそがれる。居心地のよいはずがない。家がどんなに広いといっても、子供が凧を揚げ、羽根をつくというわけにはいくまい。家が狭けりゃ坐食、坐尿、至極便利じゃ。他人の手を借りることもいらん。」

「一朝、日出でて外に働き、一夕、日入りて家に憩う。今日ありて明日を期せず、昨日をおもわず。一衣一椀、方丈にすわって、春夏秋冬、ただこれ好日。」

「老人の茅屋もまた王者の高楼か。」

「一朝の夢、一露の命。結ぶに何ぞ鉄骨、鉄筋の高楼を築かんやじゃ。ウァハハ……」

二人は高らかに笑った。

四　労働と道具——軽重、苦楽

麦がぐんぐん伸びはじめるにしたがって、仕事もいそがしくなる。朝の間はまだ寒いが、昼過ぎになると背中がじっとりと汗ばんでくる。

田んぼの仕事も冬の間休んだせいか、体が仕事に慣れないようだ。鍬が妙に重い気がする。

向こうの畑で草むしりしているお婆さんは、手を動かしているのかいないのか、まるでカタツムリのように動かない。

これから今年も一年中百姓は働きとおすのだ！

仕事、仕事……。

冬ごもりの間は春がまち遠しい。早く黒い土を踏んで働きたいと思ったこの土だ。

仕事は楽しい……がまた労働は楽じゃないともいう……野良に出て働けば気も心も晴れる。……が隣りの爺さんは長い間の仕事の疲れが出て、とうとう寝込んでしまった。……それも事実である。

仕事は苦しいものか？　楽しいものか？　ただそれも程度の問題にすぎないのか、時と場合によって苦しくもなり楽しくもある……それでよいのだろうか、それだけのものであろうか。一体人間はなぜ働くのだろう。何のためにどうして……私は他愛もなく思いまどいながら、ふと山の老人はしばらく顔を見せないが、何をしておられるだろうなどと想いながら、腰を伸ばした。と、

「ご苦労じゃの」と、山の老人だ。

老人は私の仕事振りを後で見ておられたようだ。仕事を老人はご苦労と言った。

「顔に書いてある。」老人はいたずらっぽく笑った。私は苦笑して言った。

「老人にも労働はやはり楽ではありませんかな。」

「わしには労働はない。」老人はとぼけた顔である。

私がけげんな顔をしていると、老人は言葉をかえて言った。

「仕事は苦しいと言いながら仕事をしているものもある。また楽しく仕事をしているものもある。」

「楽しんで楽しく仕事をすれば苦しい仕事も楽ですな。」

「喜んでやれば面白い。」

「まあ老人、腰でも下ろして話して下さい。」

「立っていても坐っていても同じじゃが、どれどれ。」

「ただ一言お尋ねしたいが。」

「答えも一言で十分じゃが、どうせ一言ではおさまるまい。」

「百姓は一年中働いております。仕事のつらい時もあれば楽しい時もある。がんらい仕事には軽

重、大小があるから当然のこととも言えますが……心の持ちよう、気の使い方、時と場合で違うようにもなりますが、私らは……」

「みな、本当の事である。しかし、みな間違いでもある。」

「間違いとは。」

「もともと人間の仕事に軽重、大小があるというのが気に入らぬ。人間の体力に引きくらべて物に大小、仕事に軽重があると見るのは無理もないが……まあ考えても見るがよい。

蟻は蟻なみ、蜂は蜂なみ、犬は犬なみ、牛は牛なみ、馬は馬なみ、人も人なみ……でよいではないか。蟻が牛なみ、人が馬なみの仕事をせねばならぬわけはなかろう。人間の仕事も人間なみの仕事となれば、大山を動かせの、大海の水を運べのというほどのものでもなかろう。

食って着て寝る人間の生活に必要なものを作り出すには人間なみの仕事でけっこう間に合うはずである。百姓の仕事でいえば、せいぜい田畑を耕し、牛馬を使い、草を刈り、薪を荷い、米を運ぶぐらいのものではないか。

お前が仕事の軽重と言っているのは、実は仕事そのものの軽重をさしてではないとも言える。

蟻に一貫の鉄塊を運べと言えば重いと言うじゃろう。蜂に一斗の水桶を運べと言えば無理になる。お前が軽重と言っているのは多くはそうでなかろう。

蟻が一山の砂糖を一度に運びたい、蜂が盃一ぱいの蜜を急いで運びたい、運びこもうとする時のつらさ、苦しさを意味しているのではないか。

蟻はたとえ一山の砂糖を見つけても一回り一片、一回、一塊を、あわてず急がず、繰り返して運

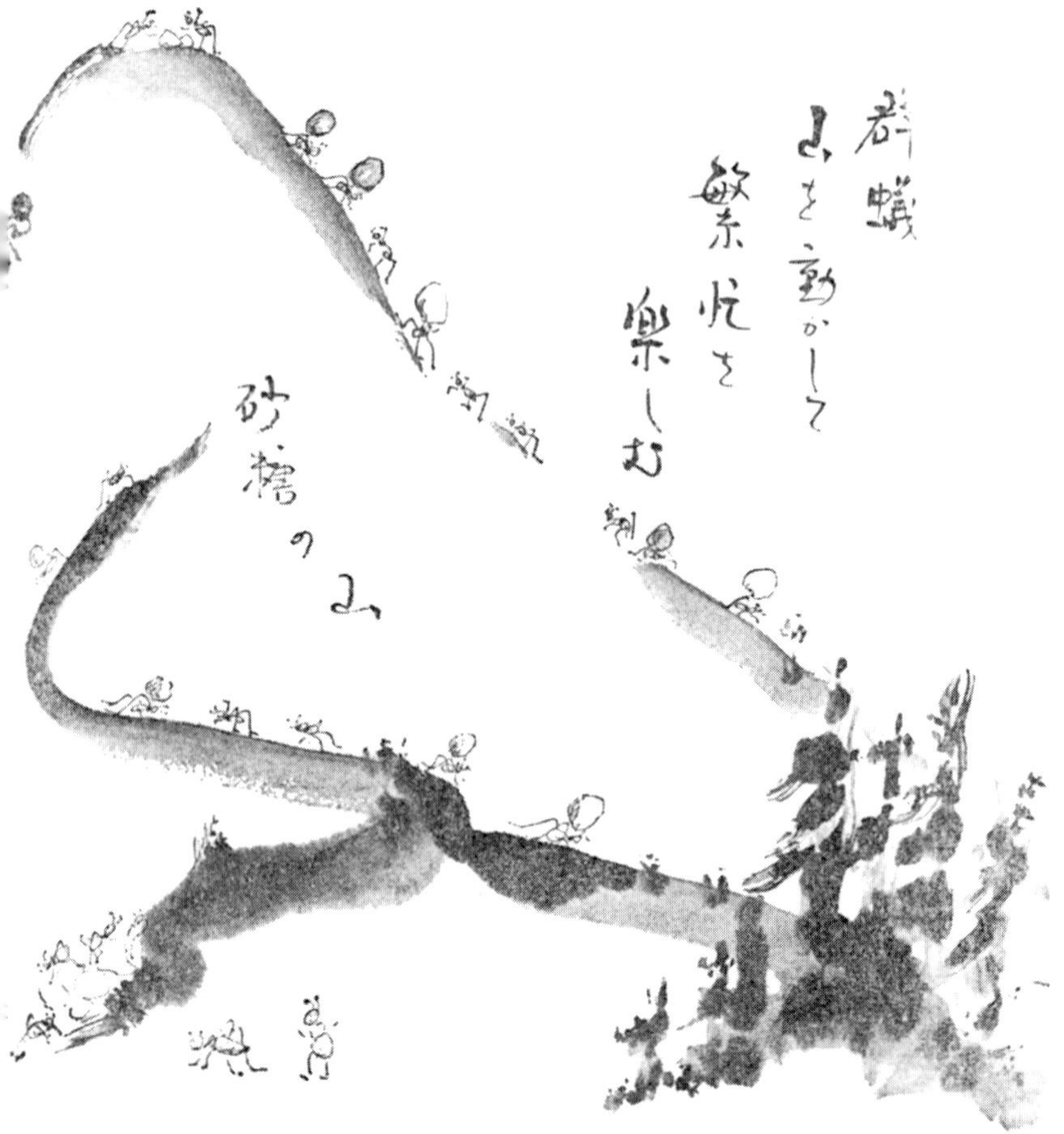
群蟻
山を動かして
繁忙を
楽しむ
砂糖の山

人は多少遅速を競いて苦楽に泣く

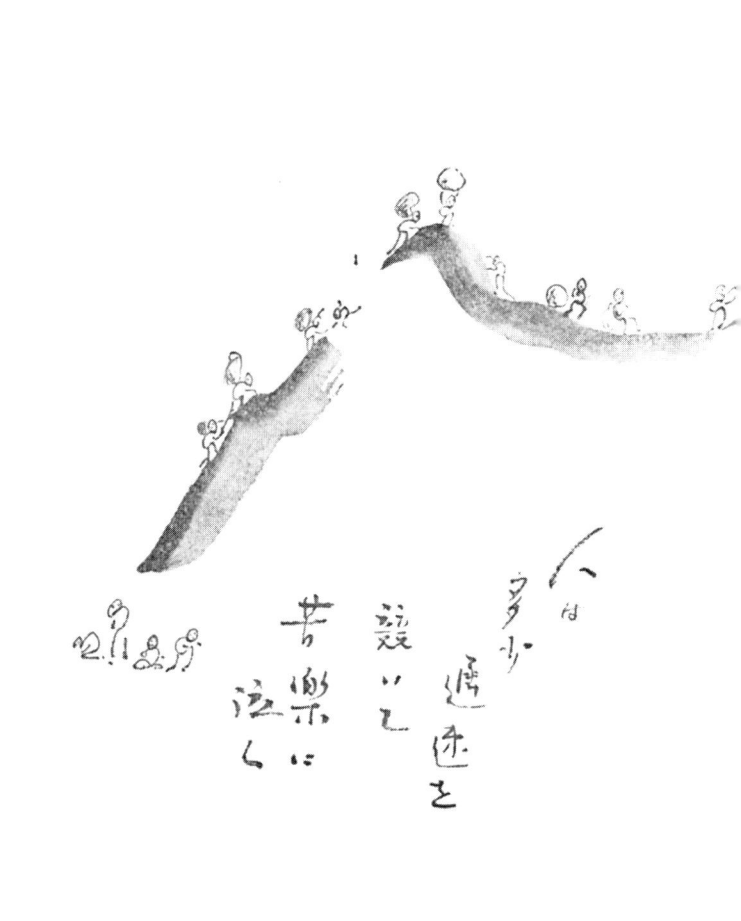

ぶ、蜂は花に蜜が満ちあふれていても、手一ぱいの蜜をとれば帰ってくる。人間は一塊よりは二塊を、二度の分を一度にしてもと急ぎたがるから、つい苦しくもなる。そこに重労働が発生するわけである。がんらい仕事に軽重があるというよりは、人間は軽い仕事も重くして、自ら仕事や物に軽重をつけたまでじゃ。」

「そういえば軽労働、重労働といっても何も一〇キロのものを運ぶから軽労働、一〇〇キロのものを運ぶから重労働……と一概に決めているわけもないが？……重いものを軽くして運べば、重いものも軽くはなる……」

「重いものを軽くしてというその言葉が、すでに間違いの元となる。世の中には重いも軽いもない。

蟻は羽毛を運んで軽いと思わず、甲虫の死体を運んで重いとも言わぬ。一を運んで速く、一を運んで遅いにすぎぬ。遅速あれども軽重なく、蟻は遅速を知らねば遅速もないし、物に軽重、大小があるかないか、人間は蟻に聞くがよい。」

私はいささか困却した。私は頭をめぐらして向こうを見た。そこにはさきほどからの婆さんの姿があった。婆さんは二人の話を聞いているのかいないのか……動いているのかいないのか、わずかに手先が動いて草をむしっているようである。まことに春日遅々の姿ではある。

そうだ、遅速あるがゆえに軽重を生ず、婆さんの姿には遅速がない。遅速がなければ軽重もない。ふり返ってみれば老人は、かすかに笑っている。

仕事に軽重はあるものと頭から決めてかかっているが、言われてみれば、大山とて一塊一塊崩して運べば必ずしも重いとは言えぬ。大河の堤とて、一つ一つの石を積み重ねていけば、築かれぬこともない……とすれば、つらい重いというほどの仕事は、人間にはないのである。

蟻の力は体の何十倍もの物を動かすという。蚤は自分の体の何百倍もの高さを飛び越える。重労働と言われる百姓の仕事も、その都度都度の仕事を見れば、せいぜい体の二倍か三倍のものを動かしているにすぎない。蟻から見れば、おかしいほどの軽労働にすぎないはずだ……。

だが……？……やはり労働は人間にとって苦痛だ。……。

「そうだ、老人。」

「考えてまたわからなくなったか。」

「……仕事に軽重なしとしても、たとえ軽い楽な仕事でもこれを朝から晩まで続けていると、やっぱり疲れも出、つらくもなりますが。」

「鍛冶屋や石屋は朝から晩まで鎚を振り上げて、しかも一向に平気でいるが、百姓に鎚を振れといえば半時も続かない。また鍛冶屋に鍬を使えと言えば、半日で辛抱ができなくなる。なぜか……」

「慣れる。仕事に慣れるとそれほどでもなくなる。」

「慣れるということは。」

「その仕事に練磨する。反覆練磨することによって体が強くなり、また体を上手に使って無駄がないから仕事が楽にできる。疲労の蓄積にたえうる体力、たえる技能を獲得することであろうか。」

「反覆することにより仕事は楽になったのか。」

「仕事を繰り返すことによって慣れて楽になった。」

「楽な仕事でも繰り返せば疲れると言ったのは。」

「……」

「青竹を屈《ま》げてみよ、離せば……」

「元に返りましょう。」

「もう一度、さらに一度、二度、三度、四度、五度、幾百回となく繰り返したそのときは……」

「やはり元に返りましょう……」

「青竹は疲れたとは言わぬか、練磨されて楽になったと言うだろうか……」

「無理をせねば、疲れもせねば楽にもならぬと言われるのか。」

「無理をせぬからではないだろう。人間は同じことをしても疲れたと言ったり、平気でいたりする。」

「……」

「人間はあまりにも考えて仕事する。仕事の軽重をはかり遅速を思い、繰り返すとか、続けるとか……なおその上に利害、損得、毀誉、褒貶まで考えて。……


たとえ同じ仕事をしてもだ。自分の田を耕す時は、仕事に励みも出て仕事がはかどるという。他人に雇われて耕すときは、日の落ちるのが待ち遠しくて元気もない。

豊作の時は稲刈る鎌も軽い。凶作の秋の稲穂は軽いが、刈る鎌は重い。

軽い針を動かす針仕事も、賃仕事となると肩も凝り、疲れも早いが、愛児の衣物を縫う手は軽く、夜ふけてもなお疲れをおぼえない。

自分の野心のためなれば、身を粉にしても働き、名誉のためなれば、身命を投げ出しても苦痛としないのが、世の人の常なのだ。」

「なるほど、同じ仕事をしても、時と場合で、同じ苦痛を感じるというわけではないようだ。」

「同じ道を往復しても、楽しい遠足で往復した時と、お使いで往復した時では違ってくる。心が重ければ一里の道も百里の道、心が軽ければ、千里の道も一里となる。

同じ雪を相手にしても、雪だるまにして遊ぶ時や、雪投げ雪滑りをやる時と、雪掻き、除雪を仕事とした場合では、雪の冷たさ、苦痛も倍加する。

同じように、手足を動かしても、それが遊びの場合は楽しいと言い、それが、運動と名付けられた時は面白いと言い、競技になれば苦となり、練成ともなると苦痛となる。」

「同じ仕事でも心の持ちよう、気の使い方で、苦労が異なってくる……しかし……苦は心、労は身体と……仕事の名前、心の持ちようで、仕事の労苦も違いはしますが、しょせん仕事のために受ける体の負担は同じことで、ただ心の持ちようで心の辛苦が違うというのにすぎないのでは……」

「体の労苦は心で認識し、心の辛労や結局は身体にこたえる。」

「とすると、心の持ちようで、仕事も楽に、田んぼへの道も遠足の道と考えると……」

「泥中のドジョウ、天地の上下を知らず……か。右せよと言っても、左を知らねば、右はわからない。左せよと言っても右を知らねば、左するわけにはゆかぬ。右か左か相談している間に日が暮れる。苦だ、楽だ、何が苦か楽かわからないのに、右し左するから、のたうちまわるという結果になる。

雪掻きは雪掻き、雪投げは雪投げ、雪投げを雪掻きと思って苦労する馬鹿もいまいが、雪掻きを雪投げと考えよと言ってみても無理な注文だ。

もともと人は楽を知って苦を生じ、苦を知って楽を知る。表は楽で、裏は苦、横から見れば同じ物、上り道と下り道、違うようだが同じ山だとは気づかぬか。

「苦楽が同一物とは……」

「雪投げありて、雪掻きありじゃ……楽を求むれば、苦労を逃れんとするがゆえに苦、苦楽の山に一度登れば、人間は苦の世界から脱却することはできなくなる。上っても下っても苦労がつきまとう。」

「苦労の世界から脱却への道は……」

「ただ一つ……蟻に労働ありて、労働の文字なく、労働の文字なくして労働なし。蜂に勤労ありて、勤労の文字なく、勤労の文字なくして勤労なし。赤子終日手足を躍動して、さらに疲れを訴えず、小児遊び、日暮れてなお疲れを知らず。ただ人は一時手足を動かしてすでに疲れをおぼえ、一日働いて身体綿のごとく疲る。

労は身体にありて、身体になく、
苦は心にありて、心になし、
労働ありて労苦なく、労苦なければ、労働もなし、
いずこに労働生じ、労苦はなぜにくるか。

心頭滅却すれば、火焔もまた清風か……」

私はふたたび、向こうで草むしりに余念のない婆さんの姿を見た。その姿は、時空を超越した木石のようでもある。無心に営々として働く蟻のうごめきのようでもある。

草むしりも、針仕事も、シラミ取りも、何ら違わない。今年の秋の災害を思うでなく、収穫を楽しむでもない。ただ草むしりのみがある。ただ陽光を背にあび、大地の温もりにとけ込むような姿……すでに草むしりもない。そうだ、一刻、一刻の仕事、仕事にして仕事の名もつけられない一刻、一刻の仕事に軽重なく、一刻の間に遅速なく、一刻に住すれば、継続もなければ、反復もない。

心労もとよりありようもない。

蟻の一歩、蟻の二歩、仕事もなく、労苦もなし、ただ一刻の生命のみである。

私は晴れやかに笑った。

老人はだまって答えなかった。そして静かに歩み去った。私はいつまでも老人の小さく消えていく姿を見つめていた。

老人の姿が山のかなたに全く消えた時、すぐ近くで起こった音に、私の冥想はたたき破られた。

私は今、私たちの村に起こりつつある現実を直視せねばならなかった。それは何か、農家の機械化である。電化である。科学的技術の導入である。

自動耕耘機のごう音である。揚水機のモーターのうなり、蛍光灯の点滅、脱穀機の回転、動力噴霧機の噴射などは何を意味するのか。これらは今農村に何をもたらしつつあるのか？……能率の高揚……生産の増大という、省力という、時間の短縮だ。寸秒の時間の獲得である。そして百姓が楽になる……。

今、農村は寸秒を争うべく懸命の努力を傾けているが、はたして農村にもたらされた結果は何であったのか……はたして百姓は時間を獲得できたか、仕事が楽になったのか……。

十年、二十年前には、私たちの村は平和であった。そして、春秋二回の農繁期はともかく、夏は川や池での魚取り、冬は犬を連れて兎狩り、鳥打ち、大人も子供も一緒に楽しむ時間があったが。現在、あらゆる百姓仕事が機械化されつつある今日、百姓はなにほどの余裕を獲得できたであろうか。

「仕事は楽になった。鎌、鍬ばかりの道具を使って仕事をしていたときよりは、機械を使うようになって百姓も楽になったものだ」という言葉の下で、百姓は、しかし、と首をひねって言うのだ。「百姓仕事は楽になったかも知れない。しかし百姓がいそがしくなったことも事実だ。遊ぶひまがなくなった。」

「昔は百姓は馬鹿でもできると言っていたが、いまどきの百姓は馬鹿ではできぬ。昔は呑気にやれたが。」

機械化で百姓は楽になったという。また百姓は多忙になったという。矛盾するこの二つの結果は何を意味するのか。拡大する欲望が生産の増大を必要としたためであり、仕事の拡大をひき起こした結果にほかならない。もし仕事の量が、拡大する速度が、機械化の速度よりも早い場合は、人間は楽になることはない。機械化の速度が、人間の仕事を急速にかたづけて、仕事から人間が解放せられる、仕事がなくなるということがあるであろうか。

仕事の拡大と、機械化はいずれが先行するのか。

欲望の拡大で仕事が拡大し、機械による省力化で欲望がまた刺激せられる。欲望と仕事と機械のイタチゴッコにすぎないのである。

とすると、人間は何をなしているのだろうか。老人はかつてこんなことを言った。

「人間は底のない桶に、水を汲んでいるのだ。一杯の水を汲めば、一杯の水が流れ出し、二杯汲めば、二杯の水が流れ出す。手で汲んでも、機械で汲んでも、急いでも、あわてても、同じことに過ぎないのだが」と。

はたして人間は無益な徒労を繰り返しているにすぎないのだろうか。しかも、加速度に、急速度に大馬力をかけて、底のない桶に水を汲みこみはじめている。

人間は蟻のように一定の量の仕事を、同じ速度で無心に繰り返すようなことは、次第に許されなくなっているのでないか。人間の仕事は目まぐるしく変転している。

そして人間の仕事はしだいに科学の力によって楽になっていくように見えていて、その実、ますます困難になりつつあるのではないか。人間の生活は、時代の進展とともにますます複雑、昏迷の淵へと転落しつつあるのではないか……。

私はかすんでいる山のかなたを見た。

老人は科学の力と価値を否定し、機械文明の発達によって為しえたと思うすべての作業が、無意味な労働であったことを語る。

神（自然）に仕え奉るという仕事は人間に必要であったが、自然を分解し、破壊し生産するために必要な労働は、人間のためにも、神のためにも必要でなかった。道具と労働は終局的には自然と人間の破壊に役立つのみであるからと……。

五　物の価値——多少、貧富

ある日、老人は手にした長い杖を示して言った。

「この杖の価値は?」

「山で小枝一本切って、杖を作る手間は何ほどでもないが……」

老人はさらに追求してきた。

「では?」

「珍しいから価値があるのか……美しいからか……」

言いかけて私は、何の変哲もない一本の杖、美しいといえば美しい、珍しいといえばいえないこともないが、数多い雑木林の中の一本の小枝に過ぎないこの杖の価値は?……思いあぐねて老人をふり仰いだが、老人は厳として眼をあらぬ方へ向けて語らない。

老人の話に、何の結論も見出しえない自分のふがいなさに、口を開きかけて私は絶句した。

労働が価値の根元か。美しいのが値うちか。珍しいのがよいのか。役に立つからか——果てしもなく価値の根元を追って迷う私……。

だが老人は沈思の余裕をあたえず迫った。

「なぜ価値があるのだ。」

私にはこの一本のなにげない老人の杖一本がわからないのか。老人に質問することは、もはや許されない。窮した私の前に、
突！　老人は、その杖を目の前の土に突きたてた。

「何に価値があるのだ。……わからぬか。」

老人はくるりと回って山の方に去った。

今、広く世界の様相に思いをいたすとき、私は深い憂悶にとざされざるを得ない。またそのつど、老人が残したこの杖の意味を味うのである。

1――対立する価値観

自由主義と社会主義の二大陣営の対立をめぐって、今、地球上は噴火山上の危機に直面している。この自由主義と社会主義の二大思想、主義の発生した出発点をさぐり、人間の経済生活においての根本の考え方、またさらに経済学の立場について自問自答してみた。

原始的な経済からようやく資本主義経済がその芽をふきかけたころに、スミスという一経済学者

が『国富論』という一著で、自由の旗をかかげて、勇敢にも利己心をあおり、自由競争、放任政策、分業生産方式をとることが、経済発展の近道だと説いた。彼の政策、思想が、初期の資本主義の飛躍的な発達をもたらす強力な原動力となったことは、何人にも異存がなかった。以後、百七十年間いくらかの紆余曲折はあったとしても、資本主義文明は巨大な発達をとげたというのが現状であろう。

一方これに対抗してマルクスが『資本論』を発表して、社会主義経済の理論を完成した。そして資本主義の遠からぬ破局を看破して共産主義を唱道した。彼は、資本主義の発達、資本の蓄積・生産の拡張は、階級の分化と対立を、貧富の懸隔と失業の増大を、恐怖の混乱をもたらして、結局は共産革命によって崩壊すると述べた。また資本、地代、利潤、労銀、需要、供給、価格などのすべての経済的なことがらは、歴史的なものとして変転し滅亡してゆくであろうと予言した。

以来、二大陣営に別れて、両者は犬猿の仲のようにあい論争し、はてしない泥沼の争闘を続けてゆこうとしている。

しかし、この二大主義の対立の根本原因も、凝集してみれば、ただ「物の価値を決定する基準の相違から」ということに帰結するであろう。

とすると、この老人の一本の杖の価値決定は、きわめて重大な意味をもつのではなかろうか。

私は、世間において物の価値が何に基準をおいて決定せられ、価格が変動し、経済生活がどう展開されてゆくかをのぞいてみよう。

価値の基準

一口に言うと、自由主義国では、普通の物の価値は、需要と供給、買手と売手の関係によって決定されると見る。希望者が多いと、その物の価値は上がり、供給者が多くて、買手が少ないときは、物の価値は下がると見る。したがって、珍しい数少ない品があると、買手が多くて法外な値段で売買される。一方どんなに役立つ実用品でも、品数が多く、買手が少ないと値段は安い。人々は競って珍しいもの、優れたものを自由に造って、最大の報酬を得ようとする。

自然に自由競争の世の中になって、同じ時間労働しても、能力次第でその報酬には限度がなく、優れたものは富み、劣るものは貧しくなる。そして必然的に、優勝劣敗の現象が激しくなり、貧富の差が甚しくなって、秩序が保たれないような危険を生じてくる。やむを得ず、富む者が貧しい者を助けるとか、施しをするとかして、なるべく均衡を保っていこうとして、頭を悩ますようになるわけである。

社会主義の国では、価値は価格の背後にある本質的なものでなければならず、絶対的な価値の実体は、生産物の中に結晶している労働であると説き、物の値段は、その物の生産に必要な労働の分量によって決定せられるべきであると言う。

労　働

物の生産に加えられた労働力が価値の基準となって、その報酬が支払われるから、一日の労働で出来た鎌は、一日で掘られた石炭と同価値というわけである。米一石を作る労働力によって、絹二反が造られたとすれば同価値と決定されて差しつかえないと言って、相対的な価格が決定されてゆく。

誰でも一日働けば、一日分のパンが与えられる社会においてのみ、平等と平和が建設されると見るのである。

しかし、この社会においても色々の矛盾はある。鎌を造る人も、画をかく人も、政治家も、一日働けば、一日分のパンが報酬として平等に与えられる——で本当に満足するであろうか。異質の労働を計る共通の物指しはない。また同一労働量を必要とする生産物でも、巨大な機械を使った場合は同価値ではすまされない。

労働によって生産されない野菊や青空の価値は？——労働時間に比例しないで価値があるものがある。

経済生活の矛盾から出発して、社会生活にも色々の困惑が現われる。

一日働きさえすれば、一日のパンを要求する権利があると考え、皆が平等に生きる権利を強く主張するにしたがって、平等という統制の枠も次第に強まらざるをえなくなる。

平等と自由

ところが、顔や形と共に色々の心をもった人々は、平等ということに窮屈さを感じるようになり、なんとか統制の枠から自由を求めて、はみ出そうとする人間が現われはじめる。

両者は共に内部に矛盾をかくしながら、他方の悪口を言い合っている。

社会主義の国から見ると資本主義の国では、さいころの目一つの出方で巨万の富豪となったり、真珠一個海底から拾っただけで一生安楽に暮せるとか、資産家が資本や利子という不労所得によって年々富を増加する不合理、また働いても働いても食えないで、乞食同様の生活に苦しむものがあるというような不平等は邪悪である。自由は不平等の出発点であり、攻撃されねばならないとする。また一方、自由主義の国では、優劣がある人間に平等をおしつけると、平等はむしろ不平等になる。不平等こそ真の平等であろうと言う。乞食するのも自由の一つ、平等という統制の枠の中で強制的に働かされたり、またいつまでも働かねば食えないような社会はいやだと言う。すなわち、平等よりも自由をまず叫ぶのである。

だが根本において、以上のような両者の考え方は、妥協の余地がないほど対立していることなのであろうか。二大主義の対立というが、一は自由を、一は平等を叫ぶ。しかし実際には完全な自由主義もなければ、平等主義もない。自由の中に平等をたずね、平等の中に自由を求めているのではなかろうか。

外面的に見れば、両者は、一が右と言えば、一は左と言い、自由と言えば平等と言う。資本主義と言えば社会主義と言う。全く正反対の立場に立つものとして激しく憎悪し合う。

だが二者の相違は、内面から見ると、単に縦糸と横糸の差にしかすぎないのではないか。縦糸と横糸をうまく調和せしめて、一枚の布を織るように、何とか両者の共存を計って、世界の平和を保ってゆくことは不可能であろうか。

争闘は争闘の相手があって初めて成立する。争闘の相手となりうるものは、共通の基盤、共通の利害関係をもつものでなければならない。両者の一致した基盤とは、利害とはなんであろうか。

人々はただ一つのことを忘れているのではなかろうか。すなわち、両者はともに物の価値を評価する方法、基準こそ違っているが、物に価値を認めることにおいて一致しているということを。

両社会の経済生活は共に「物」に絶対的な「価値」を認めてその上に立っている。

たとえて言うと、両者共に「人間はパンによって生きる」と確信していて、ただパンを分けあって食べる方法で論争しているわけである。

右の者は、自分は身体が大きいから、また、よく働いたから二片のパンが欲しいと要求する。左の者は、一人が二片とると不平等になるから一片ずつ分けようと言っているわけである。

だがこの場の争いの解決法は簡単だとも言える。すなわちパンの量次第である。人々の欲望に対して地上の物質の量が相対的に多い時は、問題は自然に解決するであろう。

物資を豊富に積んで、平穏に航海している舟の中では、人々は「自由」に、すき勝手にパンを手にしても、何ら騒ぎは起こらない。

だが一度、船が遭難して、人々が小さい舟にわずかのパンを積んで漂流しはじめたときは、自由にパンを取るわけにはゆかない。統制して平等に配分する方法をとるであろう。

自由に任してよい時もあれば、統制して平等のほうが都合のよい時もあるというわけである。

しかし、欲望に対して物資が豊富な時と言ったが、現実にはどうであろうか。一時的に、あるいは局部的にはそのようなこともありうる。しかし人間の欲望は、あらゆるものに先行して増大するために、人間が満足する期間というものは、きわめて短い。つねにすべての人の要求を満たすほど物資が多いということは事実上はないのである。

と言ったからとて、常に物資が不足するから平等な配分を原則とする社会のほうが賢明だというわけではない。小舟に乗って一片のパンを配分されて満足している期間はわずかであって、人々はすぐに、より多くのパンを求めて漂流の生活から逃げだすことを望むものである。

したがって、人々がより多くのパンを目標として進むかぎり、左右両社会内の分配の論争に終止符がうたれることはない。

両社会はともに根本において、「物」に至上の価値をみとめて生活し、「物」の分配と争奪が論争の種となっているのみである。

精神

だがそう言うと、唯心論の立場のものは「人間はパンのみで生きるものではない」と言いはじめるのである。

パンすなわち物資に加えて、精神、心の優位を守ろうとしている。人間は物質生活も大切だが、精神生活も大切だと言っているのである。物と心の二つに価値を認めようとしているわけである。しかし彼らは、心の価値をにおわせてはいるものの、心とは何ぞやを真に追求しての結果ではなくて、ただ物質に相対する所の精神を副え物として、うち出しているにすぎない。

したがって、唯物論の立場のものが、物質万能の考え方に徹底して、人間の肉体から発生する心もまた物質の一つだと見て、物質に至上の価値を認めているのと同じである。

今では、すべての人が、「人間はたとえ心がなくてもパンさえあれば生きられる」と確信しているのである。

シャカは「色即是空、空即是色」と喝破した。色とは物質を指す言葉で、空は精神である。「物質は空だ、空もまた物質だ」と言ったシャカは、なぜこの言葉を繰り返し繰り返し絶叫せねばならなかったのか。シャカは、物は空だ、空しい、しかし空ということを知る心もまた物である、物は空、その心もまた空となることを言っている。物は空、空と知る心も空、すべてをシャカは否定しているのである。

現代の人々は、唯物論者であれ、唯心論者であれ、心の底で物を肯定し、物に至上の価値を認めてそれに生活のすべてをかけている。人々は物に絶対の価値を認めているがため、社会主義の国においても、資本主義の国においても、その獲得に全力を傾けるのは当然であろう。

もちろん、人間は物の獲得のみが最大の目的ではないと言う。物質生活とともに精神生活がある。物質の獲得とともに高い精神の獲得に努力している……とも。

しかし人々の言う精神生活とは、純粋な精神、物を離れて実在しうる心から出発した精神生活を意味するのではない。心即物、言うところの精神生活もまた物質生活の延長にしかすぎない。現在のすべての人々の生活は、広い意味では物質生活である。

物質生活は物に価値があると信じたときから出発し、物の価値をどう評価するかによって社会の人々に色々の波紋を投げかけた。

価値ある物を造り出した人に対する報酬をどう決めるかによって、資本主義の国が出来、社会主義の国が出来た。

どちらの国でも物を生産し、物を分配することに力を入れた。物の価値があって人間の欲望を満足せしめてくれ、人間の生活を楽しくさせてくれる物の生産獲得から、資本主義が分業によって強力な生産体制をつくった。社会主義の国ではすべての人々を労働者として、強力な物質生産の体制をつくり上げた。右と左に向かって出発した両者は、時がたつにつれて欲望の増大、進展につれて、より多くの物を造りえた。また獲得した。獲得と優越が最終目的である限り、最後まで激突を続けていく。しかし彼らは共通の基盤に立っている。

今は両者の比較や批評は放棄して、その根底をなす立場を批判し究明してみよう。

彼らは左右に別れて激突しているが、彼らは二者であって二者ではない。同一基盤に立つところの兄弟でしかない。

たとえてみよう。富士山へ登る二つの群集がある。右の登山口から登る一群が自由諸国の人々である。左から登るのが社会主義の国の人たちである。

彼らは共に「物」に価値を認めるという同一の立場から出発した。したがって、彼らの進む方向はともに山頂という同一方向であり、獲得しようとする目的も同一物である。ただ辿った道が違ったのみである。

右の登山口から登る人たちは、自由に我勝ちに山頂をめざして登る。しかし、強者と弱者の間には次第に距離ができて落伍者も出はじめる。先頭のものが、後から来るものをはげましたり、綱で引き上げたりもするが、時には登頂をあきらめるものも出る。

左の道から登る社会主義の人たちは、平等をモットーに互に同志として手をにぎり、同一歩調で山頂を目ざしているわけである。時には早く歩きすぎるものがあれば引きずりおろしもするが、弱いものには平等の保障が与えられて都合のよいこともある。

左右の道から登る人たちは、正反対の立場に立つものとして競争心を燃やし、激しくにらみ合いながら、一刻も早く山頂へ登ろうとする。早く山頂を極めたものが世界を支配しうると考えて――。

なおよく見ると、富士山に登っているのは、二大陣営の人たちのみではない。富士山の登山口は無数にあり、右に近い道、左に近い道、また中央の道と色々の道から、色々の主義をもった人たちが登っているのである。いわば講壇社会主義者、国民社会主義の者、ケインズ学派の者、社会民主主義、自由社会主義の人等々が四方八方から登っているのが現状である。

彼らは口々に右の道は途中で崩壊するであろうと言ったり、左の道は統制が厳しいから、のんびりと旅するわけにはゆかないと批評したり、左右の道よりわれわれの登る道が正しい本道だとか、近道だとか色々と論争しているのである。しかし誰でも、どの道が一番よいのかは判定するものがない。

だがよくよく見れば、右も左も、前の道も後の道も、相対の世界であることに気づかねばならぬであろう。

すなわち、山に登る道は見る立場の変化によって常に変転する。富士山を東から見て正面の大道と見えた右翼の道が、南からみれば極右の道となり、その時左と見えた道が正面の大道となっていることもある。また西に回ってみれば、先に大道と見えた左翼の道が右翼の道となり、昨日までの中道が左翼の道となっているというふうに、時と場合、見方次第で循環してつかみどころもない。

彼らは富士山の山麓に画かれた一つの円周上に、輪状にならんでひしめき合っているのである。右も左も中央も、共に一環の輪の一部でしかない。彼らは本来同じ一つの輪なのであった。しかしそのことには気づかない。彼らは兄弟の泥仕合であることに気づかず、我こそは絶対の価値の把握者である、我が道こそ真の経済生活の大道であると確信しているのである。物質の甘い山にさそわれて這い登る蟻のようにひしめき合って登っているのが、人間の経済生活の姿なのである。

彼らが目ざす山頂には何が期待せられるであろうか。

右から左から山頂に登ってきた彼らが、物欲の炎を燃やして最後の激突をする時、それは文字通り噴火山上の乱舞となるであろう。

人々は富士を見て、富士を知り、富士山の価値を知ろうとした。物の価値があるという立場から出発して、右の道から、左の道から、登って山の高さを計ろうとした。

だが、富士を知りえたのは、彼らであったろうか。彼らが評価した富士が真の富士であったろうか。

私は、ここに第三の立場のあることを指摘したい。

一枝の花を手折って、悠然と富士の白雲を眺める立場である。

富士は登らねばならなかったか。

登って森林地帯を抜け、草原を徊い、雪渓に立って初めて富士を知りえたと言いうるであろうか。分別知は、無智への第一歩であった。富岳の価値は、無分別にしてなお知りうるであろう。

人々は、わらじをはいて、過去、現在、未来も休むひまもなく、春を尋ねて富岳の麓を彷徨するが、春を尋ねあぐんで、我が家に帰りついたとき、人々は庭前の梅花一輪の匂いに初めて春を知って感泣するのである。

富士は富士をさまよってもわからない。

山麓に大座して、不動・不惑なる者にして初めて真に富岳を知る。

第三の立場は、山麓をとりまく円周上にはなくて、円の中心に実在する、名なき立場である。現在の経済学が手をつないで造りあげた一環の輪をたち切って飛び込んだ世界である。相対の世界を脱却し、「物」に価値を認めない絶対の立場に立った立場である。

もし物に価値を認めないとすれば、すべての経済学の基盤は崩壊せざるをえなくなり、経済生活は停止するのではなかろうか、との危惧を人々はいだくでもあろう。

しかし一八〇度転換した世界がないわけではない。富士に登らなくても、大洋に扁舟を浮べて釣をする道があるはずである。

往く道があれば、帰る道もあるであろう。ちょうど科学的農業経営法に反逆して一八〇度転換しても、自然に還った立場での農法（後記）がありえたように。

人々の肯定する物の価値を否定して、その彼岸にある真の価値を見出そうとする考え方を、卑近なたとえをもって述べてみよう。

2――価値観の超越

食の価値観

ここに一皿の料理があるとする。社会主義の国では、この料理の価値を決めるのは簡単である。そしてこの料理を作るのに一日かかった料理人には、一人役の日当が支払われるであろう。

資本主義の国では、この料理を作った料理人に支払われる報酬は色々である。この料理の価値は、美味しいか、不味《まず》いかで決まる。したがって、この料理が美味しいということになって、お客がおし寄せると、この料理の値段は何倍にもなり、料理人の懐にも一人役以上の何倍かの報酬がころがり込むことになる。またこの料理をもる皿が銀の皿であったり、食卓に生花が差されていたりすると、この一皿の料理の価はまたかわってくる。ちょっとした工夫しだいで共産主義の国の者が、それは不労所得であると攻撃するような、料理人は思わぬ大金を得ることもできる。しかし需要と供給の関係で希望者が多ければ、値段が高いのは当然であると考えるのである。

食物は人間が生きるためのものであるとする共産主義の国では、食物の価値は、この食物がもつ栄養価値であり、この栄養源を造るに費やした労働量に対してのみ食物としての価値が認められる。食物を銀の皿に盛ったり、食卓に花を飾ることは無意味でぜいたくなブルジョア趣味だとけなし、殺風景な食卓で一律にみんなが同志だから同じように同じ食物をとる。それも当然のことであろうと考える。

この世に貧富を造らないためには、平等な生活から始まらねばならないのは当然である。

共産主義の国の者は、銀の皿や花をこの料理の中に認めることが料理人の報酬を過大にするもととなり、同じ料理人同士の間に非常な差別ができ、その差別が貧富の出発点となると主張する。

自由主義の国では、食物は人間の食欲、欲望を満足さすためのものであり、栄養価値よりも味のほうが価値決定の重要要素となる。お客が満足して帰れば、それでよいのだから美味しく食べさせればそれでよい。だから皿も食卓の花も大切な役割をもつことになる。

自由主義の国では、銀の皿も食卓の花も料理人の頭脳の働きに対する正当な報酬であり、頭脳的に優れた料理人が富者となるのもやむをえない。人間の間に優劣があるかぎり、貧富の差が出来るのも当然と考える。

両方のどちらの社会にも言い分があり、よりよい社会を造るためには、自分らの評価の仕方が正しいのだ、ただ一つの方法だと主張している。

しかし、腹の底では両者ともに立派な食卓で立派な食物をとることを望んでいることは間違いのない事実である。なぜかと言うと……。

唯物論の見方では物、食物に価値を、唯心論では食物から出発する味に価値を認めている。味がよいというのは、その食物の作り方や品質がよいからであり、不味いのはその質が悪いからと考えているのであるから、味もまた物の一種と言える。

両者ともに価値を認めたのは物といい、心といってもともに食物という一つのものから出発していることは間違いない。ともに食物という物を食い、味というものを味わって価値を決定しているからである。両者の争いはたとえてみると、腹は一つで、手足で喧嘩しているにすぎないのだと言えないこともない。

しかし、物に価値があるのか。本当に食物に味があったのか。食は食にあって食にないことはすでに繰り返された。人の食っている食物の味は、食物から出発しているように見えて、本当はその食物から出ているのではない。その食物を食べる人によって、時期によって違ってくる。ある者には美味でも他の者には不味く、ある時は不味くても、ある時には美味しいということは、人間は食物をとっていて食物をとっていない。味を味わって味わっていないからである。

人間には真の認識は不可能である。人間の認識不可から出発して、人は物を知り得ない。一つの食物、味というものもまた知ることができない。本当のことがわからない人間には、本当の価値は決めようもない。人間の決めている価値は、そのものの真の姿に対する正当な真価ではなく、人間が過って認識している虚体、虚姿に対する偽り、錯誤の定価表にしかすぎないのである。

一つの食物に対する真の価値を知らねば、そのものを作った料理人に支払われる報酬もまた正当な代価にはならず、でたらめに終わるのである。

白布が敷かれ、花の飾られた食卓で、銀の皿に盛られた食物は同じ食物でも、うす汚い食卓、欠けた陶器の皿に盛られた場合よりも高く評価される。美しい花、皿と見える人々にとっては、食卓の環境が食欲に影響し、食物の味に関連するから美味しくなる。価も高くなるのは当然と考えている。

しかしこの場合、人々は忘れてはならない。人々はすでに食物を食べているのではなくて、その環境をも食べているということを。皿に盛られた食料と共に、人々はその皿を、花を、極言すると現代の人々はその定価表を食べているのである。

人間の食物に対する感覚は、すでに食物を離れて、目でみて美味しい料理、鼻で嗅いで香りの高い料理を、その耳には快い音楽を聞きながら食事をとらねば、食事をした気がしない所まできている。大都会の高級なレストランでは、もはや食物や酒は食事の主体ではなく、ほんのわずかな食事の添えものの位置に転落している。美味しい立派な食器の中に、食物は何でもよいチョッピリ珍しいものであればよい。手を替え品を替え、人々の食味をまどわす、舌をごまかすような料理ほど高級な料理となる。何とも言えない珍しい複雑な味さえつけて出せば、高級レストランでは法外な代価を要求しても差支えはない。料理の中味よりも、その料理をささげてきた給仕人の礼服のよしあしが、食事代を決定する。人々は酒に酔うよりは、舞い狂う美女や、演奏されるドラムの音に酔い心地が決定される。

食も食味も食物にあって、すでに食物にない。したがってその食物に対する評価は、食物に対する評価ではない。食物の真価が価となっているのでもない。

人々はパンを食べていて、すでにパンを食べていない。人間はパンよりもパンにつけるバターよりも、食卓や皿や音楽が気にかかる人間になっている。

社会主義の国の人が「人はパンで生きている」と思って、パンのみ造ればよい、パンを造る労働者に正当な生産費を支払っておれば、世の中の人々が平等に、平和に生きていけると思っていても、世の中はかたづかない。パンの代わりに労働を食う虫と堕した人々。平等の中に羨望の視線の渦がまき、不信・疑惑のとりこになってゆくのである。

自由主義の人々は、美女や音楽にとりかこまれて食事をして得意になっているが、パンを食べて、パンを食べていないことに気づかない彼らが、やがて青白い夢遊病者となっていくことに気づかないのは当然であろう。

真のパンを食べる者のみが、パンの真価を知り評価し得る。パンを食べて真にパンを食べる者とは?……。

田んぼの畦ばたで、にぎりめしをほおばる百姓。飯を食べている。真の飯を食べる姿がそこにある。頑健な肉体、快い空腹。青空の下で、微風に体をなぶらせながら、米と塩の味のにぎりめしを食べる姿。この無心の姿においてのみ、米は真に米の味として味わわれ、塩は真に塩としての価値を発揮しうるのである。

米の真価を知ることができるものがあるとすれば、それは百姓と言える。魚の真の味を知るものは、その魚を風波の高い海に獲る人たちである。子供である、赤子なのである。

無心にして食べる者のみが、その真価に近づく。物を思い、見、聞きして食べる者には真価はわからない。

百姓も飛ぶ雲の早さを見ては、秋の稔りが風雨に荒らされることを心配したり、家庭の暗さを気にしていては、米の味も、もはや米の味とはなりえなくなる。

一つの物に真価が、絶対的な、価値がないわけではないが、不幸にも人間にとっては、一つの食物の味が時と場合で異なるのと同様に、物の価値はつねに変転して、不動の価格はない。真の価値は、無心の世界において評価せられても、実際の価格は有心の世界において決定せられるがためである。

したがって高級な料理店で食べた飯の味のほうがよいように彼らは錯覚し、より加工され、粉飾された米の味こそ、米の真価とさえ思うようになるのである。野原に腰を下して食べた米の味よりも、都会の高級レストランで食べる加工された米の味が美味しい、本当の味のように思えるがために、彼らは高い代価を払っても満足するのである。

真価がそのまま真の価格とはなっていない。そこに社会の経済生活の第一の誤りがある。物の価格が、生産されるまでに要した労働力によって決定されたとしても、その生産や加工がそのものの真価に関係がない場合には、その加えられた労働力も無意味である。またいくら買手があるからといっても、そのものの真価とは全く遠ざかるような、またその真価を失わしめるような粉飾に高価な価格を認めることは、無益であるばかりでなく、有害である。

たとえば、米価が、生産されるに必要な労働力と、使用された資材を見積もって決定されるという生産費法則も、究極的には相関的に循環してゆく交換価値決定の意味しかない。また必需品が需給関係によって決定せらるべきものでないことは明白である。

米価は米が真価を発揮する時の価値をもってつけられねばならない。

物の価値は、そのものの真価が、人間の真の目的に対して、どれほど重要性をもつか、役立つかによって決定されねばならない。

現今では、物の真価を見出そうとする努力よりは、できるだけごまかして価値のあるものに見せかける努力に汲々としている。またそのものが、人間の目的に対してどれほど役立つか否かは問題でなくて、人間の我欲をなにほど満足せしめるかに重点がおかれているのである。現代の物の価値判断は、全く無目標状態において放任せられているとも言える。根本において人間が真の目的を見失って、盲目となったときから、人間は物の価値を決定する基盤を見失ったとも言える。

高級レストランで、複雑な料理法が加えられた牛の舌、豚の尻尾、鳥の目玉などの珍味の中に、にぎりめしが出されたとしたら、客はにぎりめしには見向きもしないであろう。

このような状況下では、米の真価は消失してしまう。

人間が生きていくために、そして幸福に暮すためには、豚の尻尾になにほどの価値があろうか。しかし世間では、このような愚劣な珍味が米の何倍もの価格で取り引きされて不審はないのである。人々は一握の真珠よりも、一片のパンを求めた時のあったことを忘れているのである。

社会主義の国では「労働力」や「労働」の苦痛が価値判断の基準となり、資本主義の国では「需給の関係」や「限界効用」が価値決定の要素となった。

私は今、物の真価は「人間の最終目標になにほど役立つか」によって決定せられるべきであると考える。

現代の社会で、いずれがより正当でありうるかを考察してみよう。

労働力はいつも神聖で尊い、また同等の価値があると見るのは間違いであろう。一片のパンを造るのに費された労働と、軍艦や大砲製造に使用された労働力は、同じ価値を有するものではない。

稲を刈り米をとる労働も、真珠を海底にさがす労働も同じ労働には違いないからといって、造られた米と真珠が同じ価値と決定されては困るであろう。

労働力を物の価値判断の基準としながらも、その矛盾に悩まないわけにはゆかないであろう。資本主義の国では、物はつねに真価が問われるのではなく、高い価で売れるもの、交換価値の高いもの、もうけの多いものを造ればよいわけである。したがって売れやすいもの、需要の高いもの、すなわち人間の欲望に追従するものをさがし出して、もうけるために、真価などはどうでもよい、むしろ真価以上にだまして高い値段で売りつけることに努力するようになるのは当然のことである。

娯楽映画に娯楽雑誌、娯楽機械のパチンコ、酒に肴に女にギャンブルと、人間の欲望の走りやすい方向の仕事であれば、需要も多く、もうけも多い。その生産や消費に従事する労働が、人間の真の目標や幸福にどう影響し、どう関係するかなどは問題ではない。

社会主義の国においても、自由主義の国においても、物の真価が追求されているのではなくて、たんなる交換価値を決定する基準と方法の相違が議論され、戦わされているにすぎない。終局において彼らは、物欲の奴隷の地位に転落し、ゆきつく所は、獲得の幻影に踊り、争奪の現実に苦悩する修羅の巷でしかない。

私は物の真価を「人間の目標」で計ると言った。人間の目標といっても、簡単に言えば、人間が日々幸福に喜びを感じながら生きてゆくことができればそれでよい。色々の物の価値は、人間の幸福に対してどれほど重要か、またなにほどの喜びを与えるかによって決まる。とすると、日常目にふれるものはどんなに評価されていくかをのぞいてみよう。

衣の価値観

美しい衣物が、人間の身体を寒暖から護り、また飾るための装飾品として、現代では人間生活に最も重要な物の一つとなっているが、どのように評価されるのが正当であろうか。

現在では衣服は、身を護る実用的価値よりは、美的な装飾品としての価値のほうが大きい地位を占めている。

しかし、その美が真実の美ではないがために、どのようにでも転々と浮動してゆく。一、二の指導的衣料裁断家や、商人の宣伝によって、昨日はエレガント、今日はマンボスタイル、明日は落下傘スタイル、次はサックドレスだとか、やれミニだ、パンタロン等が生まれた。やがて案山子《かがし》スタイル、奴スタイルもあらわれるだろう。昨年は赤が流行、今年は緑、来年は紫と、売らんがためには目まぐるしく、次々と新しい理屈をつけたスタイルが、色彩が売り出されると、自分の審美眼が疑われては恥とばかり、無理算段しても流行にすがりついていく狂態を演ずる。

衣料の価値は、現在では衣料そのものの価値から離れていって、裁断料、デザイン料、流行の先端品としての料金、さてはデザイナーの名前料までが加算され、広告料が附加されたものが衣料の値段となっている。人はもう衣料を買っているのではない、デザイナーの巨匠の名前を買っているのである。

もちろんこのような衣料も競って買う人から見れば、衣料に喜びを与えられる、人生に生きがいを感じさせてもらえると言うであろう。

しかし、真の美しさをはるかに遠ざかった虚栄の美服から与えられる喜びは、また虚偽の喜びでしかない。つねに裏に醜をかくした美は、つねに悲哀をともなうところの喜び、一喜があれば一憂がつきまとうところの喜びしか人間に与えない。虚偽の美服にささげられる高い評価が、果てしない邪悪の種を社会に流し、美服のために投ぜられた労働もまた無益な奉仕にしか終わらない。

衣料は、人間の真の目標とは直接何の関係もない。ただ最小限度身体を護るための一枚の布ぎれが、価値あるものとして認められるにすぎないであろう。

衣料に対する無目的の価値判断が、恐ろしい結果を社会に流していることに人々は無頓着でいるが……。

指にさされたダイヤの指輪、真珠の首飾り、ルビーの耳飾りなどにも、衣服と同じように、誇大な価値がつけられて、なお人々から愛玩されているが、正当な価値判断によるとは言えないであろう。

第一希少物質として高く価値づけられているが、人間にとって真に尊いものが価値があるという立場から見るときは、希少価値という価値は認められないのである。

希少でしかも美的だとされるこれらの宝石類は、本当に美しいのであろうか。美ということを否定しないまでも、朝日に輝く草葉の露のきらめきは、ダイヤや真珠の輝きにも匹敵しないであろうか。桜の花びらの赤色、紫陽花《アジサイ》の青色、藤の花の紫、これらの色はルビー、サファイヤなどの宝石の色にまさるとも劣りはしない。

人間の周囲には、美を知る歓びの対象には、こと欠かないはずである。遠くの僻地に、南亜のダイヤ、南海の真珠、蕃地のルビーを探し、身に飾るまでもないのである。中華の娘は頭の髪の中におがたまの白い香りの高い花をさした。日本の娘も桜花の一枝を頭に飾ればすでに十分であろう。それ以上は、人間を真に美しくするには役立たないで、心あるものに虚飾の醜を感ぜしめるのみであろう。

　豪華な夜会場で舞い狂うためには、その場にふさわしい立派な豪華な夜会服が必要と思い、真珠の首飾り、金の腕輪、ダイヤの指輪が、最高の価値を発揮する価値あるものとして目に映る。一夜の歓楽に人生の生きがい、最大の喜びがあるものと信じている人達にとっては、夜会服やダイヤに最大の価値を認めるのも当然である。

　もし、夜の宴会が真実人間にとり悔いのない喜びとなるのであれば、もし彼らの食べた料理が、美酒が、真に人間に喜びをもたらすものであれば……。だが、彼らの喜びは文字通り一場の夢でしかない。

　ダンスパーティーの会場にぼろ布をきた男がのこのこと入っていけば、人々は眉をしかめてつかみ出すであろう。しかし、もしダンスパーティーの最中に、七色のネオンに色どられた、彼らの舞っている舞踊場が、そのまま突然太陽の輝りかがやく白日の下にさらし出されたとしたら、彼らの歓喜の乱舞がそのまま続けられようか。ネオンが太陽の光に切りかえられ、彼らの心をそそりたてていた音楽のかわりに、犬や鶏が乱暴に走り回り、その周囲を泥にまみれた百姓がとりまいてゲラゲラ笑っていたとしたら、どんな紳士も淑女も一時に酔いもさめ、味気ないしらけた顔をふせて逃げだすであろう。そのとき会場では、長い夜会服をきて女王のように振舞った女の姿ほどみじめである。泥田でよごれた夜会服は、立派であればあるほど醜くなる。高いハイヒールほど泥道を歩けば滑稽になる。ダイヤの光も、朝露のきらめきの中では光を失うであろう。

彼らが信ずる価値は、その周囲をとりまく舞台装置を一変するだけで、その価値を一変する。ということは、人々が信ずる歓びも、時と場合で悲劇にもなり喜劇にもなることを意味する。人間の喜びも悲しみも、風と共に来て風と共に去る。はかない喜びや悲しみのために捧げられる物質に、衣服やダイヤになにほどの価値があろう。豪華な舞台では美しく見えた衣裳もダイヤも、舞台裏にぬぎ捨てられてみれば、ただの紙の衣であり、銀紙にしかすぎなかったと同様である。

だがそれが芝居であれば、その衣裳も偽物の衣裳ですませる。人間のダンスパーティーは喜劇であっても芝居ではない。大真面目な紳士淑女の集まりである一夜の虚栄の歓楽が一場の夢に終わっても、終わらないのは本物の夜会服でありダイヤである。

はかない享楽のために幾十人、幾百人もの職人が額に汗を流して働いていかねばならないのである。衣服に対する、ダイヤに対する価値判断の基準が、無批判に加えられた労働時間や、需給の関係によって決定せられたのでは、社会はいよいよ混乱と邪悪の世界へ転落するのみである。

住の価値

住宅は、人間が楽しく食事をし、静かに安息のできる寝床をとることができればそれで足りる。それ以上の効用をもち、より高い価値をもたそうとすれば誤ちのもととなる。

大昔の人間が穴の中に造ったねぐらも、現代人が木や石で造った家、コンクリートの高層建築の内に造った寝床も、寝床としての価値に大差はないのである。人は、たたみ一畳の上に寝ても、十畳、百畳の上に寝ても、むすぶ夢は同じである。

広壮な建物は人間にとって無駄なことである。しかし現在では住宅はただ寝たり食ったりする場所としてのものではなくなっている。文化生活を楽しむための根拠地の役割を果たすものと考えているかのようである。したがって住宅に対する近代人の価値評価は高い。

食事も単に食事をする場所があればよいというわけではない。清潔な便利な台所、美しい食卓、食器が食堂には備えつけられねばならない。

寝床もただ藁の中に頭をつっ込んで寝るようなわけにはいかない。豪華な寝台に絹の羽根ぶとん、赤や青の電灯で照明せられた寝室、もはやたんなるねぐらではない。

文化生活と名のつく家庭生活には、聞くためのラジオ、レコード、見るためのテレビ、話すための電話、食事用の冷蔵庫、料理用の電気器具、掃除器、洗濯器などなどが、絶対必要品として備えつけられるようになる。

だがこのような文明の機械、器具の完備した家庭の中に高い文化生活が、生活を楽しむという本当の楽しみが、そこに見出されるであろうか。

完備した食堂で、複雑に調理された料理を食べる近代人には、もはや百姓が食べるにぎりめしの味はわからない。高級なホテルの絹のふとんの中に本当の熟睡があると思っているが、人間は家庭のうすい煎餅ぶとんにこそ安眠熟睡がある。動物としての真の憩いがそこにあるのである。新聞、ラジオ、テレビなどに取りまかれて暮らす生活が、真に価値のある文化生活であろうか。自分の心眼でものを見ることを知らず、自分の心耳で音楽を聞くことを忘れ、自分の頭でものを思うことすら忘れている近代人の生活が、人々が誇る知的な文化生活とはなりえない。それは高い文化生活ではなくて、堕落した機械的ロボット生活でしかない。

都会のホテルでは戸口に立てば扉は自動的に開き、歩かずしてエスカレーターは体を部屋にはこび、室内の温度は自動的に冷房装置や暖房装置で調節せられ、一定の時間がくればコンベアーに乗って食物が、飲み物が人手を借りないで運ばれてくる。レコードは自動的に動いて喜びの曲を、悲しみの曲を、ワルツ、ジャズを適当に組み合わした音楽を次々に演奏してくれる。

テレビに映る画像は、室内にいながらにして、エベレストの高峰登山の壮観に身を引きしめてくれ、あるいは深海の底の生物探究にも案内してくれる。

もうここまでくれば十二時が来て時計が自動的に鳴って消灯され、おやすみの曲がレコードから流れ、人は睡眠薬がきいて眠りに入っていく時の来るのも間近であろう。人間は今や頭にはアンテナを立て、耳には聴音器を、目の代りにカメラを、口には拡声器をつけ、足にはタンクをはいた人形と化しつつあるのである。

頭の中でものを思い考える代りに、新聞、ラジオ、テレビがあなたを動かし左右している。まもなく次の時代には電子計算器や、電波受信器、原子発信機がすべての判断をしてくれる。手足もそれらの機械が動かしてくれるであろう。

人間は人造人間と化しているのである。

このように人造の機械人形化した人間が感じる喜びや悲しみの感は、本当の人間の喜悲とはなりえないであろう。喜びも悲しみも、舞台俳優が舞台で流す涙でしかない。テレビを見て流す感激の涙が、人間の心を至純な境地に導き入れてくれると思うのは錯覚で、自ら芝居する道化役者へ転落していることに人間はもう気づくべきである。

偉人の心は偉人のみが知る。芸術家の境地は芸術家のみが知る。どんなに上手に偉人をまねて芝居をしても偉人の心はわからない。また芸術家の心境になれるものではない。

人間を道化役者にするために、喜劇の自動人形とするためにあまりにも多くの努力が、文化の名のもとで、智恵ある人々によって遂行せられてきた。

文明の利益と呼ばれるすべてのものがもつ価値に対して反感をもち、あるいは時に疑うものはあっても、真正面から否定してこれを攻撃するものはない。二十世紀の巨大な怪物の横行を防ぐ理性は、もう人間から失われてしまったのであろうか。

われわれは、働くよりも、造るよりも、前進するよりも、まず静止し、沈思して、人間への復帰の道に帰るべきではなかろうか。人間は価値ある何ものも所有してはいない。すべてを否定して人間は再出発せねばならない。物の価値判断は、まず人間を発掘し、人間の真の歓びが何によって発するかを把握したとき、自ら解決せられてくるのである。

労働に価値があるのでもなければ、物に価値があるのでもない。人間は価値ある何ものも所有してはいなかった。価値なきものに価値を求めて苦闘する人間の経済活動の終焉の時は近づいているのである。

大地につき立てられた一本の杖……。

これは何でもない杖か……。

これは一閃、唸りを生じて万界を破砕する杖なのか。

持つ人によって千変万化する杖……。

3――価値観の変遷

老人と話してから、いつのまにか二十数年の年がたっていた。

だが一瞬と思われたこの歳月の間に、日本は激動しつづけていた。終戦と同時に津波のように襲来したのは、誇りを失った民族の精神的、肉体的荒廃であった。貧すれば鈍するたとえの通り、身にぼろをまとい、食をもとめ右往左往する難民の集団と化し、あわれ日本民族も、わずかの食糧や物資不足から、修羅地獄の混乱をまねくようになった。

ところが焼土と化した大都会の中から、不死鳥のように民族はよみがえった。戦場から兵士が都会に帰り、バラックを建てはじめたと見るまに、旺盛な生活と猛烈な復興とが開始された。荒廃がかえって、民族を蘇生せしめたのである。近代民族が、突然原始人の生活に帰って、一億総百姓となって焼土を耕し、種を蒔く生活の原点から、泥まみれになって再出発したことが、日本人の生命を若返らしたのである。それが復活の原動力となったのである。

世界の人々がその復興ぶりに注目しはじめ、バイタリティに驚いている間もなく、気がついてみれば、日本は経済成長世界第二の経済大国になっており、エコノミックアニマルの国とさわがれるようになっていたのである。日本人自身があきれてふりかえり、驚いているのが現状である。

都心には、かつて夢想もしなかったニューヨークの摩天楼が乱立し、開発された広大な工業団地や住宅団地が、都会から農村部へと、潮のように拡大した。これが日本を襲った経済成長という第二波の高潮であった。

ところがこの高潮は、日本の国土に何をもたらしたかである。緑と太陽の国土の無惨な荒廃であった。

都会の空をおおった光化学スモッグの警報が、突然都会人の心胆を寒からしめた。マイホームの夢が達成されたと思ったとき、急速に団地族を襲ったのは、コンクリートによる自然断絶、核家族化による孤立感から惹起される精神的不安定、人間疎外のとまどいであった。

広大なデパートの売場に氾濫する衣料をはじめとする生活物資、スーパーマーケットに山と積まれた、世界各国からとりよせられる数々の食料品、料理の数々。

ないものは何もない豊かな暮らしを約束するこの物質過剰の中に住んでいて、突如として発生したのは過剰の中の欠乏、豊富の中の飢餓意識であった。何を見ても楽しくなく、何を食べてもおいしくなく、何をしても歓びがない。奇妙なといえば奇妙な現象に見えるが、実は当然なことなのであった。

人間は、空気の中におれば空気を知って知らず、空気の有難さを感じない。欠乏して初めて有難さを知る。過剰の中には欲しいものはなくなる。欲しいものがなくなれば、好奇心もわかず、食欲もわかず、嬉しいこともなくなるのは当然である。

夢にまで見て欲しがった都心の近代建築の部屋が、手に入れてみれば、たんなる人間隔離の牢獄にすぎなかったのである。山海の珍味と思われた高級食品が、路傍のナズナ、山のワラビ、ツワブキの味ほどの味もない無味乾燥な食品に変わっていたのである。

高度の文化生活が、享受できるようになったと思われたとき、今度は逆転して、人の目は光を失い、日々はうとましく、何をなす気力もない痴呆の青年たちが、都会の深夜にうごめく野獣の群となって街にあふれていたのである。

この二十数年間に起こった日本人の物質的、精神的激変は、単なる戦争や経済の激動からきた自然のなりゆきと見過ごしてよいことではないだろう。

現在の人間疎外や、環境破壊、公害、破局に向かう人類の危機感も、人々は人間発達の過程において発生する一時的な歪《ひず》みと考え、人間の叡智で克服され、さらに新たな高度発展が期待できるものと考えているが……。

はたしてこれらの難問が、人間の手で解決できるのであろうか。

4——価値観の偏向性

私は、老人が二十年前語った衣食住の原点における錯誤を、再び思い起こさずにはおれなかった。

老人の言葉はその時すでに今日を予言していた。

衣は衣にあって、衣にあらず
食は食にあって、食にあらず……。

この言葉の意味を、いまだ了解しえていなかったことが痛感されるのである。
再び老人に会って、食についての意見を求めた。

自然食

「この十年の間に急速に自然に帰ろうという気運が高まった。人々は都心に住むことをいといはじめ、緑と太陽のある住宅をさがしはじめた。人工食を嫌悪し、自然食の中にふるさとの味をかみしめようとした。これは人間が自然に帰ろうとしはじめたしるしであろうか……。人間は甘いものばかり食べていると、酸いもの辛いものを欲しがったり、肉ばかり食べていると、野菜のほうが美味しくなったりする。このようなことは一時的反動や生理的要求にすぎないのだろうか。」

「一時的というより、本質的な人間の迷いにもとづく彷徨性というか、気まぐれにすぎないだろう。美味と栄養を求める西欧風の食に飽いて、東洋風な自然食を求める。次には、自然食から第三の食糧をさがしはじめるだろう。人は落ちつく食物がない、ふるさとが見つかれば落ちつきもしようが、帰るにも、ふるさとがどこか、自然食というその自然が何か、わかっていないから、す通りしてしまう。」

「自然にあるままの野草や穀物を食べても、自然に帰ったとは言えないのか。」

「山奥の野草は自然と言えないことはない、穀物は自然に近い食物と言えるだろう。だが菜食主義というその人間の身体がすでに自然でない、不自然な人間が、自然の野草を食べても、それは不自然でしかない、野獣が野草を食べて、はじめて自然食と言える。」

「人間が不自然から脱出する一つの方法にはなるのではないか。少なくとも少しでも自然に近づくということができるのではなかろうか。」

「一般的に言って、自然により近づいて生活するということは可能であり、それが無意味であると言っているのではない。だが人知をもって、自然を選び、土地をさがし、人知をもって衣食住すべてを計ってはならないということである。

食はその所で得なければならないが、そこに生えているものが、いつも自然のものとは言えない、人為によって破壊された地上では、自然そのものをさがすことがすでにむずかしい。」

「路傍の雑草が他国の草にかわっていたり、人為による地力の変動で、自然の植物の自然集落が破壊されている場合のほうが多いということは十分考えられる。」

「人間生活も不自然になっている。住居は人間が自然の状況下で、ねぐらの役目をはたしてくれれば十分だが、どの程度のものが人間のねぐらと言えるのか、鳥や獣には一定の巣があるが、人間のねぐらには基準がない。着物にしても、どの程度のもので寒さが防げるのか、要るのか要らないのかさえわからない。自然の中で住むということがすでにわからない。

日常の行動すべて不自然である現代人の体に合った〝自然食〟、それを自然にとるということができれば問題ないが……〝自然人〟がすでにいない、したがって、〝自然人〟にあった〝自然食〟

をたずねることができない。」
「住んでいるその場所にある食物をとっておれば、自然に〝自然人〟が出来ると考えていたが。」
「自然食物をとることから入るか、自然に順応した人間を造ることから入るか、と分別すること
がすでに問題である。」
「道は二つあるように見える。一つは食養であり、一つは修養である。できれば同時に二つの道
を修めるのが一番よいと考えられやすいのだが。」
「二つの道があり、自然食をとる食養をするとともに、自然人になる行動、修養をするのが、理
想のように見える。ところが、実はこの二つの道は二つでなくて、一つでなければならない。本来
一つのものを、二つの道に分裂したにすぎない。二つの道にとらわれながら二つの道を同時に修め
ようとすることは理にかなっていて、実際には容易なことではなかったのである。」
「禅僧が、坐禅をし、修行するとともに、一汁一菜の食事作法に徹しているのは、そのためだろ
う。また山伏が、野に寝、草に伏して、野草を食べて修行するのもそのためだろう。」
「正食、正行は正覚に至る道であると私は言った。だがこの言葉は理解されるようで、実際は実
行できる言葉ではない。
人間はすべてを同時に思い、同時に行なうことはできない。人間の頭は食事のときは食事、坐禅
のときは坐禅、薪割りのときは薪割りと、切り離されて心に浮かんでいるのである。
したがって坐禅の工夫と、食事の工夫が別々になる。深く思考するにしたがって、坐禅の道には
坐禅の作法、戒律がやかましくなり、静坐法がどうの、呼吸の調息法、丹田法などと言いだす。食

事は食事で、朝の献立は何、夜は何、やれ一汁一菜がよい、精進料理だ、懐石料理だなどと言いだす。

結果において、次第に一つの道に結ばれてゆかねばならぬはずの両方が、別々の道に向かって分裂していって、ますます遠ざかり、ついには独走しはじめるのである。

もともと禅寺の戒律は〝坐って食事する〟、それくらいでよかったのである。寝ころんで食べても立って食べても可《よし》にならねばならぬ。坐禅の作法や食事法の形ばかりに凝りだすといつの間にか横道にそれて、枝葉末節のことにこだわるようになる。

一つの道を登るより、二つの道を同時に登るほうが早いと考えられやすいが、体を二つに裂いて登るわけにはゆかない〝二兎を追えば一兎をも得ない〟

富士に登る道は一つと言えばただ一つしかない。いくつもあると迷いはじめると、富士への道はとざされる。何ごとも凝りだすと、そこから横道にそれだすものである。

人と食は一つであり、自然人は自然食をとる。自然人とは何か、自然食は何かと人間が考えたときから、自然人も自然食も消え失せてしまうのである。自然人になる努力、自然食の研究へと入りはじめると、もうそこには自然人でない人知で造られた人為的自然人が造られるようになり、自然食は自然食でなくて、自然食に似た人造食が氾濫しはじめるものである。そしてその食事法や食品は色々の名前がつけられはじめる。自然食・正食・食養・健康食・純正自然食・天然食品等々、専門的な発達が行なわれるにしたがって、混乱してゆくのである。」

「自由奔放な自然人、自然そのままの自然食が目標かも知れないが、それではあまりに漠然としていて、つかみようがない。堕落して、放任、放縦の自然になりはしないか、自然そのままではむしろ偏向した不完全食の食事になりはしないだろうか。」

「自然は無心、無智、無為の世界であるが、真の自由と秩序と完全性はこの世界においてのみ守られ、確保せられる。そして真の自然に従えば不完全食はないはずである。人間の智恵にもとづいて組み立てられた自然は、真の自然ではなく偽物の自然であって、矛盾と混乱の世界である。この世界の中から選びだされた自然食品は偏向した自然食になるおそれがある。」

偏向食

「いわゆる自然食が、自然食に近いことは言うまでもなかろうが、それでもなお偏向食になる危険があるという意味は……」

「食は食物の研究によって達成されるのではない。食物を食物と見たとき、食研究の対象として分析的な考察を加えたとき、自然の食物はすべてが不完全な偏向の食品へと化身してゆくのである。」

「食物の研究をすること自体が、自然食の研究にはならないということか。」

「自然は分解も解体もしてはならない。それを解体して知ろうとしたときから、偏向の食物への道が出発する。

食物を西洋栄養学の立場からとらえて分類すれば、その食物は栄養学という部分的学問の範疇《ワク》に入って偏向へ出発する。部分的学問の目でとらえられ考察せられるため、その評価もその部分的領域を出ることのできない、狭い視野の中においてだけ意味をもった食物になってしまう。

東洋の易や陰陽術の立場から食物を分類すれば、陰性、陽性食品に分けられる。この分類は簡単明快であるだけに高所から、また全体的な立場からの食物把握にすぐれているとも言えるが、西洋栄養学の立場から見れば、大雑把で緻密でないと見られる。一は部分的であり、一は総括的であるという点において特徴はあるにしても、どちらも自然科学の領域において正しい、ということが言えるにすぎない。

ともに、大局的に見れば、一は分析的で部分的である点に欠点があり、一は総体的であるといっても、相対的視野での知恵であることにかわりがない。分析的研究の最後は総合的立場に帰って反省せねばならなくなり、総括的判断も、結果的には部分的判断、処置に満足せざるをえなくなり、粗雑な非科学性が科学者からたたかれることにもなる。

道は東西と異なっていても、相対的現象界における同次元の研究と言わざるをえないのである。頭から見下すか、足もとから見上げるかの相違にすぎない。

西洋栄養学は、細分化された栄養成分の研究に没頭して、専門化され、発達するにしたがって、いつの間にか枝葉末節の学問に堕してしまい、人間本来の生命の尊厳や有機的生命現象とは全く切り離されたものになってゆくものである。

また同じように、大局的把握によって、食品を陰陽二元に分類して、その調和を計ることによって、人間ならびにその社会の矛盾を解決しようとする試みは意義があるとしても、陰陽の解明と適応が、自然界の局部、局時に向かい、日常の茶飯事に及び、一食一品のことをとやかく言いはじめると、いつの間にか、西洋栄養学が犯した同じ誤りの道をたどりはじめる危険がある。

もちろん全体は一事からなり一事の解決なくして全体の解決はないが、一事に人知がこだわりはじめると、一事は一事でなく、分析的な孤立の一事になって偏向するということを明記せねばならない。全体は一事に解体もされず、一事の集積が全体の達成になるのでもない。一事を凝視し解明しようとする努力は、どこまでも一事のことに終わる。

無数の食糧の中の野菜だけでも、陽の野菜、陰の野菜と分別し、陰陽の強弱、量、質等の立場から分類してゆけば、どこまでも細分化され、その間の調和をとろうとすれば、人はただ迷路に迷いこむばかりである。

人間は自然の野草、野菜の一つ一つが何であるかを知ろうとすれば、かえって昏迷の知恵の渦巻のなかにまきこまれて混乱し、自然の真価が見出せないままに、別の偏向した価値、不完全な価値を追いかけることになる。」

5――価値逓減論（偏見の価値）

老人は面白い見方をする。

「路傍の雑草のナズナを見て、それが食用になる、自然食品としての価値が高いと知った人は、それだけナズナの価値を開発したことになると思っている。

さらに食品としての正当な価値を追究しようとして栄養学的な成分、カロリー、食味あるいは酸アルカリ、陰陽など色々調査し評価を重ねてゆくものである。また他の雑草や作物と比較しての評価も行なわれる。

　このようなナズナの価値の発掘によって、価値はますます高められるものと思われているのだが、見方をかえると逆転して価値の逓減となるのである。

すなわち科学的視野という特定の立場からの評価が雑草に加えられたとき、裏面の非科学的立場からの評価が無視されているのである。物の価値が発掘されたということは、裏面の価値が無視され放棄されたことも意味する。特定の立場に立つということは、評価の領域（範囲）が狭められたことであり、部分的な評価を進めてゆくことによって、評価の領域が縮小されてゆくとも言える。雑草の評価は、評価領域の縮小化、評価立場の孤立化、部分的評価による偏向化、比較判断による価値の低俗化などによって価値は次第に減少していっていると言えるのである。

　このように物の価値を見出してゆく過程において犯さざるをえない評価領域の狭小化からくる価値の減少化を、価値逓減の法則と言ってもよかろうと思う。一つの価値を発掘して、二つの価値を見失い、二つの価値を見つけて、四つの価値を放棄していることになれば、人間の価値発掘は無意味なことになってしまう。

　このことについて、具体的な例で説明してみよう。

　自然の中の一雑草の価値を、人間は見出そうとして、実際に何を見出したかである。

　人々は、食品としての価値、ビタミンとしての価値、自然の味としての価値などを見出し、その

◎価値逓減の法則（模式図）

①価値の増大
——無価値の価値化

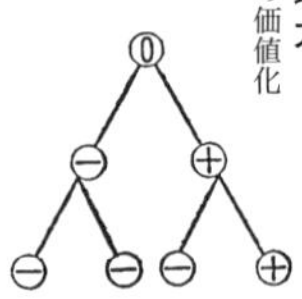

②価値の相殺
——価値不変

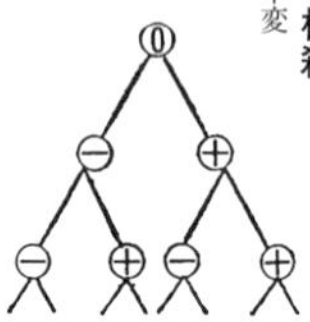

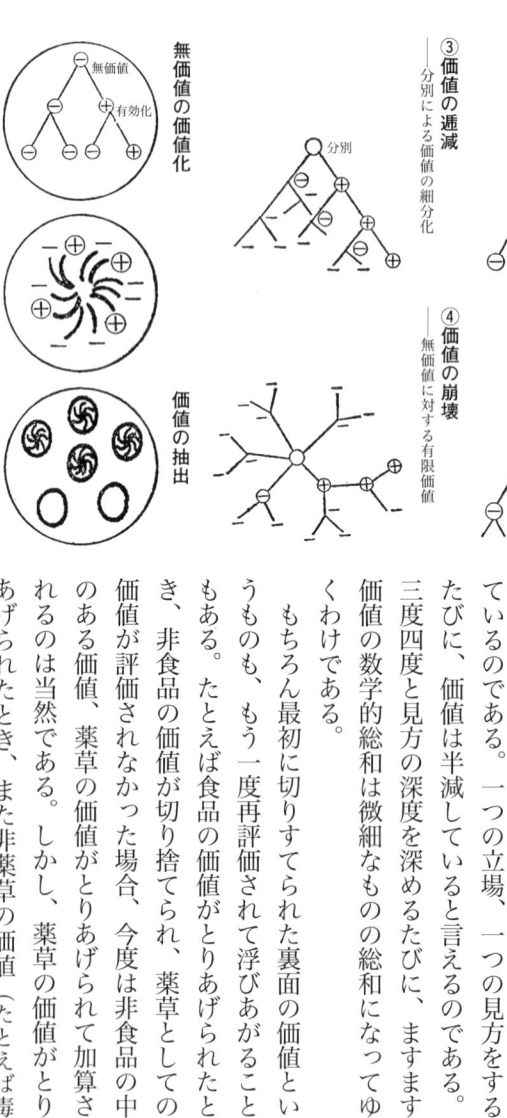

③価値の逓減
——分別による価値の細分化

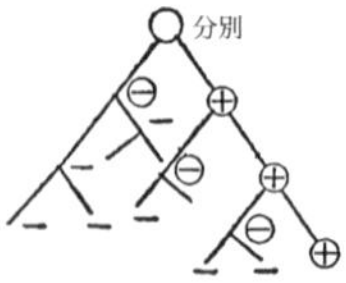

④価値の崩壊
——無価値に対する有限価値

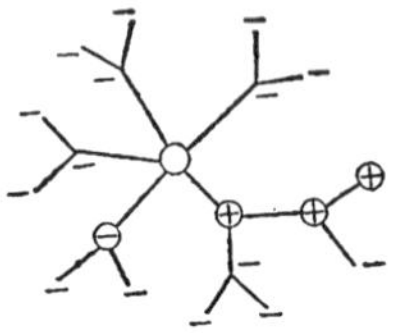

無価値の価値化

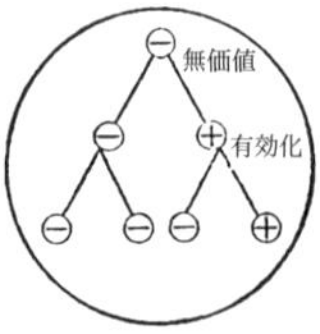

価値の抽出

総和が雑草の価値だと判断している。ところがこれらの価値を見出してゆく過程で、見出した価値の裏面のある価値を切り捨ててきている事実を忘れてはならない。一つの面から見れば、他の面を、一つの見方をすれば、他の見方を、つねに放棄しているのである。一つの立場、一つの見方をするたびに、価値は半減していると言えるのである。三度四度と見方の深度を深めるたびに、ますます価値の数学的総和は微細なものの総和になってゆくわけである。

　もちろん最初に切りすてられた裏面の価値というものも、もう一度再評価されて浮びあがることもある。たとえば食品の価値がとりあげられたとき、非食品の価値が切り捨てられ、薬草としての価値が評価されなかった場合、今度は非食品の中のある価値、薬草の価値がとりあげられて加算されるのは当然である。しかし、薬草の価値がとりあげられたとき、また非薬草の価値（たとえば毒物として価値が見残される）が切り捨てられているのである。この状態はどこまでもつづく。

　要するに一つの物を、色々の立場から評価するにしたがって、価値というものが、数学的に見れば分割され、半減しているのであり、その深度が深まるにつれて相対的な価値は漸減してゆく。」

「人間が一つの物を見て、ある立場から見て価値を見出したとき、裏面に無評価の立場がとり残されるというのは理解できるとしても、実際には、地上の万物は最初は無価値に等しいものとも言える。この物に人間が知恵を働かせて、価値を見つけ、有効化したとすれば、それだけでも価値が生まれたので、意味があるのではないか。

　またさらに、その物をよく研究するほど、色々な面で多くの価値が発見され、価値が高くなるというのが常識であり、事実物の価値は、その研究が進み、効用が多面化するにしたがって増大したと見るのが至当であろう。

　また一歩をゆずり、よい点もあるが悪い点もあって、功罪相半ばするという場合もありうるが、この場合でも、少なくとも価値は＋－＝0で等量であり、価値が半減するとか漸減するということは言いすぎではないか。

　人間が知った価値は局部的で、無限の価値から見れば極微とも言えようが、知った価値そのものは、人間にとって意味のあることであり、卑下する必要は何もないと思えるが？」

「地上の万物は、最初無価値に見え、人知を加えて初めて価値あるものになったというのは、人間の立場から見ての勝手な価値づけに、人間が自己満足しているだけのことである。万物には無限の価値がある。ナズナの本当の価値、存在理由や無限の価値から見れば、人知による食用や薬用価値なぞはとるにたらない極微の事柄と言えるのである。

もしかりに神の目をもって、ナズナを見れば、自然輪環の重要な一員としての価値、その場所での美の神としての役目、汚水浄化装置としての任務、周辺生物、動物や微生物の守護人、さらに大きく見れば全宇宙との関連において重大な役目を背負っての発生であったと言えるだろう。すなわち大自然の立場、神の目から見たナズナの価値は、人間の認めた価値とは比較にならないほどスケールの大きいもの、広大無限であることが考えられるのである。

よく見れば、人間はナズナの価値を認め勲章をあたえたつもりが、ナズナから見れば、真価を認めず、侮辱したことになり、その価値を傷つけた、すなわち価値を損い、漸減したことになるのである。

また人間は人知によって、無価値なナズナから多面的な価値を見出しえたかのごとく思っているが、このことも早春の湿田のほとりでそっと花を咲かせているナズナを詠《よ》んだ詩人の価値ある歌は、人がナズナから探り出した価値というより、ナズナが詩人にそっと贈った価値と言えるのである。ナズナを正月のかゆの中に入れて食べる田舎の風習は、学問や栄養学の知識があみだした生活の知恵というより、ナズナの心と百姓の心の交流から生れた自然発生的なものである。

ナズナに価値を見出したのは人間であると思うのは、人間の思いあがりで、路傍に何気なく咲く一茎の雑草の全宇宙的な意義を、人間は推測することすらできなかったということになる。

人間が食物とし薬用として見出した価値そのものが無価値であると否定しているわけではないが、人間がナズナに価値づけたときから、かえってナズナの相対的価値を低下せしめたという意味である。

ナズナを見て、食用になると見た人は、すぐ食べることだけしか考えない。栄養学者はその栄養価値だけを心に浮べる。薬草の採集家は、薬草として採ることだけしか考えない。これは人知をもってナズナを見たときからナズナに対して偏向した人間がそこに出来るということである。それがナズナの価値を漸減せしめてゆく結果をまねくことになるのである。

多くの人はナズナを雑草として見過ごし、一部の人が食用としてとり、一部の人が薬草として採集し、わずかの人が歌をよむ、それで人間はナズナのすべてを知り、その価値を認めていると考えて、それ以上は深く考えない。

だがこれは、ナズナを識りえているのでもその価値を掘り出しているのでもない。全く皮相的なナズナと人間の科学的な視察や交流がわずかにあったにすぎない。

人間はそれで満足かも知れないが、もし神の立場からみれば、悲しいことである。人間が手をさしのべねばナズナは何もできない。

人はナズナの内に秘められた価値に何ほども気づかず、す通りしてしまっているのである。

山路きて何やらゆかしすみれ草《ぐさ》

芭蕉の何気ない一句も、一草を通して大自然の神秘無限の価値にふれようとしたものと言える。」

「ナズナに人間が、価値や効用を見つけたときから、ナズナの価値は、相対的に低下するということはきわめて重大な意味をもっているように見える。他の事柄一般にもこのことは応用して言えることであろうか。」

「もちろん同じことである。色々な物に、人間が価値を見つけてゆく、そのつど皮肉な言い方だが、その物の価値は半減してゆく。

たとえば牛を見て、肉の価値だけを見れば、牛の価値は限定される。労働力にもなると言えば、牛の価値は増加したとも言えるが、牛から見れば迷惑な話で、不満であろう。牛の無限の効用や価値から見れば、限定された評価は牛の価値を低下せしめたことになる。」

「相対的、表裏的ということは、他の物と比較しての話のようでもあるが……」

「無限の価値があるものに、部分的な価値づけをすることは、かえってそれ自身が内蔵する価値を自から低下せしめるということ、外部の他のものと比較すればするほど、ものの価値を低下せしめるということもあわせて意味している。」

「牛を見たとき米国人は、すぐ食用になる肉としての価値だけを思いうかべる。ベトナムの農夫は肉として貴重な労働力として牛をながめる。インド人は牛を神の使いとしてあがめ、あるいは友人としてつき合う。このとき牛の価値を最大に評価しているのは牛を人間の効用物として見ていないインド人であり、最低の評価をしているのが牛を一番価値づけている米国人であるとも言える。」

「三つの国の牛に対する評価を総計すれば牛の価値が増大し、人間は牛の真価をつかんでいると考えてよいのではないか。牛の価値をあらゆる角度から知り、つみ重ねてゆけば、価値は増大したことになり漸減してゆくと言えるのではないか。」

「あらゆる角度から見た価値を合計するというが、米国人はインド人の牛に対する心を知っているのではない、実際に知りえているのであれば、牛を殺してその肉を食べはしない。肉を食べる米国人は、どこまでもインド人と合体できる米国人ではなく、ただ牛の肉を食べ、肉塊としての牛の価値しか知らない人種である。価値が客観的に増大しても、主観的には減少になる。

米国の開拓時代にさかのぼってみるとわかる。米国人が最初牛の価値をみとめて、野牛を殺していった時点で考えると、野牛の食用価値を認めた米国人は、牛をみだりに食用としなかったアメリカインディアンに比べて、牛の価値（評価）を半減せしめたと言えるのである。

食用とし、労働力としたベトナム人は、牛の価値を米国人に比べると増大せしめたと言えるが、牛を神と見るインド人の目から見ると、牛を肉として虐殺しさらに労働力として酷使した点で、さらに牛の価値を知らないものと考えるだろう。すなわち牛の価値をさらに半減せしめたものと見ることができる。

結局、牛に科学的な人知を加えないで、何の価値も見出そうとしなかったインド人が、最も高度な価値を牛の中に保存してきたことになるのである。

要は人間が物に認める価値というのは、どこまでも相対的な部分的・独断的・主観的なもので、しかも価値を増大せしめたと見えるときは、かならず裏面で評価の低下を来たしているのである。あるものの価値を最大限に知り利用したと思ったときは、そのものの価値を全壊せしめたときである。人間が物に価値を認めた、価値を附加していくというときは、物の価値を抹殺し、消滅せしめているときでもある。牛の全価値を知ったというときは、人間が牛を殺して解体してしまったときである。

牛を全滅せしめたとき、地上にある牛がいなくなったとき、人は初めて牛の本当の価値をしのぶ

耕牛

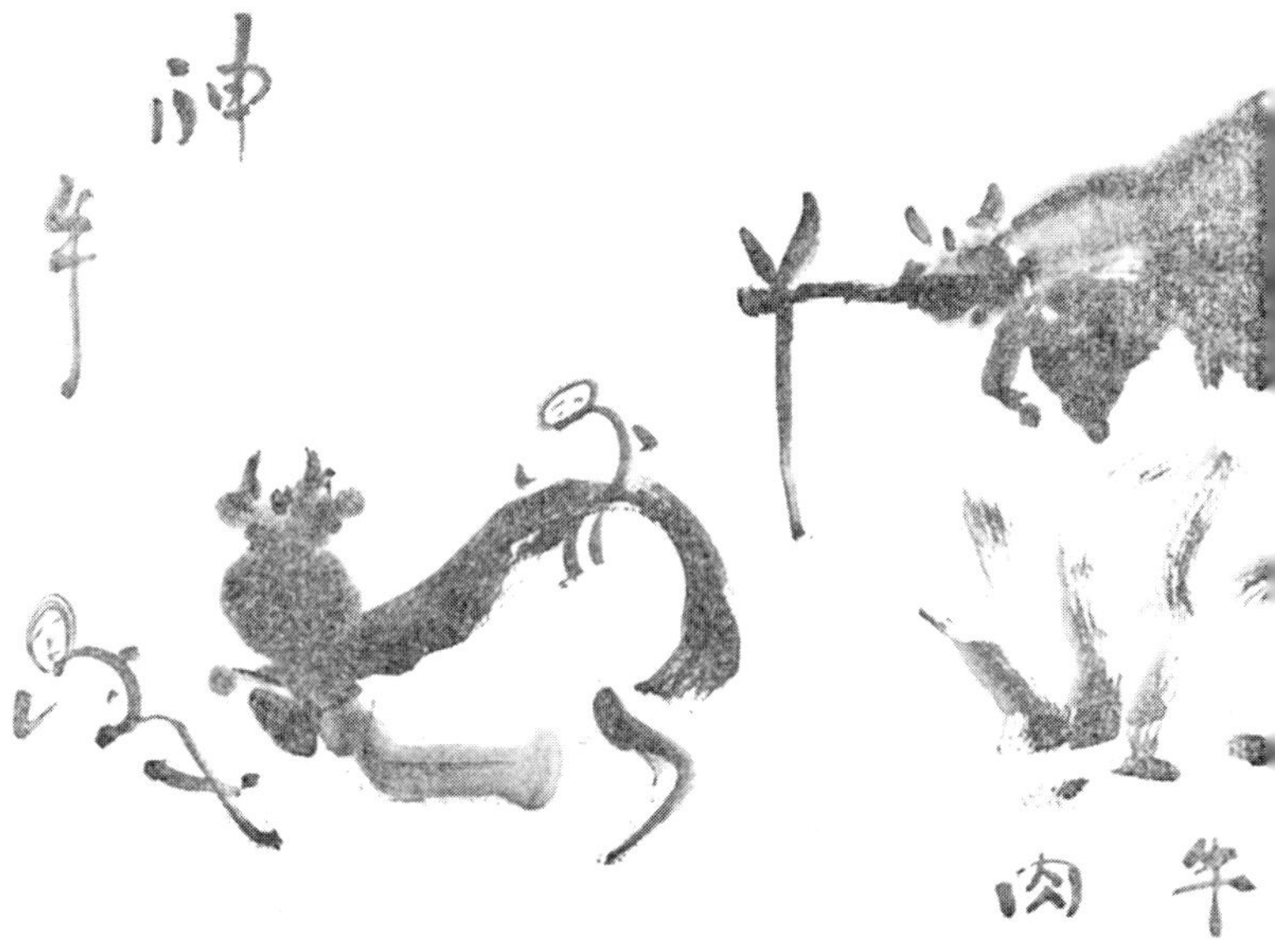
神牛
肉牛

だろう。

ウラン原子の価値を知り尽したとき、ウラン原子を爆発せしめたとき、このとき人間はウランの価値を消滅せしめたと言えないこともない。地上からウラン資源がなくなったとき、ウランが地上に存在した本当の意味がわかるだろう。本当の価値を人間は知らないままで終わったことに初めて気づくことができる。」

「それは詭弁というか、こじつけにも見える。ウランの価値を開発したことは、全面的に人間にプラスになるかどうかわからないにしても、少なくとも原子力の開発価値は、人間にとって損ではなかったと思われるが……」

「価値というものの本質や、どうして、なぜ価値が価値なのかが判然としていないからである。また絶対価値がわかっていない場合、相対的な価値の低下ということが、本当には理解されないからである。

人間は単純に、肉は味がよい、栄養があるなどから、肉は価値があると思っているのであるが、その味はどうして生じたのか、その栄養は本当に人間に役立つ価値あるものであったかを不問にしてのことである。

味というものが、分別的な判断から出発して絶対的なものでないこと、栄養も西欧の栄養的見地からは有効な蛋白資源として価値があっても、東洋医学の立場から見れば有害であるなどの説が成り立つことから見ても、本当に価値ある価値を、人間が牛からひきだしたか否かは問題なのである。

ウランの原子核分裂による燃料が、人々の考えているような、価値ある燃料であったかないか、はたしていろりの薪の炎は、ウラン燃料に劣るかどうか。誰も真剣には考えていないからである。」

6——無価値論

「人がその物自体に目をそそいで、その物に価値を見いだしたというのは、分別して物を見、物を二つの面に分割して、価値のない裏面をつくり、無価値の部分を残して価値ある部分のみをとりだしたことである。

もちろん一つの物を他のものと比較して、相対的な価値判断をした場合も同じことであるが。価値を見出したときには、かならず他に対照的に無価値なものをつくっているということは重大なことである。価値は無価値に裏づけされて、初めて成立し発足する。すなわち価値というものがすべて相対的なものとすると、立場や見方によって価値は変化することになり、独立して絶対的な価値があるものは何もないことになる。

本来、物には人間の言う絶対的価値がなく、時と場合によって、いわば人間的判断による価値があっただけである。」

「客観的に見て、人間にとって有効である価値があると見られるものは、無数にあるはずである。たとえば人間が生きてゆくために必要な食糧だとか住宅など。また主観的で相対的な価値だから無価値だときめつける必要もないのではないか。より良いと思いより満足すれば、より価値が高いものとしてよいのではないか……」

「〝人間が生きてゆくために絶対必要な食物などは、客観的に見ても絶対的価値がある〟という言葉は、〝生命の綱としての食物は絶対必要である〟というのと〝何々食品は生きてゆくために絶対必要である〟というのとを混同しているのである。

人間に食糧は必要である。しかし、米が、パンが絶対必要な食物だとは言えない。肉が野菜が、いつどんなときでも絶対必要ではないのである。具体的に絶対必要なものがあげられない人間には、〝人間に食糧は絶対必要である〟という言葉すら不要になるのである。

必要な食品というのは、必要な条件を人間がまず造ったときに必要になってくるにすぎない。どの食品は、どのようなときに必要で価値があると言えるだけで、どんなときでも絶対必要であるという食品はありえないのである。

物が必要だという条件をまず人間がこしらえるということは、自然にある物に必然的な価値を認めているのでなくて、物に人が勝手な人為的な必要性をつくって、価値づけをしたというにすぎないのである。

わかりやすくたとえてみれば、自然や神が、木や石に価値をつけているのでなくて、人間が木石に使用価値をつけたにすぎない。だからその価値は木石の本当の価値にはならない、ということのために生じている恐ろしさを言っているのである。

実を言うと、自然の万物の価値は、人間のあずかり知らないところで値ぶみされ、付与されているもので、いわば神のみが知るといったほうが正しいのである。物の真価、すなわち神がつけた評価、正札は、当然、人間の目にはわからない。その正札については、人間は議論する立場でないから、妥当であるかどうかを云々する資格がないのである。人間が神の立場に立たないかぎり、神は物に高い値をつけているのか、安い値をつけているのかすら、うかがうことができない。

したがって、本来、物に価値があるのかないのかすら人間は口にする資格がない。価値に対しては白紙であるということすら口にすることができないというのが、人間の物に対する真実妥当な価値観なのである。

ところが、普通、人間が言っている物に対する価値観というのは、神の立場に立っての物に対する直接的な価値を問題にしているのではなくて、人間の立場から見た万物に対する価値観に限定されているのである。この世に存在する山川草木の価値を、神のように直接評価するのでなくて、大自然の中から一度抽出した、個々ばらばらに分断された自然の事物について評価しているのである。

しかしその時、その事物は、人間が自然から抽出した瞬間から、自然そのままのものでなく、無価値のもの（死滅した自然）に転落しており、その無価値なものに、人々が主観的な、あるいは客観的な価値を附与して、価値のあるものにしたてていったと言えるのである。もちろん、主観的、客観的といっても、ともに人間が見た価値ということには変わりがなくて、多数が見た価値、一人が見た価値の差にしかすぎない。

人間の立場に立って見れば、空気にも、水にも、穀物にも価値が生じてくる。だがその価値は時と場合で上下する。大都会の汚染した空気の下では、空気も高価になり、あるときは米がやっかいものになり、またパンが貴重品となる国もある。玄米食をとる場合は肉も鶏も不要になり、作られた高い野菜より、路傍の雑草のほうが価値が高くなったりする。

このように人が見た物の価値は、時と場合で種々様々に変化してゆき、さらに他のものとの比較でも相対的に変動しているが、人はこれを別に不審とも思わず、当然のことと見過ごしているのである。


ところが、必要価値があるときは価値があり、なくなれば価値がなくなるということは、何でもないどころか、きわめて重大なことである。

というのは、価値があるとき、すなわちその条件は、人知の判断、人為の所作で創造されている。したがってその物の価値は、その物の価値というより、その必要条件（時と場合に従い人為的に造られた）が生んだ価値である。その条件が価値と言ってもよい。いわば物の価値と見えたのは、その条件の変化で生じ滅する価値であったのである。その物の価値が変化するのでなく、その物が置かれている条件が変化したにすぎない。人間は物の価値を評価しているつもりで、実際は、その物でなく、物をとりまく条件、環境を評価したにすぎない。

したがってその条件が無益であるか有益であるかにしたがって、その物の価値が、価値あるものにもなり、無価値にもなる。ということは無価値の条件下で、有効な有益な貴重な物は、本当は無価値ということになる。反対に価値ある条件下では、無価値に見える物も価値が高いものになる。

大気汚染の都会で、いくら空気が高価でも汚染そのものが人間に無価値（無意味）であれば、空気を貴重品あつかいすることは馬鹿げたことになる。上等の合成空気や水をこしらえて、高価な値で売買することは、現在の都会で重要で、価値ある仕事に見えても、自然の目から見れば、無価値で、むだなことになる。

空気のきれいな田舎で空気は無価値に見える。価値に気づかなかった昔の人の無知は、知らずして空気の価値の高さを知っていたからこそ、空気を殺（汚染）さなかったのであり、現代人の知恵は、空気の価値を知りながら、空気を汚染しているということは、空気の本当の価値を知らない者と言えるのである。

結局、空気の価値を知らない者が、本当の価値を知り、空気の価値を知るものは、その価値を知らない者である。鎮守の森の一面的な価値を知る植物生態学者より、一見無知な村人が本当の価値を知っていたのである。

人間が言っている価値は、物自体とは無関係のところで価値づけられているので、人間が価値があると思っている一切のものが、無価値であるということになるのである。

日本人が白米に主食としての価値を与えたのは、自然本来の玄米食からはずれ偏向食の粕（白米）をとるようになったからで、味覚がそれに慣れたにすぎない。こう考えてみれば、白米に価値はないことになる。

肉や鶏が価値があるのは、頭脳や身体の過労から疲労回復のためのエネルギー源として必要となったから価値があるだけのことで、頭もつかわず楽をしている田舎の人間には無価値である。

山野の雑穀や雑草、野鳥で事足りていた原始人の目から見れば、白米は無用で、砂糖は毒物にもなる。

暖い衣類、美しい着物に価値があると見るのは、身体が弱った人間や流行を追いかける女には価値があっても、強く、自信をもっている健康人には無価値である。

広い住宅、家具一切、必要と思えば価値あるものになるが、煩わしい文明生活をのがれて、山荘に悠々自適する人間にとっては無用の長物になる。

ワンタッチで飯がたける炊飯器、洗濯機、掃除機、電灯、ガス、水道などすべてきわめて便利で価値あるものに見えるが、山小屋で、ちょっと外に出て薪を拾い、いろりにくべ、暖をとりながら飯を炊く、湯をわかす。比較してどちらが、より早く、より便利だと言えるだろうか。

山奥の哲人から見れば、一切の文明機具は無価値になる。都会では水を汲むことができない。薪がない。太陽がない。不便だから便利なものを開発し、価値あるものと思ったにすぎない。不便な所に住み、不完全なものを造っておいて、便利なものを造り、よりよいものを造ったと信じているだけである。

知恵をつけるために勉強して、近眼になって、その知恵で眼鏡を造って自慢しているのが人間である。眼鏡は人間の目から見れば価値が認められるが、自然の目から見れば無価値である。

価値あるものを人間が造りえたと喜んでいる前に、無価値なもの、不便なもの、不必要なもの、無益、無駄、無用のもの、無用のことを、まず人間がつくっている。惹起せしめているということを忘れてはならない。

原始人にとっては、作物を作る必要さえなかった。もちろん、農耕に必要な一切の資材器具は無価値であった。

現代においても同じことが言えるのである。

農耕に必要な肥料や、農薬、農機具は現代の科学農法では、絶対必要で、欠くことのできないものであり、価値の高いものと考えられている。

ところが自然農法に基づいた栽培法をとってみると、無化学肥料、無農薬、大農具なしで十分近代農法にたちうちできる収穫をあげうるのみか、完全に近づいた健康食品を作ることができるのである。

現在、肥料や、農薬が必要に見えるのは、一口に言えば、科学的な人知による農耕法で土壌を殺し、鉱物化せしめたために、化学肥料を補給して、人工的に作物を育てねばならなくなったにすぎない。

農薬なども根本的に必要なのではなく、農耕法によって作物が病弱になったため、農薬の力にたよって保護せねばならなくなったにすぎない。

大農具や耕耘機で田畑を鋤き耕耘せねばならなくなったのは、まず水を張り、土を練り堅め、空気を追いだし、微生物を殺し、土が無機化したときからである。

肥料、農薬、農具か必要になるような条件をまず人間がつくっておるからこそ、これらの資材が有効で価値あるものに見えたのである。自然に土が肥沃化してゆく手段を事前にとり、健全な作物を作ることに重点をおいた栽培法をとっておけば、これらはすべて、無用になり、無価値ときめつけることができたのである。

大農具は省力化や時間節約の点で価値があるように見える。これも詳細に見てみると、労力や時間の節約になっているのではない。人間が農耕で一日分の新鮮な食糧を得て各々自己の生命を保持してゆけばよいとする場合には全く無用の長物で、必要のないものであったのである。

そもそも大農機具が、本当に労力や時間の短縮になるように見えだしたのは、一人当りの生産性を高めようとして、大面積の栽培にいどんだ時からである。しかしこれは局部的、局所的な見解に出発した一つの錯誤でしかない。

大農具の発達は、世界中どこでも農民の省力、時間節約に役立つものと考えられてきたが、真実のところは、農民とは関係がなかった。無価値であり、むしろ敵であったと言ってよかったのである。

日本でも、戦後、農業の機械化が出発点になって、農民は機械化貧乏になり、職を離れ農村から脱落してゆかざるをえなくなったのはそのためである。

ここ数百年の平均的な日本の農民は、一部落二十軒くらいで十町歩程度の耕作をしていた。いわゆる五反百姓だったのである。そしてこの間は日本人の八〜九割が農民であった。ところが終戦後農民の数は十年間に七割から五割に減少したと思う間もなく、ここ数年に三割から二割に減り、あと数年の間に一割以下になる見込である。

この人口減少の直接的な最大原因は、人力から牛耕さらに大農具の農法への移行であった。現在一部落の耕作田を一人の青年が機械化によって耕作できるという事実が、決定的な打撃を農民に与えたのである。

二十軒の仕事を一人がかたづけるというとき、十九軒のものが遊んで暮らせて、しかも収量が増加したのであれば、大農具は有難いのであるが、実際には収量は、減少しても増加することはほとんどなくて、収入が同じであるから、農家は一台の大型機械の購入、支払、消却に追われて、都会にでて出稼ぎせざるをえなくなったのである。

結果的には大農具が、農民にとってかわっただけである。十九軒の百姓が農機具造りの手伝いになったと見てもよいのである。

問題は、二十軒の者が五反百姓をしていたほうがよかったのか、ほとんどの者が出かせぎになった社会のほうが幸福なのかである。

農業の発達とともに農民人口が減ってゆくのは、農業の発達が農民のために役立っているのでなくて、農業や農作物に役立っているにすぎないからである。そのため、農業は発達しても農民は衰亡してゆく。

大農具が価値を発揮するのは、山奥の小さな棚田ではない。そこでは畦草刈りや、田作りに苦労はするが、収量は比較的多く、年貢は安いので精農家はきらいはしなかった。こんな山田の精農家にとって、農機具は怠け者の遊び道具としか見えず、無価値だったのである。

ところが金もうけを目的とした企業農業が宣伝され、一人当りの生産性を高めて、もうけを多くしようとして、大面積の栽培にいどんだときから大農具は必要になり、またその威力を発揮しはじめたのである。

すなわち大規模な商社農業などでは、その栽培法が科学的な人為的農法で、機械工場式のシステム化された農耕法であるから、大農具は当然価値あるものとなる。

ところが問題は、このような農場では、多くの人間が自給生活するのが目的ではなく、むしろできるだけ少数の人間で多量の生産物をあげ、もうけさえすればよい。人間のためのものではない。人間はむしろ邪魔者になるのである。このような農場で出来た生産物が、人間に本当に役立ち価値があるものであれば、まだ救われるのであるが、真実のところ、この農場は農民に無縁であるばかりか、偽物の不完全食品を作るいわば人工食品工場にすぎないから、消費者のためにも役立ちはしないのである。無価値なものを作る農場に役立つ大農具は無価値となる。

ただ大農具に価値があるように見えるのは、企業家と企業的生産物にとってであり、企業価値即ち金もうけに役立つだけである。一口に言えば、金もうけ、偽食品作りに必要で価値があると言えるだけである。

〝金もうけ〟に価値があるといって、人々は考え違いをしてはならない。〝金もうけ〟を目ざす人に役立つのでない。いわば金が金をもうけるのには役立つが、金と人間は無縁で、企業家自身も金に酷使され、偽物に攪乱されて馬鹿を見るだけであると言っているのである。

結局、農機具は農機具造りに役立つ(農機具会社とその機構に)だけで、農民や真の食糧とは無縁で、無価値なものであったのである。

このことは農機具のみに限ったことでなく、肥料や農薬にも同じように言えることである。肥料や農薬がなくとも、十分米や麦が作れたということは、これらが農民や米麦と本来無縁であるということを証明している。

肥料は肥料会社に、農薬は農薬会社に役立つだけで、肥料や農薬が価値を発揮したときは、肥料や農薬を原料として米や麦を製造したということであり、出来た米や麦は、これらの資材をもととした加工品にすぎず、自然の模造品にすぎない。農民は米作りのために働いたのではなく、肥料作り、農薬作りに奉仕したにすぎない結果となっているのである。

昔の農民は、自然をとおして作物に奉仕する形で、農民自身のために働いていた。近代農法は、作物を作ろうとして、肥料や農薬、農具に仕え、やがてはこれらの『資材』が作物を作るようになり、次第に農民と作物はきりはなされ、あげくの果は、農民は農村の田圃から追い出される結果になるのである。これらの『資材』は、農民に価値あるものではなく、かえって価値ある生産物を作るには役立たずに、むしろ有害なものであったのである。一家族数人の者が食べて生きてゆくには、わずか十アールの田で十分であり、しかも手作り農法で、無資材でやれることからすれば、食糧生産には、本来どんな資材も必要でないと言える。すなわち、農業には何もいらない、価値ある何物もないということになるのである。

「農民が農業を営む上で、本当に必要なものはなにもないと言ってみても、実際には、為さねばならないことが多い。眼の前には価値あるものが一ぱいあるように見えるのはなぜか？」

「だが、その為さねばならないと考えられるすべての事、求めたいすべての物も、これらを一つ一つ根底から洗いなおして考えてみると、為さずにすむ方法や、求めずともよい道が開けてくるのである。どこまでも価値あるものは何もなくなるのである。

近代農法に対抗して自然農法（無為の農法）が成り立つということは、科学的な知恵によって造りだされた、肥料、農薬、大農具が無価値であることを実証したことになる。

すなわち人知が造りだした価値ある物が、やり方次第では無価値になるということは、逆に言えば人知の無価値であり、人知無用論が成り立つことになる。
人間が育てた知恵の木になる、科学的製品、肥料、農薬、農具はもちろん、一切のものが無価値になるのは、その知恵の木が、洞窟の中で育成された木であるからである。井戸の中の蛙が作った木にしかすぎないからである。」

「農業以外においても、同じことが言えるであろうか？」

「すべての事柄においても同じである。人間の身体を護るという医薬品、医療施設はもとより、医学そのものまでも、人間の健病の問題が根本的な所で検討されて、人為によらない人間の自然健康法が確立されさえすれば、一切が無用になり、無価値に変わってゆくはずである。医学一切を無用とする方向の医学探究が、むしろまともな医学の道であり、医学的価値が認められる医学では、本当に人間が救われることはないであろう。

医学のことに限らず自然科学一切の価値は、一見人間にとって有益であるように見えるが、すべてこれらが必要になるよう、あらかじめ人間がおぜん立てをしている場合にのみ役立っているのであって、その場合ですらも本当に価値があるのではない。価値がなく、意味もないのに、あたかも価値があるように錯覚しているにすぎないのである。

皮肉な言い方をしてみると、電灯は、深夜族には価値があるが、田舎の百姓や、鶏、モグラなどには、迷惑で無価値である。清水のこんこんと湧き出る里では、水道は筧《かけい》より劣り、ナンセンスでさえある。水洗便所は不便な都会で便利でも、田舎では無用の品である。都会人は、電灯によって、一日の長さが二倍にもなり、二倍働け、二倍楽しめる。寿命が二倍にのびたと考えている。人工光線で、時間が二倍になり、喜びが倍加するものではない。
科学的立場から見れば、相対的な物と時間は倍加したとしても、全体的、人間的立場（神の立場と言った方がよい）から見れば、物と時間の損失になり、人間の喜びは倍加するのでなく、半減しているのである。無価値な電灯の製造と睡眠時間の半減は、そのまま人間のマイナスの負担になるのである。

電信柱やガス管、水道、水洗便所には神はいない。神と人間は価値観が異なっているのである。人間が追いかけて求めるものを、神はきらって遠ざかると言ってさしつかえない。一般に、自動車、汽車、飛行機などの乗物が、時間と空間の短縮になり、人間には非常に便利なものとして、価値があると信じられているが、これらも錯誤である。人間は時間と空間の節約が、逆に人間の活動範囲を広げ、結果的には、長距離、広範囲にまで仕事を広げざるを得なくなっただけで、結局は多忙と焦燥感を獲得したにとどまっている。この事はあとで詳しく語られている通りである。

とにかく、物に価値があるかないかの問題は、人間の立場からすれば、有用な物としての価値を、そのものから掘り出すことはできるが、このときの有用な価値というのは、その物の本質的な価値ではなく、価値あらしめた条件が、その物の価値と誤認されているにすぎない。したがって、その物自身と人間が与えた価値との間には関連性があって、しかも無関係と言うことができる。言い換えると、物に価値があったのでもなく、なかったのでもなく、その物の上に人間が描いた、人間の一人角力の、いわば幻の価値があっただけである。もちろんそれは、無価値の価値である。この幻の価値を追い求めてやっきになる人間の行為が、不幸を人間にもたらすだけであることは当然である。

では、この世の森羅万象一切の事物は無価値であるかと言うと、そうではない。すべての事物の上に描かれる有益、無益の価値の有無が論ぜられるこの価値は、幻の価値であり、無価値であっても、この世の森羅万象が無価値なのではない。

人知や人為を放棄したところに実在する、一見無表情に見える自然の実有の世界は価値高き世界である。

端的に言えば、人間が見ている自然や人間が価値づけている一切の物には、何らの価値もないが、自然には、人間の想像を超えた価値があるということである。人間が自然から創造した価値は、虚偽、虚悪の価値で、根本的には何の役にも立たないで、一切は無用無価値となるが、人間的立場を超えて見た世界の一切の事物は、無価値のものは一つとてなく、すべてが絶対価値をもった物として見えてくるはずである。

このことは、人知、人為の世界では、事物一切が無価値となり、無知、無為の世界では、一切が価値ある事物となる事を意味している。

人間が自然の中に価値を求め、為すことの多い生活にあくせくするとき、価値は遠ざかり、一見無意味に見える自然や無為の生活の中に、価値は自ずから充満する。

無為の生き方とは、人知、人為を排除した世界にあって、一見無価値に見える自然の事物事象の流転のままに従った生き方を言うのであり、それは無価値の中の真価（天恵）を何もしない無為、無策でストレートに享受しうるが故に、これほど楽で、得な生き方はないのである。

為さざるをもって尊しとなすとは、世間の人が、独り勝手に価値づけた価値を求めず、人々が捨てた、無価値に見えて最も価値あるものを拾うので、尊いと言うのであって、無為は無欲に見えても、とんでもない大欲なのである。

要するに、人間が価値づければ、一切は無価値になるが、一切のものが無価値であることを知り、無知、無為に徹すれば、一切は価値高いものに転化する。」

人間が知る一切を、人間は知り得ていない。

人間が求める一切の物には価値がない。

人間が為す事は、一切が無用になる。

人間は無知、無為にして、初めて一切を価値あらしめ、一切を知ることができるのだ。

第二章　無知（心）――人は何も知りえない

一 知恵の木の実

断崖に横たわる老松の根に腰を下している老人。深淵に臨む岩上に座る私……。あおいで四方を見まわすと連峰は遠く近くそびえたち、かすみは模糊として幽谷を閉じている。遥かに聞えるものはただ飛泉奔湍、岩峡をさく水声のみである。

諄々と説きまた説きさる。幾時間へたのか私はふと言葉のなくなった老人を見上げた。老人は半眼を開いて常のように、口もとに微笑をただよわせているかのようである。しかしまた、その広い額には永い人類の悲劇を見続けてきたような深い憂いが閉されているようでもある。私は黙然として老人の言葉をふたたび追想した。

人類の不幸な歴史は、太古原人が知恵の木の実を盗み食いして神の追放をうけて下界に降ったという……実にそのときから始まった。

われらの祖先である原人が地上の一角に立って静かにその周囲を見回しはじめたとき、そのときから人類の永遠に停止することのない悲運の歴史が発足する。

人類の歴史はなぜに不幸と言わねばならないのか……。

岩角に腰をおろした原人の瞳に映ずるものは、その周囲をとりまく大自然の寂寞とした無言であった。また狂乱の怒濤であり、噴煙をあげて鳴動、地鳴りする大自然の暴威、その中に狂奔する野獣の叫び、暗黒の夜に入っても絶え間のない動物と動物の血なまぐさい弱肉強食の争闘であったであろう。

だが……人類は地上で唯一の思索することの可能な動物であった……。

夕霧がひたひたと原人のねぐらの周囲におしよせるとき、彼らは不安な面持でそれを眺め、彼らはおどおどとその付近を見回したでもあろう。

自己を識る

不安の雲を払い除けようとして彼らの手は無意識に打ち振られる。……その瞬間彼は瞳の前を横ぎった自分の手を認める。彼は不審を感じてその手を指を静かに凝視してみる。そして疑惑の瞳はさらにその腕に肩にまた足にそそがれる。やがて人間は己れの肉体を不思議なものとして詳細に観察していくであろう。

彼らは自己の姿を凝視する。……そして遂に彼らは自己の存在に気づき、自己を識る。……それは人類にとって最初のしかも恐るべき出来事であるのである。

野獣の瞳にも大自然の姿は映ずる。また自からの爪をとぎすます彼らどもである。彼らは自己の姿を知る。……しかし分別し思索することを知らない。思索することのない彼らは自己を自己とし

て認識しようとはしないのである。

地上の動物の内でただ独り人類のみが自己を識別した。恐るべきこの発見は、また人類にとって最初のしかも最大の悲劇の出発点ともなったのである。

なぜに悲劇と言わねばならぬか。

「自己を識る」それは人類と大自然との分離を意味する。

大自然からの離脱

人類が自己の姿をふり返ったとき、そのときから人類は大自然を構成する一部ではなくなり、大自然から離脱した孤独な孤児へと転落したのである。

原人は個であった。しかし孤独ではなかった。自然の原野を独り跋渉する原人の姿は、個であり、その姿はあるいは孤独に見えるかもしれないが、心（自我）をもたない原人の心は孤独ではなかった。孤は孤なることを人間の心が識ったときから本当に孤独な孤となる。

原人の心は自己の孤なる事を識らなかった。そのときには原人は単に大自然の一部分にしか過ぎず、大自然そのままのものであり、孤は孤のように見えてその実、孤独な孤ではなかった。

原人が自己を自覚するということは、大自然の中から人間を摘出したことであり、その瞬間において原人は自然と相異なったものとして対立する。自然は人間から遠ざかり、人間は自然から離脱した。大自然から離脱した人類は、また大自然から見捨てられた孤児ともならざるをえなくなった。

人類が一度大自然の中において自他を弁じ、自然にそむき、大自然から離反した一個の意志の所有者となったその瞬間から、人間はもはや以前のように大自然の息吹をそのままおのれの息吹とし、大自然の生命をおのれが生命とし、自然の流転とともに流れていくことはできなくなる。彼らは孤独な自己の立場から遠くこれを眺めるほかはない。

自然はもはや以前のように何ものをもささやいてはくれない。人間は大自然を客観的に眺めなければならない冷やかな動物となり、そして孤独な立場において生きていかねばならない動物となったのである。自分の目で物を見、自分の耳で声を聞き、自分で生命の糧《かて》を探ねて歩き、自分で憩いのねぐらを造り、そして自分の手で歓びを求めていかねばならなくなる。

しかも人間は自己を大自然の中から分離せしめたと同時に、他の動物や植物を地上のあらゆるものから分離し孤立せしめたのである。彼らはもはや同一共同体でなくなった。彼らの眼にうつる大自然の静寂は、無言と退屈以外の何ものでもなくなり、個々に分立せしめられた動物と動物の争いは弱肉強食の血みどろの闘争であり、恐怖の世界としか映じない。人類はもはや以前のように大自然の静寂の中に神の平和と真の憩いを見いだすことはできず、動物と動物の激しい生活の中に、神の摂理と躍動する生命の歓喜を知ることもできない。人間はやがて自然の寂寞と退屈に苦しみ、自然の暴威の恐怖、激烈な生存競争の不安におののかねばならない動物となっていくのは当然であった。

人類が自らの思索によって大自然より分離、離脱して自らの立場を獲得したと信じたときは、実に人間が真の歓びと憩いの生活を見失い、地上の哀れな孤児へと転落していった秋《とき》であった。彼らが自然の平穏を退屈と感じ、静寂の中に寂寞を感じ、共栄の姿を争闘破滅と眺め、不安は恐怖へと拡大し、やがて安息と歓びの生活を自らの手で獲得せねばならぬと考え始めるのは必然の運命であった。そしてその時から人間は永遠に一寸の休息もない悲劇の生活へと突入していかねばならなくなった。

つねに何ものかを求め、つねに何ものかに悩み、無限に拡大してやむことのない人類の苦難の道へ……。

再び帰ることのない懐ろ、再び帰ることのない道、人間は永遠の放浪児として出発した。

孤独

人間が自分を知る。大自然から自分を分離し摘出して自然に対立する自分の姿に気づいたとき、ちょうど赤児が成長するにしたがって母を知る過程とおなじように、まず知らねばならぬことは、いな、必然的に陥落している立場は、孤独という立場である。一度母を知り自分を知った赤児の泣叫びは、もはや本能的に母の乳房をもとめて泣く叫びではなく、それは孤独を知った、いな孤独となった赤児の寂しさをのがれんとして、母の姿を求める悲しい叫びであることに気づかねばならない。

密林に吼える野獣も孤独であると言えば孤独である。

梢に囀る小鳥も孤独であると言えば孤独である。

しかし彼らは、孤独であっても、真に寂しさを知る孤独な孤独者ではなかった。一個の石は孤であっても、孤独ではない。孤独は孤独を知ったときから、真に孤独となる。

人間は、人間が自然から離脱したとき、自分の姿を知ったとき、自己を識ったとき、そして自分の姿が大自然とは別物の個体であり、孤独な姿と見たそのときから、真に孤独な動物、孤独を知る動物へと転落していかねばならなかった。

大自然の意志のままに生まれ、生き、山野を跋渉する原人には、小鳥の囀りはそのまま純粋な彼の心とともにうちふるえる妙音となり、野獣の吼えるのも大自然の意志として原人の心を振い起こしたであろう。しかし、一度大自然の意志とは別個の意志を所有するにいたった人類の耳には、その耳を傾けても小鳥の囀る声を聞くことはできない。野獣の雄叫《おたけ》びに耳を澄ましても、大自然の意志をくみ取ることはもはやできない。

屹立する山岳の姿、去りまた来る白雲、幽谷に湧く煙霞、渓流のせせらぎもまた無言である。四季春秋の移り変わりにも人間は独り例外の孤独さを味わねばならない。

寂寞は空虚となり、空虚は退屈となり、孤独はさみしさとなり、さみしさは不安の雲となって広がっていく。孤独の不安、孤独の寂寞ゆえに彼らはやがて何ものかに頼り、何ものかにすがり、求めてさまよわざるをえなくなる。

また孤独な人間は、自然が人間に与えた生命を自分が所有する生命と思い違いをした。そしてそのときから、自己の生命を自分の手で守らねばならない弱者へと転落していった。

しかも独りで生きていかねばならない人間は、あまりにも非力であった。眼前に展開せられる自然の猛威の前に日々、戦々兢々としてふるえ、野獣の肉薄が、自己の生命に対する戦慄の恐怖となっておののかねばならなくなった。

集い

彼らが寂寞と退屈の世界を脱出し、生命の恐怖から逃避しようとして、さまよい歩くようになったのは、また当然の運命と言わねばならない。

原人はついに山を降りはじめた。水が低いところに流れるように、彼らは徐々に同類を求め、同類を慕ってしだいに山を下った。

暗夜に灯を求めて集まる蛾のように、彼らは一つの灯を求めて山々から谷々から徐々に集合を始めた。彼らは彼らの集いに何を期待したであろうか……。

彼らははたして彼らの集いによって寂寞と退屈を打ち破って、楽しい慰安の生活を獲得しえたであろうか。また自然と野獣の脅威から逃れて安息のねぐらを造りえたであろうか……。

彼らは相慕い相集まることによって、また一つの灯を得てこれを囲んだとき、彼らは慰安と安息の生活を得たように思ったであろう。しかしそれは人類の犯した第二の錯誤でしかなかった。

人間が孤独を感じ、さらに孤独を逃れんとするとき、人間の心はさらに深い孤独感におそわれねばならぬのである。

彼らが一つの灯を囲んで集いよったとき、彼らは孤独を逃れ、寂寞を脱し、不安を解消しえたように思う。だが彼らが灯を囲んで一つの光明を得たと思ったときには、さらに深い漆黒の闇が、彼らの周囲をとりまくものなのである。

孤独を逃れようとすれば真の孤独が迫る。寂寞のさびしさから人間が脱出したと信ずるとき、そのときから人間の上にはさらに深刻な寂寞がひしひしと迫ってくるのである。

彼らはまた同類の協力によって外敵の恐怖からわずかでも逃れえたように信ずるが、それは瞬間の幻影に終わるべき必然的な運命をもつものである。なぜなら彼らは、さらに大きい外敵の恐怖を獲得したにすぎないからである。

人間は集い合うことによって生命の不安をのぞき、外敵の脅威を軽減しうるように思う。しかし生命の不安は人間が生命の創造者であり所有者であると考えたときから発生した。外敵の脅威はまた動物と動物の闘争から出発しているように見えてその実、闘争から発生するものではない。闘争はすなわち脅威とはなりえない。

闘争は人間が自然から分離し他の動物と対立せしめたときから発生した。動物と他の動物を別個の動物と人間が分別したときに、動物と動物は相対立した闘争者となり、そして闘争は真に闘争として人間の眼に血なまぐさく映じた。人間が自己の生命を自己の所有物と信じたときから、自己を守らねばならぬ不安の芽が萌《きざ》し、他の動物の脅威によって人間の心はおののいたのである。闘争の恐怖は、闘争を闘争と思う人間の心から出発し発生する。弱肉強食の闘争を、弱肉強食の死闘と考えた人間の心から出発した。人間が闘争を闘争と見る限り、人間が弱肉強食と考える限り、彼らの世界から闘争による恐怖は解消するものではない。

人間と野獣の闘争を闘争であると言うとき、一匹の蛙が一匹の蠅を捕食する姿もまた闘争と言わねばならない。人間が野獣との闘争におののくならば、一羽の小鳥が一匹の青虫を啄食する姿も、恐るべき悲惨事であらねばならない。

人間が野獣との闘争を嫌悪し、その脅威から逃れようとすればするほど、人間の心の不安は増大し動揺し、彼らの眼にはあらゆるものが、血みどろの闘争としてうつり、不安はさらに恐怖となって拡大する。

原人が同類の力を借りて外敵に当たるとき、さらに集合の力を頼んで外敵に当たるとき、彼らの心は力を渇望する弱者へとなりはて、恐怖の幻影はさらに拡大強化されているのである。

人間は不安を解消しようとしてますます不安の世界に迷い入り、恐怖から脱しようとしてますます恐怖の世界に没入しつつあることに気づかないままである。

弱者の道

一歩、泥沼に足を踏み入れた人間は、脱出しようとすればするほど、もがけばもがくほど、彼らはますます深く弱者の道に沈没していかねばならない。

母の胎内にある胎児は生命の不安も、もちろん孤独感も、恐怖感もいだかないであろう。しかし一度母の胎内から飛び出して、独立した人間となったときから、彼は疑惑の瞳をもってその外界を眺め、やがて彼らは自己を知り、しだいに不安、孤独、寂寞、恐怖などの所有者となる……のと同様であろう。

しかし一度分離した幼児は再び母の胎内に帰ることはもちろん、その過去をふり返ることも、また追慕することもできないと同じように、一度大自然から離脱した人類は、その寂寞と恐怖の世界から反転しようとはせず、また、なぜに寂寞と恐怖を、人間のみが特に持たねばならないかを考えることもなく、いかにして寂寞と恐怖が拡大するものであるかを知ろうともせず（反省も復帰も不可能な立場へ転落しているにしても）彼らは躊躇することなく、ただただ一途に前進する。

孤独は集い合いにより、寂寞と退屈は慰安により、恐怖は自己の力の拡大によって消滅するものと信じて前進する……。だがそれは彼らの錯誤を拡大し、悲劇をさらに深刻化せしめるに過ぎないのである。

彼らは集い合うことによって、わずかのきわめて瞬間的な慰安と安心を得たであろう。しかし彼らはその代償として永遠に脱出できないであろう不幸へと堕落する。

人間は集い合った、そして接触し、結びつき、あるいは協力することを知った。彼らはいよいよ独自の人間としての生活の営みを始めたのである。彼らは結合によって慰安を知り、歓びを感じ、あるいは協力によって、外敵を防ぎ不安を逃れたという。しかし彼らは、人間が結合による歓びを認識したということは、同時に離反による悲哀を認識したことを意味し、協力による力の獲得は、同時に孤立による不安の認識、弱者への転落でもあったということを忘れてはならない。

不幸にも、人間の集いは同類の集合となり得ても、他の動物たちのように同一共同体としての集合とはなりえない。

人間は同類であっても、個々を認識した彼らは、もはや同一とはなりえない。人間は人間が大自然の母胎から分離したときから永遠に個々の思いをもたねばならない孤独者であり、彼らの心はつねに震えおののき続けるところの弱者なのである。そのため彼らの集いは接触と同時に離反と反発、歓びと悲哀、強者と弱者の悲劇的な苦悩を背負った集いにしかすぎない。

木の葉のそよぐと共に心はさわぎ、立つ波とともに、心はつねに動揺せねばならないのである。

不安の拡大

たとえ彼らが団結の力によって、一つの外敵を消滅したとしても、外敵の幻影というものが、彼らの心から消え失せるものではない。彼らは新たに彼らの周囲の者を、また彼らの仲間をも疑惑をもって見なければならなくなるのである。疑惑は疑惑を生み、疑惑は不信となり、不信は離反となり、敵視となっていくのである。彼らは一つの敵をのがれて新しい敵をつくり、一つの不安を除いて、またさらに深い不安をいだかねばならなくなる。彼らの安心はさらに大きい不安の種子でしかない。

彼らが寂寞を不安によって回避したと思うとき、同時に彼らはさらに強い慰安を必要とする心の持主となり、必要は焦燥となり、焦燥を逃れようとして、人はさらに楽しみを求め、さらに快楽を求めていく。……が他人から人間の喜びというものが借りられるものではない。借り物の喜びは空虚な幻影でしかなく、幻影は当然悲哀に終わる運命をもつ。

人間の世界では、しょせん喜びと悲哀は同一物であり、安心と不安は表裏一体のものでしかない。喜びを獲得すれば、同時に悲哀が増大し、安心を確立すれば、さらに不安が蓄積される。相殺して彼らは何ものをも獲得しえているのではない。獲得に狂奔する彼らに与えられるものは、単に労苦と困惑のみである。

彼らは喜びの加算は喜びの増大を意味し、喜びの獲得と安心の確立によってのみ、彼らにつきまとう悲哀と不安が打ち消されるものと確信しているからである。が彼らの喜びは悲哀の別名でしかなく、安心は不安への第一歩であるに過ぎないがゆえに、彼らが信ずる喜びと憩いは、常に悲哀と不安の幻影がつきまとっているのだ。彼らが喜びの獲得に狂奔すればするほど、悲哀の陰影もしつこくついて離れない。彼らが不安をのがれようとして、もがけばもがくほどさらに大きい焦燥と恐怖に悩まねばならなくなる、いな彼らは不安を逃避しようとして不安を深刻化し、安心を獲得しようとしてますます大きな恐怖のとりこになる。

彼らは真の喜びがどこに発生し、真の憩いがどこに復活するものかは考えず、虚偽、虚影の喜びの獲得に向かって狂奔して永久に止まろうとはせず、虚偽の憩いに幻惑されて、永遠に溺沈の淵からはい出ようとはしない。

自然から離脱した乳児、人類は仲間をさそって集合した。集合の楽しみにより寂寞を、集合の力により不安を解消しうるものと信じたが、彼らが、得たものは結局幻影にすぎない一時的な歓楽であり、その跡にはさらに深い寂しさと悲哀が残されてゆく。彼らが外敵の不安から逃避しえたと信じたとき、彼らの心は真に外敵の恐怖におののく弱者となり、疑惑に疑惑を生んで新たな外敵を造りあげてゆく。彼らのかつての仲間の間にも分離とあつれきが開始せられていくのであった。

分　裂

集合から分裂へ、必然的な運命とはいえ、人類はその不幸な運命をなんら反省することもなく、ただ、しゃにむに前進する。たとえ分裂の瞬間には疑惑をもち、あるいは躊躇することがあったとしても、一度木を離れたリンゴは永遠に堕落する運命をもつ。彼らは分裂、離散をのりこえて、さらに次の集合の強化、拡大に向かって邁進するのである。

集合した人類は必然的に組織化せられた団体生活へと移行する。集団はさらに結合分裂を繰り返しながらも、しだいに統括せられて、国々を形成していく。ともに人類の獲得・優越への野望はますます進展し、権謀術策、羨視、羨望は地上に充満し、正邪、喜悲、愛憎は巷に渦を巻いて氾濫するようになる。個々の闘争は、集団の闘争に変じて暴威をふるい、さらに国家と国家を巨大な戦禍のるつぼに引きずりこんでいくのである。

神の園から人間が自ら脱出して獲得したものは何であったか。ただただ孤独、悲哀、寂寞であった。そしてその心に芽生えた野望のゆえに背負わねばならなくなった労苦の世界、そこは醜悪な権謀、傲岸、羨視、愛憎、邪悪が渦を巻いて氾濫する世界であった。人間には最後の反省の秋が来ているのだ。人間復帰への道はどこにあるか……。

原人たちの世界では、歳月もなく、四季春秋の区別もなかった。ただ悠久の春のみがあり、咲きほこる花の香りに包まれて人間は無限の生命を享楽することができた。野山に稔る穀物、果実は彼らが食べて余りがあった。森に棲む鳥も野に遊ぶ獣も自然に繁殖して互いに嬉々として群れ遊んでいた。

泉のように乳と蜜の流れる丘は平和な人類安息の場所であった。そこにはなんの不安もなく、労苦もなかった。

なんの野望も欲望ももたない原人たちの間では、相争うべき何ものもなく、ただ愛と歓喜の法悦のみがあった。

だが一度自己をふり返り、孤独と寂寞の念を抱いて山をおり、集い合った人間の世界には永久の春のかわりに四季春秋の激しい移り変わりがあった。暖寒を知るようになった人間は、時を惜しんで笹の葉を編み、獣の皮をはいで、衣服を造らねばならなくなった。また夏の酷暑を避けるために、カヤをふいて小屋を造り、冬の寒冷を逃れて洞窟にかくれ、薪を集めて燃やさねばならなくなった。彼らはまた額に汗して土地を耕し、種子を播き、わずかの穀物を得て運ばねばならなくなってゆく。

人間は鳥獣を追いかけてこれを撲殺し、地上を弱肉強食の巷と化し、木を切り、草を刈る労苦の世界へと、自らを沈めていった。友を誘い他をふりかえることによって、彼らは他を襲って略奪することを知り、また隠匿せねばならなくなる。そこには羨視が生じ、羨望は邪悪の心を誘って憎悪の念を燃すようになる。かつて乳と蜜の流れた丘も、人間の醜い争奪の修羅場と変貌する。

大自然の懐から転落した人間は、再び復帰することは許されないにしても、人間は何ら反省することも、神に祈ることもなく、ますます苦悩の世界へと突進してゆく。

彼らの集いが村となり、村が街となり、国家となり、しだいに拡大されていくにしたがって、人間の世界はもはや救うことのできない邪悪の棲家となる。

獲得の野望のために、強力な暴力が用いられるようになる。彼らは地を掘って鉄を求め、武器としてこれを使用するようになる。集団の力を動かすためには醜悪な権謀術策が使われる。数多くの人間を統率するために作った強大な権力が人間を支配する。そこには屈服と反抗の炎が燃え広がる。

その頃には、人々は土地を分割して耕作し、囲いをめぐらして他人を近づけない。そこでは足下の草花一つ、一個の果物も自由にとることは許されない。森の木を切り倒し石を砕いて、堅固な家が建てられ城壁が高くきずかれる。略奪、闘争の繰り返される地上は次第に荒廃していき、食物は欠乏していく。

やがて人間は東奔西走して食を求め、衣服をたずねる狂態を演ずるようになる。労苦の世界に寸秒を惜しみ争うようになった人間には、もはや一時の安息もない。辛労の果ては歓楽を求め酒色にふけるが、それも次の瞬間には、人間は悲哀と愛憎に苦悩せねばならなくなる。

心気は乱れ、身体は憔悴して死の恐怖におののきふるえる人間は、常に何ものかを求め、何ものかに頼るが、彼らに救助の手をさしのべる何ものもない。人間は次第に何ものをも信ずることができなくなる。人間の間には怒号、罵声が乱れ飛び、あらゆる罪悪が洪水のように氾濫する。

人間の最後の終末が近づいているのも知らず、地上では最後の血の殺戮の準備が着々と整えられていくのである。

もう神は人間を見捨てたのだろうか。

二　〝知る〟とは何か

池の堤に腰をおろして、私はぼんやりと、見るでもなく、目の前の葦を見ていた。風にそよぐ葦。人間はもの思う一本の葦であるという。……私はこの葦を知っているのだろうか。〝知る〟とは何か？……。

〝知る〟ということは、誰にでもわかっていることのように思える。〝知る〟というのは、わかる、判明する、明白になることで、理解できたことだと。

だが、〝知る〟は必ず、明白になった、理解したことを意味しているのだろうか。

そもそも〝知る〟ということは、どういうことだろうと、本当に疑ってみたことがあったのだろうか……。

〝知る〟ことを、なぜいま、私は疑い、知ろうとしたのだろうか。知らねばならないことなのだろうか。

私は、近寄ってきた老人に、再びこのことについて尋ねた。

老人は、知が〝不可知の知〟であると語った。

分別知

知ろうとするというには、知っていないということにまず気づいていなければならない。すなわち、〝知ろう〟は、まず〝知らない〟を知ってから後のことである。

〝知る〟ための第一条件が、〝知らない〟を知っていることだとすると、まず、〝知らない〟ということがどういうことなのかがわかっていなければならない。

となると〝知る〟を知るのも、〝知らない〟を知るのも、ともにまず何かがわかっていなければ出発できないことになる。

〝わからない〟、〝わかる〟ということは何か。これは、〝分けられない〟、〝分けられる〟と見てさしつかえなかろう。すなわち、分割できる、分割できない、である。分割できてない場合は、〝分割して区別していない〟状態で、〝わかっていない〟ときである。このとき、人は何も知ろうとする心が浮かばない。すなわち知ろうとする意識をもちえない状態にいるわけである。

この状態から、何かを分割できたとき、それは分割して二つのものに区別しえた状態で、このとき人は〝分けえた、わかった〟ときで、この状態のもとで、人は初めて何かを知ろうとする意識を開始することができる。一つのものを他のものと区別し、差別して初めて、分けえた、わかった、知ることができたとなるのである。

結局、〝知る〟というのは、単に〝分けえて〟、それを〝つかまえた〟ということになる。このとき〝知った〟が〝分けえた〟とは直結しているが、〝明白になった〟とは別に結ばれていないということは重大なことである。

〝知った〟は〝明白に理解された〟ということと同義語に解してはならない。

池のほとりにいて子供が鯉を見て〝魚がいた〟と言う。

この子供の鯉を見て知った〝知〟と、大人の鯉を知った〝知〟の違いをのぞいてみよう。

大人が水中に魚を見付けて、〝鯉がいる〟〝鯉を知った〟というとき、人はまず水辺に立ち（立場）、目を水面に向け（方向）、水の中の（区別）魚（特定のもの）をとらえて（感性）、頭で判断して（理性）、初めて鯉を〝知った〟というのである。

この場合《コト》をよく見ると、水辺に立つのも、水辺を原野と区別したことであり、目を水面のあちこちに向けるのも前後左右遠近を区別し方向を知って可能になり、水と魚を区別して眼に映し、鯉と他の魚を区別して初めて鯉を知ったということが可能になったのである。

ということは、知るということが、どこまでも、分ける、分割するということから成り立っているのがわかるだろう。識別である。

もちろん、このときの〝鯉を知った〟は、鯉を見つけた、鯉を他のものから分離しえた程度のわかったである。鯉をよく知り、明白に知ったのではない。

では、さらに〝鯉をよく知る〟ということはどういうことだろう。

普通、愛鯉家は鯉の大きさ、形、色、模様などを調べてみごとな鯉だと言ったりする。動物学者は、鯉を解剖してその内臓の構造を調べたり、さらに生理、生態の研究や飼料と鯉の関係を研究してよく鯉を知ったというのである。

だが、これらの事柄は、すべて、分別に出発し、分別に終わっている。色、形、質の分別から始まり、鯉の健病・増減・生死・運動・栄養の可否等すべて分別的理解である。微に入り、細にわたった専門的研究になればなるほど、なしたことは、局部的、極微的、一時的、近視眼的立場からの分別的考察になってゆく。

ということは、知ること多く、ますます深くなってゆくにしたがって、人間はより多く、より深まったのだから、より鮮明に知りえたと思っているのだが、その実態は、ものを細分化し、より微視的に分別したにすぎないとも言えるのである。

知の集積

問題は、ものをよく小さく分別して知ってゆくことが、ものごとをより深く知るという道になるのか、ということである。知の集積か、知の増大により、専門的知が、深い智慧より完全な〝智〟になるのかである。

画家は鯉が悠々と泳いでいる姿を画いた。愛鯉家はその鮮麗な色を愛でて、一匹の鯉に百万円の値をつけた。魚屋はその鯉に食用として千円の代価しか出そうとしなかった。動物学者は鯉の解剖に没頭していたとする。

知る者の立場が異なれば、知った事物も異なってくる。画家の見た鯉についての〝知〟と、魚屋の〝知〟、動物学者の〝知〟は全く同じ一つのものの全体を見ていて、魚の完全体でなく、一部分しか見ていないことになる。いずれが鯉に対し正当な〝知〟を把握したかとなると、いずれが正とも否とも言えなくなる。それぞれの立場で見た〝知〟、〝知識〟は正当であるというのが一般的な見方であろう。

ところが一番問題になるのは、これら多くの人の〝知〟を集めたものが、鯉についての最も正しい〝知〟になる、少なくともより正確に近づく、と考えている人間の常識である。

はたしてそうだとすれば、各人の知識を集録して一冊の本を書いた学者が、一番多く深く完全な知識をもっている人と言えることになる。

ところが、彼は一番鯉を知っている人になれるだろうか。この学者が、鯉の〝洗い〟を食べたこともなく、一度として鯉の絵を画くことも、詩を作ることもなかったとしたら、彼は本当に鯉を一番知った人と言えるだろうか。彼は鯉には一番無縁で、一番知らない人とも言える。

大人の〝知〟は、黙って無心に鯉を見て、「魚を見つけた」と言っている子供の〝智〟におよばないのである。

知の細分化

なぜなら子供は、一瞬のうちに鯉を通じ全世界を見ているのである。鯉が全世界の中の一部であると同時に、一部が全世界に通じる一部であるところの鯉を見ているのである。

これに対し、大人の知った〝知〟は最初鯉を見つけて知った〝知〟を分解し、解体していって、これを解説してみたにすぎないのである。

より詳細に深く知ったというのは、〝知〟を砕いてより細分化された〝知〟に説明を加えてみたにすぎない。このような細分化した〝知〟をいくら寄せ集めても、元の〝知〟以上のものにはなりえないのは当然であろう。

したがって〝知〟の集積が、〝知〟の増大への道とはなりえない。全体的把握の意味では、大人の〝知〟は子供の〝智〟に及ばないと言えるのはそのためである。

ところが大人の追究は、全体を知ろうとして、間違った反対の方向に向かって進むのである。

専門知

時代が進むにつれ、事物を広く深く知ろうとして、いわゆる専門的研究が激しくなってゆく。

専門的にとは、事物の微細な部分について、深くボーリングして知ったことには違いないが、専門書が、つねに深遠な研究であり、高次元の智慧につらなってゆくと考えてはならない。根本的には、微細に細分化された、いわば枝葉末節の研究の集合にすぎないことが多い。それらは盲目的な穿孔的知恵の昏迷化にしかすぎないものである。

人間は〝知〟を深めることによって、より深い智慧が獲得できると盲信しているが、そうではない。

この地球が、もともと水と火と土でできていたと単純に考えていたギリシア時代の人より、自然科学が発達して物理的、化学的、生物的立場などあらゆる方面からこの地球の構成状況を解明しつくしている現代人のほうが、より完全に地球を知っていると思っている。確かに知識としてはお話にならない差があるだろう。

だが、これは本当に地球を知ったのは誰かという話とは無関係である。

さらに自然科学が発達して、人間が地上の物質を自由に変え、造る時代が来ても、この時の人間が、今の人類より、より地球を知ったことにはならない。むしろ地球を知ろうとして、彼らは地球から離れてしまうのである。地球を研究して、地球の本当のことは何も知らない人間になってゆくのである。

このことは学問的発展の根本的錯誤に関する事柄なので、問題は極めて重大である。

遠離

ふつう、ある事物を解明しようとするとき、全体を見るとともに、これを解体し、解体された各部について専門的に研究してゆき、時々総括しては、また細分化された部分に対して研究の度を進めてゆくのである。

だがその方向は、その事物の根元に近づきそれを解明してゆくように見えて、その実、根元からは遠ざかってゆくのである。

人間が何であるかを知ろうとするとき、人間は何で、なぜ、どうしてこの地上に生まれたかなどの考えから出発する。そのため人類の生物的発生学や、生物として細胞や生命の研究によって、人間は何であるかを解明できて、人間の目的や存在する意味もわかるように思って進むのである。

重大なことは、最初の疑惑〝人間は何か〟は、人間以外の立場のものに比較しての〝人間は何か〟であったことである。目の前にいる肉体的動物＝人間や過去の原始人をつかまえていくら研究しても、その答が出てくるはずはなかったのである。

唯物論者は、〝人間は何か〟を知るためには、人類学や生物学者が必要だと思っているが、人類の発生経過や人間がどんな元素からできたと分かったにしても、人間が知りたがっている発生の本当の意味は全くわからない。彼らは何億年前の猿に、人生論を聞こうとしたり、アミーバーに人間の意義を聞こうとしているようなものなのだ。人間の喜悲がわからない原生動物に、人間の来し方や行く末を質《たず》ねるわけにはゆかないだろう。

唯心論者は、宇宙に特別な神がいて、何らかの目的で神に似た人間を造って、地球上に住まわせたのだと想像してみたりする。だが、これも自分の頭の中にえがいた空想を擬人化して神を造り、その神をたてにして、責任のがれを言っているにすぎない。神を明らかにもせず、知りもしないで、神をだしにする。神は冒瀆されても平気だが、人間が自らをごまかしている冒瀆のほうが恐ろしい。

ともに、眼前の〝人間は何か〟という疑問を追求しているように見えるが、実際は現実の人間とは無縁の何万年前の人間を探索したり、偶像神の過去や未来の成り行きを案じて苦労しているようなものである。

そもそも人間は〝人間は何か〟と迷って〝何か〟を問う。その〝何〟の意味がわかっていないのである。その迷いには何も答えられないのは当然であろう。

〝何〟とは何か？

人間は〝何か〟と問う、その〝何か〟が何か、本当には人間にわかっていない。そのためそこから悲劇が発進しているのである。

〝何か〟は何か、いつ、どこで、どうして発生したのかを追求するのが先決である。

このとき人間を追求解剖しても意味がない、人間の口からでた〝何か〟という思考そのものが追求されねばならぬのである。〝何か〟は何か。人間が疑う、悩む、そして問う〝何か〟と、その〝何か〟を知るには、人間の疑問が、悩みがどこから来たかを知らねばならない。〝何か〟と戸惑いはじめた人間の疑惑の雲の発生原因をつきとめ、その雲を払いのけることが、〝何〟に答えるただ一つの道であったのである。

疑い

〝何か〟という疑問は、地球上の生物で、まず人間のみがいだく感情であると言える。人間のみが、なぜ〝何か〟という懐疑をもたねばならなかったか、このこと自体が重大な疑問と言える。

〝何か〟は、知りうるのだろうか、知りえないのだろうかという疑惑が潜在するとき、初めて成立する問いかけである。

潜在する疑惑というのは何か、それは不安であり動揺である。不安とか動揺は、人間が不安定になったときから発生する。不安定は不完全に出発し、不完全は完全が分裂し、破壊されたときに出発する。完全から不完全へ人間が転落したときというのは、人間が自己を知ったと誤認し、不完全な把握による自己を完全な自己と過信したときからである。不完全な自己が認識した他者は不完全な他者になる。完全な一者が分裂してできた二者即ち不完全な者同士の両者の間には、離反による不安、動揺がつきまとう。やがてそれは深い断絶の谷となるようになり、その谷から疑惑の雲が湧き起こるようになる。人間が人間を知った、知りうると思ったときから、人間はつねに不安をいだいて動揺する動物になり、外界のすべての物にも疑惑の目をむけ始めざるをえなくなったのである。人間が〝何か〟と問いかけたのは、人間が自他を分別し、自他を離間せしめたそのときから、無限の〝何か〟という疑惑をもつ動物へと転落していったのである。

自然とは〝何か〟との疑問を人がいだいたのは、人間が自然と自己を区別し、自然から自己が離脱したときに出発する。母親から離れて不安な子供を安心さすには何が必要であろうか。

この〝何か〟は自然に向けられた質問のように見えるが、実は、自然と、自然に対立する自分に向けられているのである。自然がわからなくなった、自己が見えなくなった人間の不安に出発した疑惑であるがゆえに、両者の離反による断絶に対して発せられた質疑とも言える。

人間が自然から遠くへだたってゆくにしたがって、人間はますます孤立化し、不安も増大する。自然と断絶した人間が疑惑の雲が濃く流れる谷をへだてて、自然に「何か」を呼びかける声は、そのまま〝人間とは何か〟との谺《こだま》になってはねかえってくるのである。だが、このとき、人間は自然の谺を聞くことができるだろうか。

自然からはねかえってきた〝人間は何か〟の声は、人間はどうして自然から自ら脱落していったのだ、離脱してよかったかな、今後、人間はどうするつもりだ……というような人間の責任追求の声であり、人間の自然復帰を呼びかける救済の声でもあるのである。

すなわち自然から分離し、自然を見失い、わからなくなった人間が、自然とは何かを問い迷って苦悩している場合、人間が自ら出さねばならない解答は、ただ一つ自然との再結が可能であるか否かである。自然復帰による人間復活を願望するかどうかであったのである。

ところが、人間は不幸にも、疑問を解決するには疑問が湧いたもとである自然を解明することで解決できると錯覚するのである。自然の声を聞くことができず、自然復帰を願うでもなく、人間独自の道をひたすら前進しようとするのである。

そして〝自然とは何か〟の解答を、静かに自然（神の意志）から聞こうとせず、人間自身で出そうとする。だがそれはとんでもない間違いのもとになる。人々は自然や人間というものを、人間の立場から、科学の目でのぞいて、自然や人間はかくかくのものであると判断してゆくのである。その結果自然からますます離れて、孤立化し孤独となり自分の手で、自然と人間の未来を創造してゆかねばならないようになる。

それは科学者に人間の未来をまかせてしまう危険をおかすことになるのである。

だが、科学的判断の自然が「自然とは何か」の問いに答えてくれると思うのは見当違いという理由はこうである。

自然を見たとき、最初人間は神秘とか、美しさ、荘厳さ、驚異などの感情をいだいてこれらを知ることが自然を知る手がかりになると思う。たとえば、一匹のトンボの眼玉の構造を見て、驚異の世界であると驚き、ツバメが冬、南に飛びさり、春帰ってくる姿の中に神秘的な機能があると感嘆する。このとき人間は自然の驚異とか神秘というものが、科学的判断から昆虫の眼玉や鳥から発生するものだとただちに信じてしまう。花を見て花の美しさ、森に入って森の精気を、山に登って雄大な霊気を感じるとき、森や花や山からこれらの感情が誘発されたと思うのは無理もないが、花の中に美があり、森や山に神秘があるというのは結果的に軽率な判断だったのである。

というのは、そのため人々は、驚異や神秘や美の世界をのぞこうとして、森に入り、山に登ろうと考えだす。そして次には、〝なぜ花は美しいのか〟なぜ山や森に神秘があるのかと考えだす。さらに昆虫の眼玉や翅の精巧さに驚異の念をいだいた人間は、その構造などを詳細に解明したいという興味にかられ科学的な研究を開始する。ツバメの趨帰性を動物学的に化学的物理的に解明するときも近づいている。また森や山に登れば、なぜ人間は清浄な気持になれるのか、生物化学や心理学の面から探究しそれを明かにしようとするだろう。

このような経過をへたのち、人間は美も、驚異も、神秘も、これら一切がどういうものであったかを知りうることができるはずであると考えるわけである。

確かに科学的にはあますところなく解明するときがくるであろう。そして最後には、人間はこの科学的知識を早速利用して、その知識の正確であることを実証しようとするのである。

昆虫の眼玉の研究はテレビカメラの特殊撮影などに応用されて役立つ。昆虫の翅の構造はそのまま飛行機に応用されているが、虻《あぶ》の飛翔状況なぞは実にみごとなもので、超スピードで上下左右自由自在に飛行できるばかりか、飛行中ピタリと空中停止もする。まだまだ虫類の飛行に比べて人間の飛行機は幼稚である、が、これらも、いずれ解明されるだろう。また森や高山の微細気象などの研究が進むと、テレビで高原風景の放送に組み合せて、森や山の人工霊気というようなものが同時放送されて、人は街の部屋にいながら高山に住んでいるような空気にひたることができるようにもなるだろう。

このように自然と人間の間に交換された神秘や驚異、美や歓喜の構成要素が、科学的に歴然とし、自由自在に人工的に誘発できたり調節できるようになったとしたら、そのとき人間は自然を知りえたと人知の発達を手離しで喜べるだろうか。

そのとき人間には神秘が神秘でなく、驚異が驚異でなくなっている。美も喜怒、愛憎の感情などもものままではありえない。

月探険が日常の茶飯事になって、月がたんに天体の一物体となってしまった現在、月はもう人間にとって神秘の対象でなくなった。天体や深海の神秘があばき尽くされたとき、神秘の言葉すら必要がなくなる。

昆虫の眼玉がどうなっているかわからなくて驚嘆した最初の科学者の心は、虫の眼玉が多数の魚眼レンズの組み合せにすぎないと判明した瞬間から失われ、虫の眼はたんなる複眼レンズにすぎないもので、もちろん驚異でもなんでもなくなる。

花の美しさが科学的に解明されて、造花と本物との区別が全くつかなくなったとき、人間の美に対する概念は今とは異なったものになってくる。

人知は何を知ったか

人知が自然のはらわたをあばいたとき、人間は自然と完全に断絶したものになる。人間は人造の自然を手に入れて、本物の自然を追いだしてしまうからである。人間が自然を解剖し、開発できたと喜んでいるとき、神秘を失った自然はもう本当の自然でないばかりか、人間も本当の人間でなくなりつつあることに気づかなくなる。神秘を知らない人間は一種のロボット的奇形人間である。

人間の知が、本当の智、すなわち自然への完全復帰につながる統一的智に向かっているのでなくて、分別し細分化し、分裂していく知であり、その方向は自から狂気=分裂的破壊につながる。偽物におきかえられた自然の中では人間の自然感情までがゆがめられる。科学者に人間の生活が支配されたとき、人間の体も頭も左右され、支配されてしまうということは重大である。

月が開発されたとき、明月を見てよもすがら池をめぐった芭蕉の心、千々に心を乱した古人の心は、未来の人間には理解できなくなってゆく。

天体の星の数ほど、人工衛星がうち上げられ、廃棄されて宇宙のチリとなったとき、もう夜空を仰いで、清澄な星をながめる気持は湧かない。

科学者に人間の未来をまかせるわけにはいかなかったのである。科学は人間と自然の再結に役立つのでなく、その離間、断絶に手をかしただけである。

自然は何か、宇宙は何か、人間は何かの疑問が人間に発せられたとき、人間は天文学の研究や、生物学の研究をしてはならなかったのである。どこまでも宇宙を疑う〝我〟とは〝何か〟、人間の心に湧く孤独さは、悲しみは、歓びは、我が心に湧く神秘な感情の一切の根元は〝何か〟は、すべて〝真の人間とは何ぞや〟を問う自己の責任の追及によってのみ明らかにされるのである。すなわち自然と人間の断絶の原因をさぐり、断絶の溝を埋めて再結をはかり、見失われた自然と真人をとりかえすことのみが、この〝疑問〟や〝何か〟に答える唯一の方法だったのである。

自然や宇宙を疑問視して、調べにかかったら、そのときから、自然と人間の溝はますます深くなる。知れば知るほどわからなくなってゆくのが人知であり、知恵を集積すればするほど、両者の距離は遠くなる。

人知の分別知は不可知の知であり、二つの疑問を一つに結びつけて解決する、二つを一体とするに役立つ智でなく、分断してますますわからなくするのに役立つ知であった。すなわち人間の〝知る〟は〝判明〟でなく〝不知の拡大〟にすぎなかった。

子供が池中の鯉を見て〝魚がいる〟と見た智と、大人が池中の魚を見て〝鯉がいる〟と言った言葉の間には恐ろしい差があったのである。子供は鯉のいる全世界を認識し、大人は鯉の一部分を識別したにすぎなかったのである。

三　人間は認識できない——無明の知

ある春の日のことであった。丘の上の桜の根元で、老人は村の子供らにとり囲まれて童話を話していた。

「イワンの馬鹿」に似た話で、始め馬鹿な国の百姓たちを支配し、嘲笑していた利口な国の人たちは、戦争でみんな亡んでしまい、百姓のみが地上に残るという話であった。

子供たちが最後の歓声をあげて帰ったあとには、ただ静かに桜の花びらが、老人の周りに二つ三つと散るばかりであった。

老人は静かに軽く眼をとじて木の根元にもたれていた。私は、先ほどの老人の話を聞くともなく聞いているうちに、とらわれていた疑惑について老人に話しかけた。

「老人は知者を遠ざけ、愚者を愛する、人は知恵を尊ぶのになぜ知恵をうとんぜられるのか。」

老人はしばらく黙然としていたが、やがて静かに強く話しはじめた。

「私は智慧を軽蔑はしない。いな誰よりも私は智慧を愛している。しかし私は人々のいう知は憎む。誰よりも激しく憎悪せずにはおれないのだ。」

「私たちの知恵と老人の智慧とどこが相違するのか。」

「私はいわば不知の智を愛し、お前たちは知恵にして不智なるものにおぼれている。」

「不知の智とは。」

「叡智ともいうべき真の智慧は、不知、無知にしてなお明々白々となるものであり、虚偽の知恵は知り明らかとなるように見えてその実、不知、不明に終わる結果となり、無益に人を惑乱せしめるにすぎない。人々の尊ぶという知恵は、いわば分別知であり、われわれの愛するのは、いわば無分別の智慧である。」

「われわれの知恵はなぜに不知、不明に終わるのか、なにが故に分別して智慧とならず、無分別にして智慧となりうるのか。」

「知恵は知に出発する。しかし人間は知るということが可能なのであろうか。本当に知りえたのか……人間の獲得した知恵のいろいろな作物は、人間の知の可能を立証して余りがあるものと、人々は信じてなんの疑もないが……。

人間はほんとうに知りえたのであろうか……。

人々が知るという立場において、知りえたという過程、方法において、さらにまた獲得した知恵の価値、目的において、人間はなんの誤信も錯誤も錯覚も、犯してはいないであろうか。」

「老人は人間の知を不可能とし、人間の認識を否定せられるのか。」

「人々は何気なく、知ると言う。また知ったと言う。しかし、人は不知の知をもって、知と錯覚していたるに過ぎない。人々が知ったという、そのとき、その瞬間、その人はどんな立場に立っていたか。知ったというそのとき、彼の踏み出した第一歩はなんであったかを、人々は深く反省してみたことがあったであろうか。

人々は知るというその瞬間において、その立場がどんなものであったかを考えることもなく、また踏み出した第一歩がどんなに重大な結果をもたらすものであるかも反省しない。しかしこれほど人間にとって最も不幸な、最も重大な事柄はないのであるが。

彼らは知を可能とし、知を信じ、知を求め、知恵を拡大して停止することがない、彼らの知るというその第一の立場から何を知りえていたであろうか。彼らが獲得した知恵はどんなものであったか。

人々が知るというその過程において、どんなに錯誤を犯してゆくか。人々が知るという過程を、いま一応たどってみよう。」

老人は何気なく、足下の雑草の花の一つを手に取って話しはじめた。

「生まれて間もない赤子に、一茎の花を指し向けるとき、赤子はこれを知ったと言いうるであろうか。

赤子もその瞳に一茎の花を捕えうるであろう。科学的に言えば、この花の紅や、緑の光線が眼球に入り、網膜に写映せられ、その刺激が視神経に伝えられ、中枢神経へと伝達せられるとでも言うか。とにかく視覚が働きえたとき赤子は花を知りえたと言いうるであろうか。

否である。赤子がこの花を知りえたとは言いえない。知った、視覚が動き、知覚した、それは確かにしても、知りえたとは言いえないであろう。赤子がこの世に生まれ出て、まだ他の何物をも見ていないときには、一花を知覚したとしても、他のものと識別することを知らないが故に、それを一茎の花であるとは知りえない。ただ単にその瞳に映じたというだけである。

それが一つのある植物であるなどとは夢にも考えない。第一考えようにも、赤子の頭脳はただ単なる白紙にすぎないがゆえに……ただ無色、無臭、無感の白紙に一茎の花が映ったにすぎない。湖水の面に白雲が映っていたとしても……湖面は白雲を知ったとは言いえないと同様に……。

白紙の頭脳が、一茎の花を知るに至るまでには、過去において、他の幾つかの何ものかが、しばしば投影せられており、それらのものと、さらにその後も投影せられた一茎の草花の間に、なんらかの差別、差異をつけえたときに、初めて紅い一茎の花に気づく、注意する、視覚する、知覚するということがらが発生しうるであろう。それはちょうど生まれながらの盲人が、その瞳の内は暗黒であるということには気づきえない、暗黒というものがどんなものであるかを知ることのできないのと同様である。明るさを知る者のみが、まぶたをふさぐことによって、暗黒というものがどんなものであるかを知りうる。白を知りえたもののみが、黒色を知り、紅色を知りうるのである。

赤子が初めて瞳を開くとき、一花を見ても一花に気づきえない。知ったとは言いえない。視覚はあっても視覚を知覚とする意識作用がないとき、すなわち赤子がまだ心の所有者となっていないときにおいては、赤子は花を認知することはできない。

この赤子も成長するにしたがって、知りうると言うようになるのは言うまでもない。多くのものが、度々繰り返し、繰り返し瞳に投影されている間に、明暗の変化、形の差異などによる刺激の差の集積が視覚、感覚をよび起こし、さらに知覚に発展、飛躍したときに初めて可能な事柄となりうるのである。

しかし、なお人々が一茎の花を知りえたというまでには、色々の段階がある。

赤子が無心に手を振り動かしているあいだに、偶然その花に触れることがあるであろう。また無心に握ってみることもある。度重なるにつれて、赤子は意識的に触れようとして触れ、また握ろうとして握るという時がくるであろう。とにかく赤子はしだいに度重なる経験、手の感覚などによってその堅さ軽重、距離感などの感覚をおぼえるようになり、また花を唇に近づけることにより、あるいは鼻に近づけることなどによって、その香り、味などを識別するようになる。

もちろん、この間には、長い時間と経験が必要である。色々な物、色々な場所における経験が、そしてそれがようやく一つの空々漠々とした世界から、一つの特殊なものを摘出し、あるものを凝視して、他の物を区別せしめ、一つのものを分離して二つにするなどのすなわち識別感となってゆく。ぼんやりとした世界の中に、最初は形や色や、そしてしだいに場所の観念、さらに時間の観念が形成せられてゆき、一つの事物に対する分別知という人間の所有物が、形成せられてゆく。

赤子が幼児となり、子供となってゆくにしたがって、時間と空間を基調として、あらゆる事物を識別し、分別し、認知していくようになる。人々はこのときになって初めて、人は一茎の花を知りえたと言うようになる。ともかく人間の『知』は、このように成立し獲得せられる。

しかし試みにこのとき、私が『では人間は真に花を知り得たのか』と質問すると、人は一瞬動揺し、反省する。そして言うであろう。

『この花を真に知りえたとは言いえない。ただ認めたという程度にしかすぎない』と。

そうだ〝人間の知る〟には、さらに深浅があった。

大人は子供の認知をもって浅薄な認識と考え、さらに深く知らねば、真に知りえたとは言いえないと考える。そして大人はより深く知る。より正確な認識をうるためには、どうすればよいと考えているであろうか。人々はふつう次のように知る程度を深めていく。

一茎の花は茎、葉、花に分けられる。花はどんな形をもち、花弁がいく枚あるとか、雌芯がどんな形をしているとか、またその機能はどんな役目をするとか。さらにその葉の緑は、花の紅は何によるものであるか。緑は葉緑素によるもので、葉緑素は空気中の炭酸ガスと日光を利用して同化作用を営み、澱粉を製造する働きをするなどと考察し、研究していって、いわゆる知識の度を深めていく。

このように知識が深まり広くなっていくにしたがって、人間はこの花についてより多くを知りえた、この花を真に知るということに近づきえたと信じている。

赤子より幼児は、幼児より子供は、子供より大人は、また普通の人よりも科学者は、花について、より多くの事柄を知りえているものと考える。そしてより知識の深く高いものほど、より真に知ったものと信じて疑わない。人間はおよそ以上のような順序と方法で、一つの花を知り万物万象を認知してきた。いわゆる人間の認識は、このようにして成立した……。

そしてそこには何の疑念もない……。

人間はまず知覚し、識別し、分別し、分析し、解剖し破砕し、あるいは結合して、その『知』をますます確実にしたと考える、そしてその方法に、結果にはなんの間違いもないと信じている。

しかし、このようにして知りえたという人間の『知る』に、なんの間違いもないであろうか。このような方法をもってできた人間の認識は正確で、また高く深く、尊いものであろうか。はたして人間は知り得ているのであろうか。そもそも人間は知りうる動物なのか、人間に認識は可能なのであろうか。幼児は花を知ること少く、子供はやや正確に、科学者は確実に知り得たと考えているが、はたして真にこの花を知りうるものは大人であろうか。

分別知

赤子は、その瞳に投写せられるあらゆる外界と同時に、その花を知覚する。緑の葉、紅い花、青い空、そよぐ風、彼の瞳は緑は緑、紅は紅としてただ単にそのままを見る。赤子は無心に知覚する。知ったという言葉は話されないが……それは知覚以前の状態であるが故に……ともかくそのままの姿を、そのまま心にうつせるのは、物・心合一の世界は、ただ赤子の上にのみ可能である。

子供はどうして知ったか、子供はまず花を目ざして花に走り、花を手にし、花を紅いと言った。子供はすでに赤子とは違った重大な第一歩を踏み出している。彼が走ったとき、子供はすでに青い空は見ていない。花を手にしたとき、子供は大地を忘失した。花は紅いと言ったとき、子供は形においてて花弁と茎を、色において緑と紅を区別し分離し、分別して、ただ花弁のみを目指して紅い花と叫んでいる。

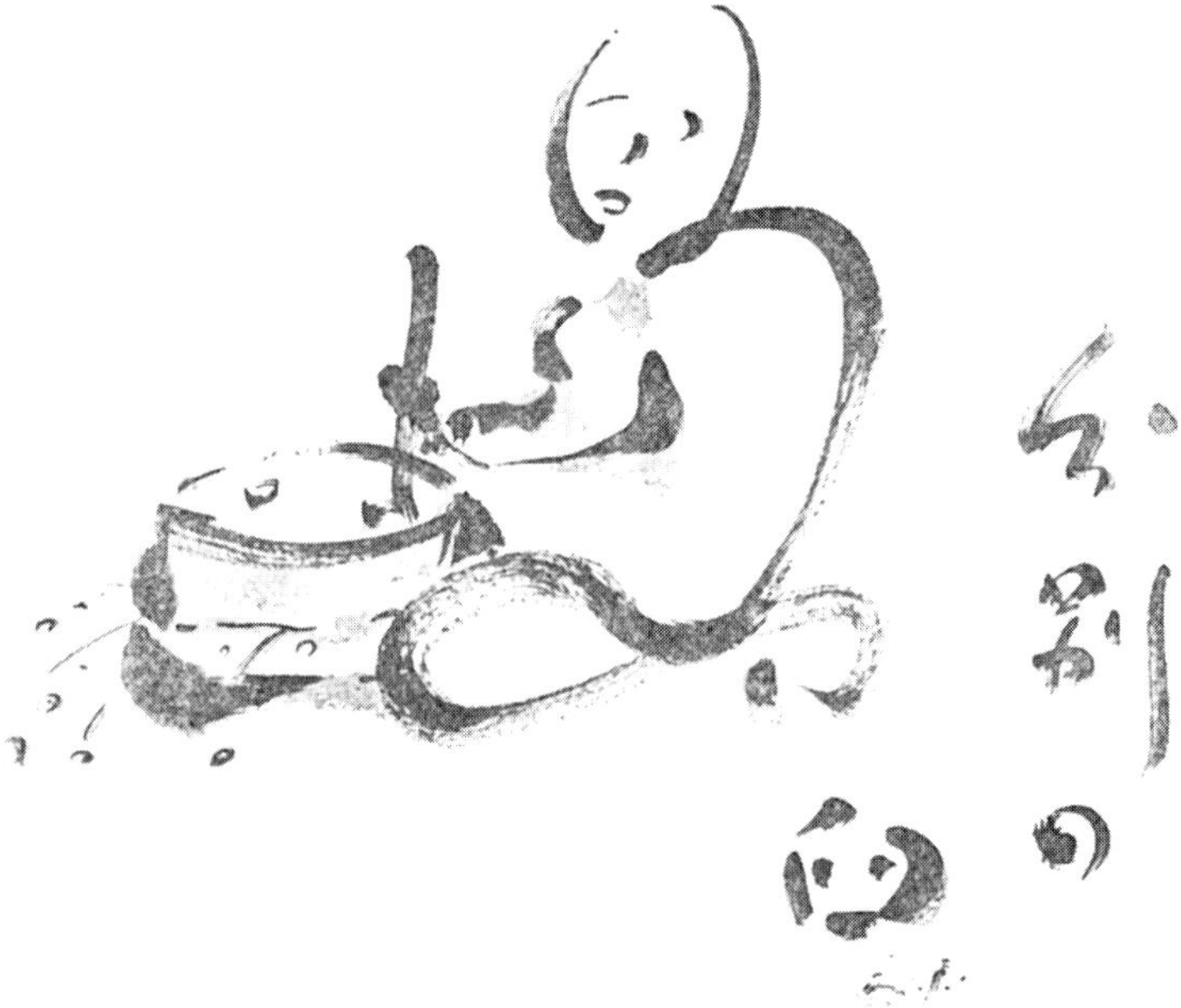
分別の心

子供が花を知りえたというのは、とりもなおさず子供がただ一つの花を大地から、空から取り出し、区別し得たことを意味し、花に向かって、走ったことは空間、場所の観念がすでに形成せられていたことを意味する。

子供は意識的に頭を働かせ、全体から特殊をとり出し、全体の中から局所的、部分的なものに注意をさし向けた。すなわち子供の『知る』は、子供の認識は、識別と分別とにもとづいて成立し、その花を知ったというのである。

人々の言う意識を働かして知った知、分別による認識は真実の智、認識となりうるであろうか。人がある一つのものに対して意識を働かせたとき、人々は忘れてはならない。それは特殊なもの、局所的なものに、人間の注意が向けられたことを意味し、その瞬間に人は全面的、全体的なものを忘却しないわけにはゆかない、という事実である。一茎の花を見るとき、人は空を見ず、花を見れば葉を見ず、葉を見るとき、同じ瞬間に花を見ることはできない。全体を見ては局部が見えず、一部を見ては全体を見ることを許されない。人間の意識作用は常に有限物、局所的に限定せられないわけにはゆかないが故に、人間の知るは常に一部分、一局所を知ったという知るにすぎない。

より深く知るというのは、局所的な微細な点により深く侵入したというにすぎないで、より広くとは、より多くの面から角度から、すなわちより小さい局部、細分された面を窺ったというにすぎない。

人間は全体を完全に知るという方向に向かっているように思っていて、事実は、全体でなく細分された、いわば全体からますます遠ざかり、全体はいよいよわからなくなるような方向へ向かって、人間の知は追い込まれていきつつあるのである。

ここに映画のフィルムがあっても、このフィルムを映写機にかけてスクリーンに映すことを知らない人がいて、この映画を鑑賞しよう、知ることができると考えたら、それは滑稽であろう。人間の知ろうとする努力は、まるで彼のむだぼねに等しい。

彼はフィルムの一コマ一コマをずたずたに切断してのち、『フィルムの一部分一部分を知ることによって、私はこの映画を知ることができるであろう』と独り言を言ったとする。

しかし、彼はフィルムの一コマの中の人物が動いているのかいないのか、帰っているのか、行っているのかを知ることはできない。彼は切断されたフィルムから、その映画の物語の筋書を知ることはできない。彼はいくらこの映画の一コマ一コマの細部の研究を進めようとも、その全体を知ることは全くできない。私はこの映画の出発点も、結果も原因も、その目的も知ることは全く許されないであろう。むしろ微に入り細にわたって一コマ一コマを研究するほど、彼はこの映画の面白さ美しさから遠ざかるであろう。

フィルムの一コマの、断崖の中途に一人の男がいたとする。ある人は、彼は断崖を登っているのだと考える。しかし、この映画では、彼は山を下っていたのかも知れない、彼の額に汗があるのを見て、彼は上るのが苦しいのだ、と思ったかも知れないが、彼は暑くて汗を流し、谷底に清水を求めて下りつつあったのにすぎないということもありうるのだ。

この映画の筋書を知らないで、フィルムの一コマ一コマを鑑賞し考察することは、人間に多くの錯誤を犯さしめるのみである。

局所的、分析的な人間の知るというのは、フィルムの一コマを知りうる知に過ぎず、常に錯誤にみたされた不完全極まる知にすぎない。

ところでこの局所的、部分的、有限的な知が常に不完全な知であり、不完全な知を集積し体系づけて成立する知識もまた不完全を免れえないのにもかかわらず、人々がよく錯誤することは、たとえ不完全な知識でも、これを集積していけばしだいに正確、完全なものに近づくものと考えていることである。

すなわち人々は、一つの花も色々な立場や、角度から観察し、考察していけば、人間の知識はしだいに深く広く蓄積せられていって、人間は完全に花を知りえたというときがくるに違いない、少なくともそれに、接近するに違いないと信じているのである。

大人は子供よりもより正しく知る。さらにあらゆる方面からあらゆる手段をもって観察し、研究していって得た知識を蓄積すれば、人はやがて人間は花を知る、正しく完全に知る時がくるものと信じている。

しかし、ただ単に自然科学の立場から見たこの花のもつ真理についてさえ、はたして人間は完全に解決し知りえたというときがくるであろうか。一花の生物的、形態的、生理的、機能的、また物理的、化学的研究が深くなるにしたがって、科学者は一花のもつ科学的研究題目は無限に拡大されていくことに気づくであろう。すなわち、一花の中にも無限の未知が含まれ、完全に一花を知りつくしたというときがくるものではないことは、どんな科学者も否定しえないであろう。ただ一つの花弁の中の原子とか、電子の構造、結合、破壊とかの細部に頭を突っ込んでゆけば、問題は無限に精密、複雑化していく。そして深く研究した科学者ほど『自然は神秘だ』とか『自分の得た知識は実に浜の真砂のただ一つにすぎない』と嘆息するようになるのである。

ともかく、一花の中に含まれるものは無限である。無限に対して人間の知識は常に、大海の一滴の水にしかすぎない。一滴を知るものは一滴を知らないものより、二滴について知るものは一滴を知るものより、より大海、大洋について知ったものであるという……それがはたして正しいことであろうか。

より深く知ること、より多く知る。そしてそれを蓄積、統合することが正しい知識を獲得する道であると信じているが、このような知識の集積は、正しい認識への方法となりうるものではない。

分析知

人間の『知る』は分別的、分析的であったということを繰り返して考えてみよう。科学者が一花を知ろうとしたときは、かならず彼は花と茎と、根に区別して観察を始める。さらに花は花弁と、ガクと、雄芯と何々と、また葉は表皮と、内部組織とに分けて研究を進める。組織からさらに細胞の研究へ進み、細胞から原形質、核、染色体などの研究へ、また原子から電子学的研究へと、ますます微に入り、細にわたった研究へと進められてゆく。そうして彼等はこの細部にわたった微細、精密な研究の結果を綜合、統合すれば、完全に花を知ることができるものと考えているのである。一つのものを二個に分ち、二個を四個に、さらに八個にと細分し、その細分したものを研究し、研究の結果を集合すれば元の一つのものを知ることができると。

だが、ここに一つの宝石があるとする。この玉を一度破砕したとき、二つの破片を結びつけてももはや元の宝石とすることはできない。いかに上手にくっつけても、接着剤という異物の混入した玉はもとの玉ではない。一度傷つけられた玉は永遠にもとの完全な玉とはなりえない。玉を二個、四個にさらに微細な粉末として、その粉末をどんなに研究したところが、もとの玉の美しさを知ることはできない。

一度むしり取られた花弁はもはやもとの花弁ではない、切断された葉は、生きていたときの葉ではない。さらに花の花弁を研究しようとするとき、科学者はどんな手段をとったか、人間はその肉眼を用い、太陽光線の下でこれを観察し、解剖刀で切断し、顕微鏡のレンズを透して考察した。もっとも大切なことは、どんな研究も結果も、かならずある環境の下で研究せられ、ある条件の下で成立する結論であるということである。

花は紅いというのも、それは太陽光線の下で、人間の眼に紅いというにすぎない。もし星の光で、猫の眼をもって見たとき、花は紅いか？　切断された葉、摘出された一片の細胞、原形質、核、これらが野外で伸び伸びと生育していたときの彼らと全く同一であることはあり得ない。

科学者は次の事柄を自認せねばならないだろう。

第一は、科学者の研究は終局的に見て分析的で、かならず局所的、局部的であることを免れえないという点である。

第二は、しかもその局部的時限的研究は、かならずある条件の下で行なわれ、その結果はその条件の下のみで真実であるというにすぎなくて、常に普遍妥当性のある真理ではないという点である。

結局、人間は分析した一部分さえ知ることができない。まして全体を瞬間的に、あらゆる立場から知りつくすことは不可能であるがゆえに、全体を完全に知るということは、人間には不可知のことだと言わざるをえないのである。

不完全知

たとえてみるとこうである。数名の若者らが野原で、一株の草花を見た。彼らは同時に興味を感じ、この花はどんなものであるかを知ろうとして、今後研究することを申し合わせる。彼らの中の画かきは、この花の形や色を幾枚もの紙に心血をそそいで写した。植物学者である一人は、花弁の枚数や、ガクを調べ、解剖顕微鏡の下で葉や茎の構造を観察する。生理学者は株の一部を実験室にもち帰って、培養器の中に入れて、水分上昇の様子や栄養分吸収の状況を観察し、物理学者は、紫外線やX光線をはじめ各種の光線を暗室の中で放射してみて、葉や花の示す変化や遺伝因子に及ぼす影響を考察する。また科学者の一人は花や葉の一片を風乾し、ルツボの中で焼却し、その灰の部分を調べ、細胞を構成する物質の抽出に没頭する。

長年月の後、彼らは再び原野に集合し、各自の研究結果である資料や論文を集め、積み重ねてみる。

このとき人々は『われわれはこの草花について非常に多くのことを知ることができた』と喜び合う。しかしまた言う、『この花についてわれわれはまだ知りえない多くの事柄がある。人間がこの花を完全に知りえたと言うとき、すなわち人間がこの花と同様の花を人工的に造りうるまでには、さらに深い研究が行なわれねばならない。だがわれわれはすでに老年になった。われわれの子供が、あるいは孫の時代には、人間がこの花と同様の花を造り出すというわれわれの夢を実現してくれるであろう』と。

彼らの夢は実現せられるであろうか。

私は彼らの夢が可能であるか、不可能であるかを言う必要はない。強いて言えば彼らの道は永遠に続く道であると言うのみである。

それより大切なことは、これほど馬鹿げた、愚劣な喜劇はないということである。

常に不完全な科学者の成果、かならず不備な――人間に完全はない――実験成果の集合は常に不完全である。不完全も集めていけば、完全に近くなると考えているが、不完全の集合はさらに不完全の度を進めるのみである。たとえ幾十年、幾百年の後に、彼らの夢が実現したと喜んでも、つくり得た草花はもとの野草ではなく、ただの単なるにせの造花の一草花にすぎない。その不完全を嘆く道が続くであろう。だが偽物の草花がかりに完く実物と同じにできたとしたらなおさら無益になる。重大なことは、人間は何のために長い歳月を費してまで、一花の草花を造り出さねばならぬかである。

最初丘の上に登って、一草花の美しさに驚嘆した若者は、この真の草花と共に人生を楽しめばよかった。

直観して花を知りえなければ、彼には花を知りうることは永遠に不可能なのだ。どんな方法も人間にはない。人間は知りうると信ずる人間が、実験室に閉じこもり年老いるまで研究に没頭して造り出した草花に対して、再び『この花は何であろう』と尋ねるならば、人間は何と答えるであろうか。人間の造り出した偽物の草花は、『この花は何であろう』の解答には全く何の役にも立たないのだ。

一つの映画を知るためには、そのフィルムそのままを映写機でスクリーンに写せばよい。このフィルムを切断して眺めたり、解剖、分析してみる必要は何もない。彼がもとのフィルムと同様のフィルムを造り出したとしても、彼の最初の目的である、この映画の価値を知ることについては全く無知のままで終わるであろう。

なぜ人は真物を楽しまないでおいて、偽物を造り出すことに汲々として苦しまねばならぬのであろうか。

繰り返すまでもない。人間にとって『知る』は不可能であるにもかかわらず、人間は知ることができると誤信して、接近しているつもりで実は遠ざかっているのである。

人間は疑惑する。静かな湖面に投げ入れた疑惑の一石が、波紋となって波及していく行方を追って、疑惑を解く。知ることが人間に可能だと信じて、人間は永遠に救われない不知、昏迷の世界へと沈んでいくのである。」

深く嘆息して老人は言葉を切った。

相対知

丘の上にも夕ぐれが迫っていた。老人はしばらく里の方を見下していたが、ようやくこみあげてくる憤怒の情を制しかねたような激しい口調で一気に言った。

「人間の疑惑に発する〝知る〟は弁別から、識別し、分別し、分析し、統合によって成立する。人々は、このような知を積み重ねることによって次第に知るということが、確実に獲得せられるものと信じているが、このような分別知の集積は、完全智への方法、手段とは永遠になり得ない。

弁別は対立の惹起であり、分別は一時的相対的認識への出発にすぎない。

白を知るというは、黒に対する白を知るにすぎず、黒を知るというは、白に相対する黒を知るにすぎず、相対は絶対ではないがゆえに真理とはならない。単なる相対的認識の継続的集積もまた絶対真理になるものではない（弁証法的認識の不可知性）。

分別知は心の一点、一局に執着し、低迷することを意味する。一点を凝視するときは全体を忘失する。一局に執着するのは全体の放棄に外ならない。局部的、局所的であるがゆえに人知は完全智とはなり得ない。

分析は細分であり破壊であり統合もまた終局において分析の一過程にすぎない……一度破砕せられた宝石は再びもとの玉とはなりえず、破砕すること多ければますます玉に遠ざかる。細分することいよいよ甚しければ、いよいよ完全に遠ざかる。分別知は、拡大すること甚しくしてますます狭小となり、掘ること深くしてますます浅くなり、近寄ろうとしてますます遠ざかる。人間の知の集積は、完全智への接近とはならず、離反、隔絶への道を進む。

人の知は不知なり、一を知れば二の不知を生じ、二を明にすれば四の不明、疑惑を生ずる。知ること多ければ、ますます不知なるものの多きを知るばかりである。人間がしだいに知の獲得を誇るとき、人間はますます不知、疑惑の深淵に沈溺しないわけにはゆかない。

一茎の花にも無限の知あり、不知あり、人が一茎の花を知ろうとするとき、人は無限の不知に対立し、人は永遠に脱出することのできぬ疑惑の雲の中にとざされるであろう。

人の知はすなわち不知――不明なり、
人の智また不智、無智なり。

破鏡、ふたたび人を写し得ず、
宝石一度、破砕せられれば宝石なし。

宝石を知ること最も深きは誰か……。

一茎の花を知るものは、はたして何人ぞ……。

空々漠々の赤子の心をもって見れば、緑は緑、紅は紅、かすかな薫風、かすかな花弁のゆらぎもその瞳に映じて、花は人、人は即ち花。

この花をむしり、頬に近づける子供は、すでに花を見て、青空を忘失し、薫風に気づきえない。

花の学名、栄養、呼吸、同化作用等々の働きを心に思い浮べて眺める科学者の眼には、花の紅が映って、花の紅は心になく、葉の緑を見ても、心は緑とおぼえず、心がすでにうつろなときは、花の紅を見ても花の紅は見えず、空を見て空の青さを知らず、ただ局所、局部に心は低迷して全貌を知ることをえない。

はたして誰がこの花を真に知りえたのか。有心、有情にして花、花となりえず、無心、無情にして人、花を知る。

花は花、人は人。

人、花を知らんとすれば花すでに花たりえず。人の知りたる花は、すでに人の見たる花なり。

人、花を見れば、花すでに花ならず。

人、真に花を知らんとすれば……」

老人は悲しげにしばし無言であったが、突然激しく言い切った。

「人、花を見ることを止めよ。」

私は思わず老人の言葉を繰り返していた。

「花を見ずして、花を見る、
花を知らずして、花を知る。」

私は茫然として虚空を眺めた。飄々として去りゆく老人は、最後の言葉を夕もやの中に残して行った。

「人、人を忘れて虚空に住すれば、緑は緑、花は花。」

虚体

私は老人の激しい叱咤にあって茫然と手にした一花の上に瞳を落としていた。

私はこの一花すらその実体を認識しえないのであろうか。

「お前はその花を知ろうとするとき、いかにしてこれを知ろうとしたか。知ったというのは、はたしてどういうことを知っているのであろうか。」

「私は目をもってこれを見、鼻をもって香を嗅ぎ、手に触れてこの花を知った。知ったというのは自分の心で、五官をもってこれを認めた。」

「指頭の一花を指して人々はここに一花があるという。それはなんらの誤ちもない事実のように信じていたが、しかし、そのとき人間は極めて重大な過誤の第一歩をふみだしていることに気づかなかった。

重大というのは、一花を指して一花を認めたという、そのとき、人間はこの一花を認識不可能の方法をもって認識したからである。

耳目をもってこれを認め、心において認知し、そして一花ありと言った。一つの物体に対してこれを心という映写幕に投影してその物体を認めたという、その事柄である。

たとえ人間が明らかにその実体を見ていたとしても、その眼がその形を、鼻がその香りを、手がその軟かさを正確に把握して心に伝えたとしても、心に写したという瞬間、心に写ったものはすでに実体そのものではありえない。一葉の写真が実物そのままのものではありえないように、写真が実物の投影でしかないように、心に認知されたというものは、実体の投影である一つの虚像でしかない。

しかも重大なことは、人間の心に映写した単なる写真にしかすぎない虚像をもって、実体の一部であるかの如く信じ、一つの物体を繰り返し心に映写して、種々研究してゆくことによって、遂には物体の全貌、すなわち実体を知ることができると妄信していることである。」

「心に映写したものが実体そのままのものではないにしても、それらを心の中で組立ててゆけば、遂に実体のすべてを把握することができるように考えられるが……」

「多数の写真を集積すれば実体その物となりうるか。この一花をあらゆる角度から写した写真をいくら積み重ねてももとの花にはなりえない。虚像をいくら集積しても虚像は虚像であり実体とはなりえない。

色々の角度からこの花を眺め、色々の手段方法をもってこの花に関する知識を集めてみても、この花とはなりえない。この花の心を知るものはこの花のみであろう。

人間がこの花となりえないかぎり、この花を知りえたとは言いえないのである。花の心を知るものは花のみである。人々はこの花を知ると口では言うが、その人の心はただこの花の類似物であり偽物を知ったにすぎない。しかもただ一片の虚体を認知しているにしかすぎない。もしただ一片の虚体という言葉が不満であれば、多数の虚体を認めていると換言してもよい。

しかし一つの物体に秘められたものは無限の内容である。人知は永遠に進展するとしても、なお未知の事柄は無限に続く。無限の未知の前には一個の人間の既知は、常に一きれの知にしかすぎず、いわば無知にひとしい。人々は無限の前には人知は一きれの知、一片の認識にしても、うまずたゆまず、深くより広く知るということは完全ではなくても、少なくとも一歩はより完全への道と考えるが……」

虚影を心に描いていて実体と信じ、観察し、考察し思索するのが人間である。

だがその観察や考察が虚影に加えられて出発しているかぎり、その判断はしょせん錯誤に終わらざるをえない。それのみでなく、その観察や考察が深まりゆくにしたがって、皮肉にもその努力の集積である知識は、ますます真実のものとは異なり遠ざかっていくであろう。虚影の集積は虚影の拡大であり、知の蓄積は不知の進展にほかならぬ。知ること多くしてますます人間は不知に至る。

人間の虚影のみを見ている人間が、この虚影を深く観察することによって人間の実体を把握しうるときが来るであろうか。人間が人間について知りえたと自負しているすべての事柄、人間はいかにして生まれ、生き、育つものか――は、もちろん一つの錯誤にしかすぎない。

もしここに一匹の蟻が、地上に映った人間の影法師のみを見ていて〝人間というものは、黒いものである〟と言えばそれは錯覚と言わねばならぬ。さらに蟻がその虚影を観察していって〝人間は薄い布のようなものであり、時に長く時に短く、またさまざまな形をとって動く〟と言えば、その蟻はますます錯誤を犯したことになるであろう。人間の本姿を知ること深いと誇る蟻は、ますます人間を知らないものと言わざるをえない。

人間の認識もまたこの蟻と同様の運命にある。

もし先の蟻が人間の影法師を研究してえた知識を誇って、自分は人間を詳細に知りえた、自分は自分の手で人間を造ってみようといって一枚の黒い布を造ったとすれば、それは滑稽にしかすぎない。

人間が人間の虚影を考究して、人間はかくの如きものなりと信じて、人造人間を造り出して驚喜するなれば、それはこの蟻と同じような悲劇をおかすことになる。

四　人間は自然を知ることができない——何も知らないことを知らない

私は人間の〝知る〟が、真実のことを知りうるようにはなっていない、という老人の話をまだ本当には理解していると言えなかった。

人間の目は、もう曇っていて、本当の自然の姿をうつすことができなくなっている。この世の事物の本当のことを知ろうとしても、人間の分別がじゃまして、間違いを起こしてしまうということが、どうしても納得できず、日をへるにしたがってますます強く疑われはじめていた。

私は山から下りてきた老人に、もう一度同じことを尋ねてみた。

「人間はこの目の前にある自然を、本当に知ることはできないのだろうか、一木一草を知りえないのか。」

「まずできない……だができないことを本当に知れば、できるだろう。」

老人の言葉はいつも私を混乱させる。

「自然を知ることができないということがわかれば、なぜそれが自然を知る糸口になるのか……」

「知ろうとする心を捨てるからだ……そうすれば心は白紙になる。」

老人はさらりと言った。

「無心に見れば、自然の本当がわかるというわけで……」

「その無心がわからないから、人間は自然を知ることができないというのだ。」

老人は吐き捨てるように言った。

たしかになんでもないことのようで、この一事が突破できない。

自然の内と外

「自然のなかに飛びこんでいて、なお自然がわからないということが……わからない。」

「自然のなかに飛びこむと言うが、本当に人間は自然のなかに飛びこむことができるか。内に入っているというからは、人間はまず自然の外に立っていなければならないが……」

「自然の内外と言われてみると、人間は宇宙という大自然のなかに生存していて、自然の外に立つことはできない。とすると、何気なく使っている自然のなかに入るという言葉すら、おかしな言葉になる。

また、空飛ぶ鳥は空を知り、水中の魚は水を知るはずである。人間のみが、なぜ自然のなかに飛びこんで知ろうと苦しまねばならないのだろうか。」

「人間は自然の中にいるが、ふところにいるのではない。肉体は自然の中にいて、心は自然の外にいるわけである。人間は自然の外側にほうりだされて、空《うつろ》な瞳で自然を眺めている宇宙の孤児にすぎない。しかも彼は自分自身が誰であるかを知りえない記憶喪失者でもある。

人間が自然から遠く離れるにしたがって、人間は自然と、その一員としての人＝すなわち自己の姿を忘れてゆくのは当然であろう。

水中にいて水を知らない盲目の貝となり、空を飛んでも、空を知らない魂を失った鳥となったのが人間の姿である。

人間はもう往くあてもなくさまよい、帰るねぐらもない動物になっているのである。そのため自然の中にいて、自然の本当の姿をさがし求めるという矛盾に気づかないのである。」

「それにしても、人間のふる里である自然がそれほど居心地のよいものであれば、当然、人間は帰りたがるはずであり、また復帰するのは困難だとはとても思えないが……」

「人間は本気で自然に帰る気もないが、たとえ帰ろうとしても、人間の知恵が邪魔して、人間は帰れない。帰るべき自然の姿が見えないからである。」

「人知がどうして邪魔になるのか。」

「もともと人間が自然から離脱したというのは、人知が自然の本姿をかくしてしまって、かすみの彼方に追いやってしまったからである。

人知というのは、人間にとって、曇ガラスの眼鏡の働きをするもので、分別という名の眼鏡である。」

「人間の目の奥の網膜はものごとを分別し、分析し解読する能力をもつ生きた膜であることは事実である。」

「その分別という名の眼鏡をはずさないかぎり、人間は自然の中の働き一つ、まともに見とどけることはできない。」

「何一つと言えば、一木一草があってもその意味は人間にはわからない。小石一つの心も知ることができない。犬猫の生死、その重さは測りようがない。日は東に昇り、西に落ちるが、本来東西南北無しとも言われ、上下左右、優劣遅速に一喜一憂するのが本当なのか、むだなことなのか、何もわからないと言えば、何一つわかっていない。疑問と矛盾にみちているのがこの世の姿であって、この矛盾の解決に向かって悩みながら進むのが人間の宿命とも言えるが……」

「矛盾は矛盾を解決することによって解決されるのではない。矛盾を生じた根本原因が、人間の分別知に出発していることを知れば、矛盾の解決は、矛盾の分散拡大にしかならないことがわかるだろう。何一つわからないのは、人間が分別の眼鏡をかけてあらゆるものを分裂せしめ、細分化し粉砕してしまったからである。」

「自然をよりくわしく知ろうとして、部分的に、あるいは色々の立場から自然をのぞくことが、根本的な誤りというわけで……」

「分け得ないものを分け、分けてはならないものを分けようとするからである。分けても意味がないというより、分けることによって本質が失われ、自然の姿は消えてしまう。」

「でも自然を知ろうとすれば、自然に近づき、内から外から、科学的に、芸術的に知ろうとする努力をする以外に道はない。」

「繰り返すが、自然に内があるか、外があるか。自然に近い遠いとは、どの立場から言えるのか。

人間の区別した内外は、人間が勝手につくったにすぎないから、どこまで行っても、本当の内にも入れず、外にも出られない。内に入って、内がわからず、外にいて、外がわからない。したがって本体がどこにあるかわからないのだ。

人間は、形質、内外、遠近、多少、上下など何一つ区別してはならないものを、あえて区別して知ろうとしたために、本体が空中分解してしまって、永遠に救いようのない混乱の道にはいりこんでしまったのである。

人間の〝知る〟はどこまでも局部的で断片的なものにとどまって、全体的なものにつながっていない。そのため〝知る〟はその局部的な〝知った〟立場だけにしか通用しないで、いつも全体的視野からの判断（実相・完全智）とはくい違うことになる。

そのため人間の知、知恵、判断の集積は、いつも完全なものへの接近にはならないで、錯誤の連続に終わるわけである。

科学的真理の積み重ねが絶対真理への道造りにならないで、錯誤の真理の足跡にしかすぎないのはそのためである。

「私は目の前の一木一石の本体を知りたい。自然の実相が何であるかを知りたいと思う。どこに本体があるのか、何が実体か、何が実相かが……わかっていないから。

だがわからないことも、追求してゆけばわかると思って追求してみた。ところがその手段は、局部、局時的探究であった。〝知〟が多く深まるにつれて、ますます微細な局部に入ってゆくためにかえって、大局を見失ってゆく結果をまねいた。全体を知ろうとして、かえって全体を見失ってしまった。全体から切りすてられた局部には何の意味もない。

初心にかえってみよう。一木一石を知ろうとした。知ろうとすれば知りうると考えた人間の思考がおかしかったのか……。人間が知ろうと考えて出発した人間の最初の立場は、はたして正しかったのか。もし間違っていたら、その〝知〟の領域は何であったのだろうか。」

大国主命の袋の中味

老人は、やれやれという風な顔をしながらも、再び話題をかえて、

「今の人は、三千年前の大国主命が肩にかついでいた大きな袋の中味を知ることができるだろうか。

人間の観察や推察から始まる知恵が、どんなものであるかを一緒に考えてみよう。その知恵の正当性とその限界、またその〝知〟が錯誤を犯してゆく経過をのぞいてみよう。」

こういって話しはじめた。

「大国主命がかついでいる大きな袋の中味が何であるかを知ろうとしたとき、人はすぐその袋を開けて手を差し入れてみようとするだろう、袋の中味を知るためには、袋の中を知らねばと思うからである。

かりにその袋の中には色々な木や竹で造った奇妙なガラクタ道具が入っていたとする。このとき多くの人はどのように判断するだろうか。」

「この道具は旅行用に使われる道具だろう。いや、これは彫刻で装飾品となるものだ。いや、武

器かな、等々と色々想像をめぐらせて判断を下すでしょう。」

「だが本当のことは大国主命のみが知るのである。実はそれは彼が手すさびに造った楽器であった。しかもそれも壊れていて、ただ薪として使うために袋の中に入れていたにすぎなかった、というようなことが起こりうるのである。

人間は大自然という大きな袋の中に飛びこんで、手当たり次第に色々なものをつかみだし、ひっくり返してみて、これは何だ、どうなっているのだ、これはこういう目的をもっているものだ、などと解釈するのである。

しかし、彼らの観察と考察がどんなに抜け目がなくても、大国主命の袋の中の道具は、他人の知りえない道具で、とんでもない解釈と錯誤を犯している危険があるのである。」

「しかしまた人々は次のようにも考えるのではないか。

たとえ人間は大国主命の袋の中に入って、その中の道具を見ているのと同じ愚を犯しているとしても、人間の知恵は無限にのびる。たんなる考察から判断、理性と推理を働かせることができる。袋の中にいても、袋の外も推測することができるのが人間であるはずである。

一本の竹に数個の貝殻を結び付けてあるものを見て、これは武器だと錯誤することがあるかも知れない。だがさらに研究して、貝殻が竹に当たると面白い音をだすことに気づけば、これは楽器で、この竹の曲り具合から、腰にぶら下げて舞ったのだろうというように推論していって、ついには真実に近づくことができるはずである。」

「なるほど人間は袋の中にいても、袋の外をうかがうことができる。井戸の中にいて井戸の外を知り、自然の中にいて、自然の内も外もうかがい知り、自然の全体の真実を知ることができそうに思える。

大国主命の袋を調べることで、大国主命のことを推測し、その心を知りうる、と同じように、自然の観察から、大自然の創造の歴史を知り、その意志、目的もうかがい知ることができるだろう……と考えているのだろうが、それは実現不可能な錯覚にすぎないのである。なぜならこうである。大国主命の袋の中を見て、その中のものが何であるかを知りうるという場合には、一つの前提条件があった。

大切なことは袋の中を調べるというとき、その研究者には、袋の中という概念がすでに出来ていたということである。袋の中というとき、彼の頭には袋の外がすでにある。外があるから内がある。内のみでは内は存在しえない。外を知るもののみが内から外を予想しうる。内と外の関連について、その結びつきを探索していくことができる。

仮に人間が袋の中で生まれ、外を見ることなくして育ったとしたら、その人が袋の中の道具をいくら研究しても、その道具が大国主命の腰にぶら下げられる楽器であろうなどとは推察できないであろう。

とすれば、自然の中に生まれ、自然の外に出ることのできない人間が、目の前の自然を調べるだけで、自然のすべてを知ることはできないのは道理である。

袋の中のことがら、出来事については知りうる。草や木がどんなものであり、山や川がどうしてでき、どうなっているかも知りうる。だがその知りえたという事柄は、どこまでも袋の中の事柄、知恵にすぎず、袋の中のみで通用するいわば人間の勝手な知識にすぎない。」

「しかし人間はまた次のように考えていくことができる。人間は宇宙の外はうかがうことができない。宇宙の外から宇宙を見ることは許されないかも知れないが、無限大とも見る広大なこの宇宙を隅々まで探究していく知恵と力をもっている。少なくともこの世界に何があり、何が起こったかを知りうるものとすれば、それで充分ではないか。

天文学についての人間の知恵は、星の歴史、過去から未来も洞察する事ができる。この地球が太陽系の一つの星であり、この太陽系も、太古、星雲の一滴と言えるものから発生したこと、一つの星が冷却するにつれて、無生物の鉱物から生物的無機物が生まれ、さらに、微細な生物が発生し、この下等な微生物から次第に高等な植物や動物が地上に生まれてくるようになったことなど、さらに人間が地上に生まれてきた過程も、生物学の発達と共に次第に明らかになってきた。

人間が知りたいと思うことのすべては、次第に明らかにされてきたではないか。今日の未知も明日は既知となることを確信することができる。とすれば人間には知りえないことは何もない。人間は現在に、また未来に何の不安の材料もない。

かりに人間が袋の中の存在だとしても、その袋の中のすべてを知りうるならば、その中に一生を終わる人間は満足できるのではないか。井戸の中の蛙はそのままで安心立命しうるのではないか。井戸の外が蛙になぜ必要なのか。

もし創造神とか神とかがいて、宇宙を造ったものとすれば、あるいは人間が誤りを犯す危険があるかも知れない。創造主の意志に反して、とんでもない解釈や錯誤を犯すことが起こりうる……だが宇宙の外側の外側を予想したり、創造主を想定したりすること、それこそ人間の勝手な想像であり、架空の主観的観念論にすぎないのではないか。独断の偏見として排除されねばならない。

眼前に展開されている自然を見、それを調べ、それを活用していく。そして人間の期待通りの結果が出れば、もはやその自然に対する知恵と行為が虚偽であるとか、誤りであると言う必要は何もない。間違っているという論拠はどこにもないではないか。正しい真実のものを人間は把握していると言って何のさしつかえもないではないか、と考えていくのが一般的現代人の確信である。

未知の外側には何かあるかも知れないが、ないかも知れない。もはや思考の対象外である。そんな、あるかも知れないがないかも知れない世界の探究など、夢見る宗教家に任せておけばよいではないか……」

「だが問題はそうではない。誰が夢を見ているのか、錯覚しているのかを見てみよう。

人間自らが認識した自然、宇宙は、どうもがいても、しょせん大国主命の袋の中という運命をまぬがれることはできないのである。

宇宙は創造主が造った一つの舞台装置で、その舞台で踊る人間は、その舞台裏の神によって操られているのではないか、と心配するのは一部の偶像崇拝家であるが、これらは単なる妄想からの杞憂にすぎないと退けることができよう。しかし退けることができないのは、どんなに深い知恵で把握した広大な宇宙といっても、その知恵、人間の活躍する舞台を支えているのは人間の主観である。

舞台裏の神が人間を操りはしないが、人間自身が人間を操っているのである。その人間の主観が倒錯していたらどうなるか。

人間は神のことを心配するより、もっと手近にある人間自身を心配せねばならぬのである。神に対する盲信を笑う前に、人間が人間を盲信している事実に気づかねばならぬ。

人間は、眼前に実在する山の緑、川の流れ、草花の紅を正しく把握し、正しく活用していると信じているが、人間が人間の知と行為を盲信しているにすぎない。人間の確信が正当であるかどうかをもう一度猛省してみる必要があるのである。

人間が見る、人間が判断する、そこにあるのは、物の人間と、これに対する物のみである。物の実在を確かめ信じているのが人間《もの》であり、その人間《もの》を確かめ信じているのも人間である。この世界のすべては人間から出発し、人間が結論をつけている。人間が神や創造主によって操られるという心配はなにもないが、人間という独裁的な創造主に、人間自身が操られる危険は多分にあったのである。

結果的には宇宙という広大な舞台も、主観という手のひらの上に組みたてられた舞台装置にすぎず、人間はその舞台の上で、お山の大将になって独り芝居をしているのである。

すべてが正しい、間違っていないとの確信は、人間同士の互いの保証、物と物との関連を頼りにして成り立っていたにすぎない。人間以外に人間の目が節穴かどうかを判断してくれる何ものもなく、人間の心が正常かどうかを忠告をしてくれる何ものもない。

その目がとらえた宇宙、その心が判断した自然が、本当に正しい実在と言えるかどうかである。ものとものが互いに保証し合って成立しているのが、人間の言う自然・宇宙であり、実在判断の信念の実体である。

人間の言う自然は、人知でつくった第二の自然で、その外側は主観という皮膜につつまれている。」

「それでも科学者は〝人間が見て判断するのであるから主観が加わらないとは言えない。しかし人間には思考力があり、主観を離れて客観的にものを見ることもできる。人間は帰納的実験と判断を繰り返しながら、万物を関連と相互作用のなかに捉えてきた。それが間違いでなかったことは、空に飛行機が飛び、地に自動車が走る現代文明の現実の姿が立証しているのでないか〟と唯物弁証法的に解釈するだろう。」

井の中の蛙

「井の中の蛙が知った自然は、どこまでも蛙の世界で通用する自然でしかない。井の中の蛙が、知恵を得て車をのりまわし、飛行機を飛ばしはじめたら、蛙は得意になるだろうが、蛙は自らを笑うことはない。井の中の蛙を笑いうるのは、井の外に立つものである。

地球上の人間が、車を二百キロのスピードで飛ばすのを、天文学者は笑うことができる。だが、この天文学者も、井戸の中から天体を観察している蛙と同じ立場に立つ。」

「たとえ人間が、井の中の蛙と同じ愚を犯していたとしても、人間は人間の知る自然のなかに住む以外に別の世界はない。

ロケットで宇宙を飛び回ることが、見方によればどんなに愚劣なことであったにしても、人間はそれを熱望してきた。また現状に満足しているのである。それでよいのでなかろうか。」

「それは人間が、人間の知った知恵が、間違いの知恵であることに気づいていないから、安心しておれるのである。科学的真理は、科学的に正しいということは知っていても、〝科学的真理が、絶対真理の目から見れば、逆に誤まった真理になる〟ということを知ることができないからである。人間は井戸の中の蛙と同じであることを本当には知ることができない。

蛙の知恵が発達して、井戸の中に油をまいて、火を焚きはじめても、蛙はその身が焼けるまで、暖かい火を得たと得意になっていられるだろうか。蛙は蛙の立場を知りえないし、人間は人間の立場を知りえないにすぎない。」

「人間の知恵は、老人の言うように、蛙の知恵にすぎない。……人知がもしせまい無意味な知恵であれば、人間の生産物も、行為も空しいものになりかねない。

蛙の知った遠いが遠いでなく、迷いが、迷いでなかったとき、蛙の飛行機は漫画の価値しかない。蛙が焼身自殺することはないが、人間は知らないで焼身自殺の道を歩いている。」

……人の〝知〟が本当の智慧になりえず、人間の確信が錯覚になるとしたら……。

もう一度老人に念をおした。

真偽

「自然を正しく知りえたがゆえに、人間は作物を育てることができ、空に飛行機を、地に車を走らせているわけである。このことが人知や行為の正当性を保証していると言えるはずであるが……」

「それは自然の実体、実相を正しく把握しているということを保証しているのではない。作物が育ち、飛行機が確実に飛んでも、それはどこまでも科学的に自然を把握し、科学的真理を実証したにすぎない。絶対真理の保証ではなかった。

科学的に見た自然は、哲学的宗教的立場から見た自然とは当然異なっている。哲学的真理から見れば、科学的真理はどう評価されるかが問題である。

錯誤の価値は錯誤の価値しかない。偽物の価値はどこまでも偽物としての価値しかない。

地上に自然に生きている植物の代わりに、人間は食糧として作物を育てた。岩石から宝石を造る知恵ももった。空を飛ぶ鳥に代わって自らが空を飛び、海中に潜るようにもなった。だがそれはどんな意味をもっているだろうか。人間は深く自分を見つめたことがあるだろうか。

人間は何を為しえたと言えるだろうか。人間が捉えた自然を再現したり、加工することに成功した。しかしそれは人間が自然のまねをしたにすぎない。偽物を造ったにすぎない。人間はどこまでも虚偽、虚相に満足してゆくことができるだろうか。

もう人間は自然の本流に乗って、正しい方向に舟を繰っているのではない。独自の流れを造って、邪悪の迷路に舟を進めているのである。

人間はどこまでも自然の実相を知り、安住の地を求めようとして、家を飛び出したため、かえって安住の地を見失い、偽物の住家を造って虚偽の生活に埋没してゆくのである……何も気づかないまま。」

「たとえ科学的真理が絶対真理ではない、人間の知った自然は、人間のみに通用する自然で本当の自然ではない、とわかってみても、絶対の真理が人間の目に見えない限り、科学的真理の価値をけなすわけにはゆかない。

人間に通用する自然以外の自然が、人間の目に映らないかぎり、人間は眼前の自然を真の自然と信じて、その中に住む以外に道がないではないか……それが悲しい現実であるにしても……」

「偽物とわかっていても、その偽物で満足できればそれでもよいではないかと言う、一本の草花のかわりに紙で造花を造っても、それが立派に見えたらそれでよいではないか、ウグイスの声でなくとも、擬音のウグイスの声がうまくできておれば、同じ価値があると言うわけである。

ところが問題はかんたんでない。草花に全く似ている造花は、本物よりも高く売れること、野外でウグイスの声を聞こうとせず、室内の擬音ばかりで満足できる人間を造るということは重大なことなのである。

それは、真偽、正邪の区別がつかなくなっているわけである。本当の美は何か、本当の音楽は……すべてが混乱しているのである。」

「が、一般には、真偽が混乱しているとは思われないで、ただどちらに真偽、正邪があるかがわからないだけだと思っているのではなかろうか。」

「その通りで、偽は真がわからねば、偽とは思われない。科学的真理は絶対真理にはなりえないと理論的にはわかっても、絶対真理がどんなものかわからない者には、科学的真理しかわからない。したがって彼らには科学的真理が絶対真理と思えるのである。

目の前の自然が偽物だといっても、本当の自然がわかっていなかったら、目の前の自然を本当の自然と認めざるをえない。真偽をわける基準がない。美醜、善悪をわける秤りがないから、すべてが混乱してゆくわけである。

かんたんにとれる草花より、手間のかかる造花の方が高いことも当然となり、窓をとじて風景画を壁にかけ、録音された鳥の声を聞いて心をなぐさめる生活に満足できる人間になるわけである。

「造花と言えば草や花の造花のみではない、人間の造ったあらゆるものが造花と言えないこともない。

地上の草、木の代わりに造った作物、動物のねぐらの代わりに造った住居、牛や馬の背中で運ばれるのに満足できなくて造った自動車や汽車、飛ぶ鳥をまねた飛行機、すべての文明の利器、文化の花は、いわば自然の模倣物と言えないこともない……。

そうだ。地上の人間が造り出したものは、みな自然を材料にして、人間が自然から学んだ知恵で造りだした模造品、加工品にすぎない。

巨大なジェット機も自然の中の蜜蜂や鳥の飛行現象を応用したにすぎない。原子力の開発も自然の中の小さな一原子に秘められた力の偉大さにやっと気づいたにすぎない。人間が造った巨大な文明の花も、いわば宇宙の片すみでおこったアブクにすぎないとも言える。……だがたとえその住家が巨視的立場から見れば玩具のような虚偽の家であり、偽瞞にみちた虚栄の文明にすぎないとしても、もしその内に住む人間が幸せを感じ、その文明に誇りをもっているのであれば問題はないのではなかろうか……」

「たとえそれが、地下であろうと、空中であろうと、あるいは海底であろうと、部屋が暖かく、食物が豊かであればよいというわけであるが、はたしてそれでよいだろうか。

モグラは一生地下ばかりでくらしても、暗い生活とは思わず不平もない。地上の太陽を知らない海底の貝は、それが深海の底で、地獄のようなところだとは気づかない。彼らはどこでも満足できる。

ところが人間はそうはゆかない。やっかいな知恵をもつ人間は、どこにいても満足できない動物である。人間は神にもなれぬが悪魔にもなりきれないやっかいな動物である。かれらは想像を働かすことができる。疑うことができる動物である。見えない、うかがうことを許されない不可知界も、うかがわざるをえない矛盾の動物である。」

「人間は街にいては山を想い、山に行けば街をしたう……一所に不住というわけで……」

「他の動物は山にいては山に住み、海にあれば海に住む。疑うことを知らない彼らには、真偽もなく、迷いもない。」

「人間は真偽に迷う世界に住むとしても、苦悩があれば歓びもある。喜悲こもごもの中に苦闘してゆくのが人間の姿であり宿命ではなかろうか。」

「人間はその宿命を甘受するというが、地上に住みうる人間が地下に潜る。高地に悠々と生活しえた人間が海底で一生を過ごすとしても、なお自己の意志による選択であれば差しつかえないであろうか。

モグラやコウモリのような生活を人間がしはじめるのも結構だが、一番恐れるのは全人間がすでに知恵という洞窟の内に住んでいることに気づかないで、さらに奥深く、地獄の洞窟の拡張に全力をあげている事実である。」

洞窟の知恵

「洞窟の知恵というのは、知恵の世界が、一つの洞窟をなしているということで……」

「人間の住む世界は、人間の主観のおよぶ世界である。人間の知恵で認識できる世界内で生活しているわけである。人間の認識した宇宙、大自然の中での動物という立場から一歩も出ることができない。

人間が認めている自然の外側には何もないのではなくて、人間の主観という衣物で外側を包んだ自然が人間の住家である。人間の知っている自然が自然であり、宇宙が宇宙であり、人知の及ぶ世界が人間の住家であるということは、人知が人間の住家であり、人知の屋根の下から人間ははい出すことはできない。人知という因果の中につながれて住むのが人間であるということである。」

「人知という洞窟に人間が住んでいるとすれば、その中の人間の知恵や活動というものの価値は、自ずから限定せられるというわけでしょう。」

「洞窟の中では、たよりになるのは人知という灯火のみである。この灯火がすべてを照らす灯台とも言える。すべてのものの価値を計る計量器にもなる。この灯火の下で赤く見えれば赤、赤を美しいとすれば赤は美となるが、もし黒を醜とすれば黒は醜となる。人知の決め方次第でどうにでもなるわけである。

すべてを決定する権利は、人間の人知がもち、人間同士の話し合いで決定され、またその動揺にしたがってゆれ動く。どんな真理も、人間同士の主観の保証しあうことによって支えられているだけであるから、時と場合で変転してゆくのは当然であろう。」

「洞窟の中の灯火が真理の灯であれば、事物の価値が変わってゆくとも思えないが……石はいつまでも堅く、緑はいつまでも緑に見えるはずであるが……」

「洞窟の中の灯は科学的真理の火である。不変ではありえない。ローソクの火を電灯にかえ、ネオンの光にかえたとき、照らしだされた木の葉は同じ色には見えない。石の堅さもふりあげたハンマーの大きさによって変化する。」

「人知は永遠の光にはなりえないのだろうか。」

「人知は分別知であった。分別知は相対知である。当然相対的に保証しあって確認され

る真理にしかなりえない。絶対的に不変、不動となる真理とはなりえないのが人知の宿命である。」

「人間の知恵が永遠の真理でなくても、知恵を拡大し、洞窟を掘り広げてゆけば人間の住む世界は大きくなり、少なくとも物は多く豊かになり、楽な生活ができるようになると思われるが……」

「人間はそう思って、汗水たらして、知恵を深め、洞窟を掘り広げてきたわけである。だが洞窟が広くなるにしたがって未知の暗黒の世界も大きくなり、灯火も大きな光が必要になってくる。灯火を大きくして、部屋が明るくなった。この世のすみずみのものが判明したと思ったときは、さらに大きな未知の問題が出てきてその解決に進まねばならぬようになる。


一を知れば二の未知を生じ、二つを解決すれば四つの問題が生まれる。穴が広く深くなるにしたがって、疑惑と昏迷はますます拡大し迷宮入りするばかりである。」

「たとえ、洞窟の生活が苦闘のように見えても、人間はその宿命を甘受し、地獄の中に愛をもって助け合い、あるいは宝石を掘りあてて喜びを分かつことができるのではなかろうか。」

「地中のモグラも同じことを言うだろう。たとえ地下の生活でも、愛もあり喜びもある。しかも自然の本物の愛と歓びが。人間様のは人間の頭で考えだしたにせの愛であり、喜びでしかない……と。」

「下等動物の愛や歓びより、人間の愛や喜びが小さい、俗物であるという証拠は……」

「証拠は何もないと言えばないが、モグラは満足して地上には出ない。モグラは座して歓びを知り、人は働いて喜びを買うのがその証拠になる。人間は喜びが少ない、満足ができないから穴を広げ、物をさがし求め歩きまわると言えないかな。働かねばならないだけ貧乏なのだ。

愛や歓びの大小は真偽によって決定する。真なれば善・善にして美、真の大愛はまた真の善にもつらなる。その真偽を別つ基準はただ一つ、自然であるか自然でないかによって決定する。ところが人間知は自然の真偽を見破る眼力がない。しかし人間が洞窟の住人であることを知れば自ずから明白になることである。

モグラは地中にいてなお歓びに満足を知り、人は働いてなお憂いに沈むものである。

「彼ら動物には喜びもなく、悲しみもなく、未来もないが、人間には喜悲、哀歓のドラマがあって未来に夢をつなぐと言えないこともないが。」

「知らぬが仏、何ごとも知らぬ存ぜぬという石地蔵すら、大慈大悲を知るものと言える。まして生命の躍動する地中のモグラブルドーザー、花開くエンドウとともに春を知り、心は空飛ぶヒバリよりも軽いと言わざるをえない。

人間は、なるほど閉ざされた部屋で喜悲、愛憎のうずまくドラマを書き、酒を飲んで歌い、地には戦車、空には戦闘機を飛ばして、夢はまことに果てしがないようだが、そこには蟻ほどの秩序もなく、蜜蜂ほどの豊かさもない。人間社会に今充ち溢れているものは、愛憎、羨視、羨望、怒号、殺戮《さつりく》のみで、人は一刻の平和、一隅の閑居を求めてさまようのが実情と言える。

洞窟の夢さめず、墓穴の開発に死闘する人間の行手において、最後ののぞみは他でもない、エンドウの花咲く畑で結ぶモグラの夢でしかないのである。」

「人は地上の楽園に住んでも、その楽園に気づかないから地獄、モグラは地中に住んでも、暗黒を知らぬがゆえに天国ということか。

どぶ板の裏町に愛の人生があって、宮殿のじゅうたんが針のムシロとなることもあるということか。」

五　人知無用――知るは憂いの始め

知ることは無用だ

老人は人間の「知る」を否定し、知恵を憎み、知ることの無用を叫ぶ。

「人は暖寒を知って暖寒に苦しみ、美味を知って食の不味を歎き、富貴を知って貴賤に苦しみ、美醜を知って美醜に悩む。知るは憂いの始めとは、いみじくも貴い言葉であろう。」

「人、暖寒を知って暖衣を着るがゆえに凍えず、美味、不味を別つがゆえに食はますます豊かとなり、富貴を知るがゆえに人はますます富貴となり、美醜を知るがゆえに、人はますます美しくなるとも考えられるが……」

「暖衣が真に暖かくて人が凍えず、美味が真に美味で食が豊かに、富貴が真に富貴で貴く、美が真に美で善であればともかく、暖衣も真に暖とはならず、美味も真に美味とならず、富貴も富貴とならず、美もまた真に美とならないで、ただ人を損うに過ぎないがゆえに、暖寒、美醜、貴賤をわけて知る必要がないというまでじゃ。

南国の人、熱砂の地に住いしても、寒地を知らなければその身の熱さを知らず、北国の人、寒風にその身をさらしても、暖地を知らねば寒いと思わない。南国の人が北国に行って、初めて寒さを知り、北の人が南国に行って、初めて暖かさの何であるかを知る。南国の人が心に北国をしのぶと、その身は苦熱をおぼえるようになり、北国の人も南国を思えばその身が寒冷に悩むようになる。

それゆえに南国の人に寒さを知らしめ、北の人に暖かさを知らしめる必要はないというわけじゃ。

水中の魚は冷水の冷たいことを知らないのに、これを暖かい水の中に放って暖かさを知らしめるということは、魚にとっては、無益で有害なことである。

田舎にいるものは、粗食をしてもその食の不味いことを知らないが、一度都市に行って美味しい味を知ると、初めてその食が不味くなる。食物が粗末でも生命を養うのに充分であれば、あえて美味、美食を知らしめる必要はない。食の美味を知ると、人はさらにその美味を要求する。甘味を求め、美味を求めて人はますます苦しむようになる。

人は田舎にあって、貧乏でも隣近所ひとしく貧乏であれば貧乏も苦にならないが、隣の家に広壮な邸宅が建ってのち、その身の貧乏を歎くようになる。人がさらに競って広壮な邸宅を建てるようになると、高楼も高楼とはならず、高貴もまたすでに高貴とならない。さらに競い、ますます苦しむようにならないわけにゆかない。

美醜もまた同じである。ぼろ衣物必ずしも醜くなくても、一人美服をまとえば百人の衣服は醜くなり、一人その美を誇るときは、百人その醜さを歎くようになる。これみな寒暖、美醜、美味、不味を弁別して知ることに始まる。

赤子がまだ食の、美味、不味を知らず、衣服の暖寒、美醜も知らないとき、これをもって、赤子は不幸であるかのように思う。

人が成長して暖寒、美醜、貴賤を識別するようになり、身体には常に暖衣、美服をまとい、美食をとり、広壮な邸宅を建て深窓に住い、顔にひねもす化粧するとき、彼は赤子に比べ幸福であると断定しえられようか。暖衣をまとうようになって、刻々の暖寒に兢々とし、美食を欲するようになって、常に食の不味さをそしり怒る。高楼に住んで、不遜傲慢の念を生じ、他人の憎悪の恨みを受けては、心は常に安らかでない。顔に白粉を塗って、顔色がますますさえないのに焦燥・苦悩するようになるのはあたりまえである。

赤子は無知、無分別でもなお寒風に競い遊び、不味を食べてなお腹は満たされ、貴賤・富貴を知らなければ心は安らかで、顔に化粧はしなくてもなお紅麗をたもつ。

成人は知恵があって分別して、暖寒、美醜、貴賤に悩む、知らないほうがよいのだ。無知、不識にまさるものはない。常人は、賢明で知れば明らかとなり、愚かで知らなければ不明で迷い不幸となると考えるが、知は不知であって迷となり、不知は無迷であって明らかとなる。迷わないものは幸なり、知らぬが仏とはこのことじゃ。」

老人はどこまでも知るは憂いなりと言う。知ることは人間にとってどこまでも不幸の種なのか……。

医学も無用

たとえば医学の知識すら人間には無用なのであろうか。医学が長年月にわたって、色々の事柄を明らかにしてきた事実をふり返ってみるとき、そのつど、色々な疑惑と迷いが解消せられ、人々の病に対する苦悩は次第に軽減せられて来たはずである。

だがこの事実すら、老人の言葉にしたがえば否定せられてゆく。

「たとえばある時代に、一人の医者が肺結核菌を発見した。世人はその功績によって、人間の大きな不幸が解消せられる時機が来たと信じて拍手したが……。

一人の人間が肺病にかかったとき、あの家は家相が悪いためだと単純に批判せられた昔と、お前は肺病菌の侵入によって病気になったのだと医者から宣告せられる時代と、いずれの人間がより多く苦悩を所有していたであろうか。たんに家相が悪いことを気にする男と、結核菌の侵入を憂える者と、いずれがより多くの苦痛を味わわねばならないであろうか。

ただ単に肺病菌が発見せられても、それのみで苦悩の軽減に役立つものではない。それのみか、彼はさらに多くの事を考えねばならなくなる。肺病は結核菌の侵入によることが宣告されたときから、人々はさらに幾つもの疑問を抱き、その疑問の解決を焦燥しながら待たねばならなくなる。結核菌はどんな場合に、どんなにして侵入し、なぜ体内で組織を破壊するのか。すでに侵入した病原菌を減殺する方法があるのか。はたしてその菌の絶滅を期待することができるのかなどと……。

この時代の人々は病原菌を知ったということが、人間の憂いを増大こそすれなんら軽減するものでないことを知りながらも、ただ次の時代を期待することによって、その憂いをなぐさめようとする。

第二の時代には、結核菌はどんな状態で人の肺の中に住み、咳と共に空中に飛び出し、他人の口中から侵入するなどとの伝染経路が発見せられる。そして人々には風邪の流行期にはマスクを口にするように、などと注意が出される。また手足を消毒剤で消毒すれば、結核菌は減殺せられて、衛生的であるなどと。人々は彼らの言葉の真実性を疑わず、競って彼らの注意を忠実に守り、そして思う、肺病撲滅への道が開かれた、おそるべき肺病からの苦痛をまぬがれる時期も間もないであろうと。

しかし、かような方法で何ほどの人々が、肺病の苦悩から免れえたであろうか。

次の時代には、結核菌が存在しても誰でも罹病するわけではないなどとも言いはじめられる。罹病するものは栄養状態が悪いものであるとか、カルシウムの不足者であるとか、あるいはビタミンAの不足者である、否、ビタミンBが関与するのであろうとか、またそれはCである。さらにDがEが、本病に関係があるなどと諸説が続出する。また、清澄な空気を呼吸することが大切である。特にオゾンの多い空気を呼吸することが、あるいは紫外線の多いことが必要であるなどとも言いはじめられる。

同時に各種のビタミン剤、カルシウム剤などが薬店に氾濫する。医者も患者もその選択に頭を悩まし、ある者は高原の療養所に、ある者は臨海の静養所に、清澄な空気を求めて押し掛け、一日も早く病気の苦痛から免れようと計る。

さらに現在、研究は進展してレントゲン療法とか、気胸療法とかの色々な物理療法を始め、ズルホンアミド剤とかペニシリン剤とかストレプトマイシンとかの新化学薬剤も続々発見せられて、肺病撲滅の方法は完璧の域に達したかの状態である。

しかし人間がもっとも注意を要する問題は、どんなに膨大な研究が達成せられ、多種多様の治療法が発見されたかが直接人間の誇りとなるのではなくて、人間は非常に多くの事柄を知りえたが、それが人間の真の幸、不幸とどんな関係があったかという事が問題になるのである。

要はただ過去の人々と現代の人々、さらに進んだ事柄を知るであろう将来の人々の中で、いずれの時代の人間が、病気に対してより頭を悩まさねばならぬか、すなわち苦悩の量の比較によって、いずれが真に賢明で、真に幸福であるかが決定される。人々は考え違いをしてはならない。治療の遅速より苦悩の多少が問題なのである。

第二は新しい研究が進むにつれて、きわめて簡単に容易な方法で、一瞬の間に治療ができ、あるいは病原菌を撲滅する方法が発見せられるであろうと信じている点である。

優れた強力な化学薬品が、きわめて簡単な服用によって効果を顕すからとて、その化学薬品はきわめて簡単にできる、また人の手に入るものと考えてはならない。

一服の化学薬品を飲むのは草の根を掘って嚙むことより簡単ではないのである。ボタン一つ押すことによってある種の光線を放射して治療することができたとしても、これは人間が岩の上で裸で臥て、太陽の光線を受けるということより簡単なことだとは言いえない。

進んだ化学、複雑な研究の結果得た方法というものは、より複雑な方法であるということは重大なことである。科学が進歩することによって人間の手数がはぶける、簡単に処理することができる時代が来る。人間は楽になると考えるのは錯覚にすぎない。治療法は進歩すればするほどその方法は複雑になり、その装置は膨大なものとなり、そして人間の負担は軽減されるどころかますます加重せられ、苦悩はますます深刻化するということである。

一本の刀を振り回して行なう戦争より、一発の原子爆弾で解決される将来の戦争がより簡単だとは言いえないのと同様である。原子力を利用すれば肺病菌の撲滅もきわめて容易になるであろう。しかし原子力を利用した治療法がきわめて簡単だと考えるわけにはいかない。別の苦悩が増大する。

また、一つの方法が新しく発見されたとき、その日から幾万人の人々がその恩恵を受けられると考えてはならないことである。いつの時代でもかならず大多数の者はその優れた方法を聞くのみで、恩恵を早速には受けることができないという惨めさに苦しまねばならないのである。

第三の問題は、日々新しい研究が達成せられ、治療法が更新されるということは、言い換えれば、どんな方法も常に不完全か間違いであるということである。今日の優れた方法も、明日の時代から見れば愚劣な方法でしかない。このことを知る患者は常にそのときの治療法に満足することができず、また将来の方法を期待し、熱望して焦燥する。また各種の方法が続出し、優劣が論ぜられるにしたがって、ああでもない、こうでもないと常に不安、動揺して迷うものである。

またさらに膨大な設備、最新の治療と名医にとりまかれて治療を受けうる境遇のものが、また自己の肉体の状況を知りうるものが、かならずしも安心立命を得るというわけではない。日々刻々の脈搏、体温、呼吸、血清沈降速度などが記録せられ、日々黴菌が侵入してゆく状況がレントゲン写真によって写され、常に眼前に明示されてゆく光景を見ている人に、真の安心はありえないであろう。知ることによってかえって、疑惑、不信、動揺の輪は広がってゆく。」

老人はつぎのように結んだ。

「ただ死期の至るまで自分が病気であったことを知らなかった原人の世界。ただ家相が悪いとか、運勢が悪いために病気になったと信じていた昔の人たち。高貴薬、朝鮮人参さえあれば救われると考えていた時代の人々。

文明の設備、最新の療法にとりまかれて療養に専念する今の人々。

はたしていずれが最も幸福な人々であろうか。

肺病がどんなものかも知らないで、山の中に住む無知な人々、肺病がどんなものかあらゆる知識を所有した都会の人々と、いずれがより肺病について苦しんできたであろうか。

知らない者は哀れなりとは傍観者の言葉である。知らない者に憂いはない、知る者のみに憂いはある、迷いが生ずる。知らぬが仏とは、豪快な真の勇者のみが吐く言葉なのだ。知らぬとは不明でなく無であり明白なのだ。」

未開と文明

私は未開の国と文明を誇る国との人間を、また手近な山間の一農村と都会の人とを比較して考えてみた。

農民は毎日太陽の下で田畑を耕して働き、夜は帰ってその小屋に寝る。これが生活のすべてである。彼らはただ太陽の光と、谷間の清水と、黒い土、緑の草木を共有するのみで充分満足して暮らす。もちろん彼らの間でも毎年幾人かの老人が死んでゆくが、それ以上の子供が生まれてくる。しかも、何事も神様のおぼしめしだと考えている彼らの間では生も死も当然のこととして何の疑惑もなく、また何の苦悩も知らないで過ぎてゆく。このような一見単調、素朴な農村を見るとき、都会の人々は愚鈍だと嘲笑する、悲惨な生命だと同情する。

しかし農民を嘲笑する都市人が真に聡明で何の苦悩もない生命を享受しているであろうか。

太陽の代わりに昼夜晃々と輝く灯火をもつほうが、谷間の清水よりも鉄管を通して流れる水道が、黒い土よりも堅いコンクリートが、草木の緑より各種の人工色、ネオン、書画、広告のあくどい色彩が、より衛生的で文化的で人間を楽しませてくれる。森の小鳥や、獣などと遊ぶということなどは退屈なことであり、各種の娯楽機関の充満する都会の方がより叡智に満ちた世界であり、人間の高い安楽の生活が繰りひろげられるものと人々は信じている。

近代設備を誇る病院のベッドは岩の上、草のしとねなどとは比べものにならない安息の場所と信じて疑わない。一見華麗な都会文明、それは聡明な理智の所産であり、そこには明朗で溌剌とした生命が繰りひろげられているものと信じている。

しかし、あらゆる汚濁を絹のヴェールでつつんだのが都会の本姿である。明るく見えるその裏面には、醜い人間の精神的、物質的病患が包蔵されているのだ。一匹の黴菌も病原菌も棲息しえないように清潔にされた都会ほど、かえって人知を絶した強力な黴菌が人間崩壊を目ざしてその周囲をとりまいているものなのだ。

彼らはその知恵を過信し、正確で間違いのない世界に安住しえているつもりであるが、彼らの知恵は暗夜にまたたく小さな灯火にしかすぎない。彼らはその足下すら照らしてはいないのだ。だが彼らはその灯火を過信して妄動し我がもの顔に行動する。

しかし暗夜に小さい灯火をかかげて独走する人間は、ただ疑惑の世界を拡大し不安と憂い、焦燥の雲を増大するに終わる。

聡明で何の不安も、妄動もないと信ずる都市こそ疑惑、不信、妄迷の憂いがある。都市人が聡明な知恵の所有者と誇り、田舎の愚鈍と素朴の中に迷妄があると信ずることこそ、哀れな独善の喜劇にしかすぎぬ。病人が多く、子供が少ないのが都会である。愚鈍な鳥獣の世界に医学なく、医者がいないからとて彼らの無知を哀れみ、彼らには常に不安と焦燥がつきまとっていると考えることはできない。

人間の不安と焦燥は自らの知恵に出発する。知を深めていくということは、人間を憂いの深淵にひきずり込んで行く以外のなにものでもない。それのみでない。人間はその知恵によって何ものも得られず、ただ莫大な仕事の量を背負わねばならなくなっている。

日夜、薄暗い研究室に閉じこもって一生を顕微鏡と暮らす科学者、日中、夜中をとわず患者の家を回って苦心する医者、ただ利益の多いのを望んで汲々とする売薬者、白衣をまとって青春の去りゆくのを知らない看護婦、病院の門前にただ下足の番をして死期をまつ老人。医者の来るのが遅いと怒る権勢家、薬物の効果に一喜一憂する神経質者、治療のはかばかしくないのを歎き愚痴してヤケになる患者……人間の世界にのみ見られるこの狂燥、種々相は、すべてみな知るに出発する人間の知恵によってひき起こされた悲劇なのである。

今こそ科学否定の科学に立脚した医学無用の医学の確立を目ざし、人知無用を叫ぶ真に健全な自、然医学の誕生が切望される時代である。農学無用の「自然農法」が可能であることから見れば、当然それは可能であろう。問題はただ医学や農学の世界のみでなくて、諸科学全体においても、必要なことであり、またあらゆる部門においても無用論は適用されねばならないことである。

人間は価値ある何ものも所有していなかった。このことについてはあらゆる点で立証されてゆくであろう。ここではただ一例をあげたにすぎない。

第三章　無為（行為）——人は何をなしえたのでもない

一 乗物と時空――遠近、遅速

私の幼いとき、村にも初めて自転車というものが入ってきた。それは村人にとっては大きな事件であった。

ピカピカ光る銀色の車体、軟かいゴムの輪。走るにしたがって車輪はキラキラと反射し、乗っているものはいかにも得意気であった。人々は足をとめて道をゆずり、驚嘆の眼をもって彼を見送った。それから間もなく村と街とを結ぶ街道に、勇ましく吹き鳴らされるラッパの音とともに乗合馬車が出現した。村の話題は乗合馬車の中からふりまかれていった。

だがまもなく、自動車が村の街道を走るときが来た。子供はこの巨大な怪物の疾走には驚異の歓声をあげてその跡を追い、老人は恐怖を感じて道を避けた。村の青年たちは世の中の急速な変わりを身近かに感じて、身震いするような興奮を味わっていた。村の娘たちは自動車の運転手に讃歎と憧憬の瞳を向けるようになった。その意気な伊達姿、理知にひらめく顔かたち、すばらしい文明の象徴として彼女たちは、村の若者たちの泥くさい体、のろのろとした仕事に憎悪と嫌悪を感じるようになった。

利口な若者ほど敏感に彼女たちの瞳の色を読んだ。若者たちは野良から出てヒソヒソと語りあうことが多くなった。やがて一人去り、二人去り、徐々にそして急速に、若者たちは村を捨て都会へ、街へと抜けていった。

愚かな者のみが、村にとり残されていった。かつては重い材木を積んでガタガタと行く荷車のそばを、高い鞭音を残して走り去っていた乗合馬車も、モダンな乗合自動車が疾走しはじめたときから急速に落ちぶれていった。

かつては勇ましく吹き鳴らされたラッパの音も、今はただうら悲しく響き、ガタガタと揺れながら走るその車は、ただ旧時代の滑稽な遺物として愚鈍な青年たちまで嘲笑した。乗り手のない車に、水洟をすすりながらヤケに鞭を振る老いた馭者に、時々憐愍の情をもつ者はあっても、一人行き二人遠ざかり、やがて彼は村の人々から置き忘れられてしまった。

「これが時代である」と、時々老人たちのみが嘆息した。

古いものは取り残され、新しいものがこれに代わっていった。自転車、自動車、汽車、汽船、飛行機へと、地上の交通機関はここ二、三十年の間にめまぐるしく発達し、まことに驚異的な発達をとげた。人々のかすかな疑惑や反抗は、この急激な変動の流れに対しては全くはかない泡沫《あわ》でしかなかった。

交通機関すなわち、文明とさえ言われ、やがて交通機関が人間社会の機構になくてはならぬ一大動脈となったとき、ごう音を発して疾走するかれらの前には、個々の人間のひ弱い感情などは全く降伏してしまった。人々はもはや、何事も信じて疑わない。この巨大な文明は傲然として人間の感情に威圧を加え、なんらの批判も許さない。ところでこの巨大な交通機関に対して、老人は奇妙な言葉を吐くのである。

遅速

「なるほど、自動車、汽車、汽船、飛行機を人間は造った……が人間はその結果何を得たというのであろうか。」

「もちろん速くなった。人間は乗物を得て楽になった。便利になった。」

「楽になった?……便利と言うが、確かに速いか。」

「自動車や汽車が速くないとは言えないでしょう。」

「一定の距離を行く場合に歩いて行くよりは確かに速い……」

「自転車は人間より速い。しかし自動車より遅い。自動車は汽船より速いが、汽車より遅い。汽車も飛行機より遅い。速いと遅いとは……」

「もちろん、相対的なもので、時間と空間の上に成立する。自分たちが若いとき、人間の足は遅い、のろいなどとは誰も考えなかった。三里、四里の所へは夜なべ仕事にでもちょっと行ってきた。人間の足が遅い弱いなどとは病人の言葉で、強くて速いことを誇っていた。犬や馬よりは足は達者だ。世の中にはまだ遅いものがいる。亀や、カタツムリだとか、モグラモチだとか……」

「もう結構です。なるほど、昔の人は人間が遅いとは思わず苦痛も感じてはいなかった。」

「人間ばかりのときは、遅い速いは考えなかった。比較するものがなければ……とすると、速い遅いは何時からできた……」

「?……」

「自動車は……」

「人間より速い。」

「速いものが出来たか。」

「もちろん。」

「自転車が出来たとき、人間は遅くなり、自動車が出来たとき、自転車は遅くなり、飛行機が出来たときは、自動車も遅くなった。現在では飛行機さえも……もっと速いものの出現を期待している時代となった。」

「速い自動車を造ったと人間が言うとき、人間は人間を遅いものにした。速いが出来たとき、遅いが出来た。人間がより速いものを知ったとき、人間はより遅いものを知らねばならぬ。人間は反面ばかりしか見ていない。人間が速い自動車を造って速いと喜んでいるとき、その裏面で人間の足は遅いものとなり、その遅さを嘆かねばならなくなっていることに気づかねばならぬ。人間が速いものを獲得したとき、また同時に遅いものを獲得せねばならぬということは、きわめて重大なことではないか。

人間は速いものを造ることによって、遅いものも造っていることを忘れてはならない。速いのを喜びとすれば、遅いものは悲しみとなる。遅いものを悲しむ心がなければ、速いものが喜びとはなりえない……人間が喜びを得たと思うとき、非常な悲しみの種をまいたときでもある。しかもそれは同時で同量である。」

「とすると、その結論は……」

「人間が得たものは……速い乗物、ただ単にそれだけであり、速い乗物はただ単に速くなり、それだけでそれ以上の何ものでもない。人間が速く、楽に、便利となったと考えるのは早計である。人間とは本来なんらの関係もない。がんらい遅速が自動車や汽車にあると考えるところに間違いがある。遅速は車馬にあって車馬にない。速いと思えば速く、遅いと思って乗れば遅い。悠々と乗れば渡舟も速く、心がせいて乗れば、汽車、汽船も遅い。

人間の遅速は車馬になく、人間の悲喜は車馬によって生ずるわけのものではない。車馬は人間の本質には、なんらの影響も与えず、遅速も時にしたがって転倒する。」

「遅速は相対的なものであって、人間の心でどうにでもなる。速いと思えば、亀の歩みも速く、遅いと思えば、飛行機も遅い、と言えばなるほどそうでもある。しかし、また交通機関の便利な点の、楽なということは、歩くより乗物に乗るほうが楽である。」

苦楽

「乗物に乗るほうが楽と言うが、苦楽が乗物によって真に生ずるか。

隣りの祖母さんは自動車に乗れば、胸苦しくて吐きそうだと言う。祖父さんは車はとにかく、汽車に乗ると目まいがすると言う。裏の娘さんは飛行機から降りたときは死人のように蒼白であったと言う……乗物は本当に楽なのかな。」

「しかしまた子供らは、遠足だ汽車に乗せてやると言えば歓声をあげて喜ぶ。ほこりっぽい長路を歩いていて乗合自動車に乗れば、乗った当座はやれやれ楽になったと言う。てくてく歩くより、ふかふかした坐席に埋もれていれば、自動車くらい楽なものはない……。」

「乗物は苦か楽か、どちらが本当だ。」

「時と場合によるかも知れない。歩きくたびれたときに乗物に乗れば楽である。慣れない乗物に乗れば苦しい。」

「誰もがそう思っている。しかし静かに考えるとき、高速度で走っている列車に肉体を乗せる、激しく動揺する飛行機に身体をしばって乗っている、その肉体ははたして楽か。」

「厳密に言えば、このような状態は肉体にとり楽な状態ではないかもしれない。彼らの運転手はもっとも慣れた乗り手だが、一日の勤務はそうとう激しい労働になっていることは事実である。

……しかし、やっぱり歩くよりは……」

「歩くということが、それほど人間にとって苦しいことか。くたびれると言うが、終日手足を動かして、なお疲れを知らぬ赤子、朝から夕方まで野良で働いても疲れを知らぬ百姓が、急用で街の医者まで行けば汗をかく。物見遊山と言えば、十里の道もほろよい機嫌で歩いてしまう。だいたい病で床に伏せておれば、寝ているのも苦しい。一日も早く歩きたいと言いながら、元気になって歩き出せば、一日でよいゆっくり寝て休みたいというのが人間だ。寝ているのが楽なのか、歩いているのが楽なのか、坐るのがよいか、立つのがよいか。時とか場合と言うけれど、何が楽で何が苦なのか少しもわからぬ人間だが、少なくとも、乗物に乗るより歩くほうが楽だというのが真実なのだ。

歩いて疲れるのは、歩くことより心労によって疲れるというのが本当だ。心がくたびれて、肉体が疲れる。真に何の目的も意識もなく、時間と場所を超越してふらふら歩くそのとき、歩いて疲れたということは、病人でないかぎりないはずじゃ。

いかにふかふかとした軟かい坐席でも、半日高速度の乗物に乗り続けておれば、半日ぶらぶら遊んで歩くより疲れるのが本当だ。

一日走り回る犬、終日羽を動かし続ける蝶や蜂は、疲れを知らぬ。人間という動物だけが、日中の運動で疲れるということはない道理であろう。

列車の中で貴婦人が、犬や猫を膝の上に乗せて愛撫しているのを見受けるが、はたして犬や猫は楽だと言うだろうか。列車から降りたとき、解放された喜びでやれやれと尻尾をふって喜ぶのが犬、猫である。

昔百姓が、馬が疲れたであろうといたわって、息子と二人で馬を逆さにつるしてかついで帰ったという笑話があるが、楽と思う心が、喜劇にすぎない。馬を荷車に乗せて引けば、馬は喜ぶであろうか。

人間のみが異例ではないはずだ。」

「列車や飛行機に乗っているそのことは楽ではないかも知れない。しかしそれにしても乗物に乗って面白かった、楽しかった、愉快だというときがある。そんな時には苦しさは感じない。」

「それは列車に乗っているから楽しいのではない。……生まれて初めて列車に乗った田舎者は、村に帰って土産話にしようなどと考えるから乗車が楽しくなるのであり、窓から首を出して移りゆく風景を楽しむゆえに、その身が車中にあるのも忘れて楽しくなるのである。

遠路の車中も恋人同士の旅行であれば楽しいと言うであろう。彼らの楽しみが列車そのものから発しているのでもなければ、楽だというのが、直接列車のおかげでもない。それが証拠に、同じ道を行ったり来たりする列車通学の学生は、列車に乗るのが楽しいなどとは言わなくなる。列車の乗務員は列車に乗れば楽だ、楽しいとは言わない。

「だが楽ではないにしても、彼らは列車に乗るのに慣れてくれれば、苦しみが次第に薄くなるということは……」

「慣れたがゆえに楽になるのではない。慣れるがゆえに乗るという意識が稀薄になり、乗る意識が稀薄になるにしたがって、車による身体の労苦に対して無感覚、無神経となったにすぎない。第一回の乗車も、第幾百回目の乗車も、車の動揺や風圧は同一であることに間違いはない。やっぱり労苦であり、回数の積み重ねによって楽にはならぬ。」

「しかし人々は言う。自転車の乗りはじめは、特に練習中は苦しいものだ。ようやく乗りはじめると、それほどでもなくなると言う。上手に乗り回すようになると何の苦労もないと言う。これはなぜか。」

「練習中の苦しみは、乗ろう乗ろうと考える。乗るという意識の強いほど乗っていても汗をかく。びくびくもので自転車にしがみついているときは、乗っているという意識のおかげで心から疲れてくる。

しかし上手になって、気軽く乗っているようなときには、乗ってはいる、また乗っていることを知ってはいても、乗って運転をせねばならぬという心、乗ろうという強い意識は全く稀薄になっている。彼の肉体は車上にあって、練習中と同様、同じ車上に肉体を動揺せしめながら、彼の心は全く乗ってはいない……に近い状態にある。

乗っている意識が極度に稀薄になり、さらに乗っている車を全く意識しない状態……ということはどういうことか、乗っている意識がきわめて稀薄で、乗っているのかいないのか、全く忘我の境にあるとき、人は車上にあるとも言いうるが、もはや彼の心は車上にはない。彼自身はもはや乗っていないと言ってさしつかえないであろう。彼は乗物に乗っていて、しかもなお彼らは乗物に乗っていない……彼はとうぜん疲れを覚えるべき心を失っている。彼は乗物に乗って、しかもその苦痛を知らない、彼は疲れを知らない。すなわち、疲れないと言うであろう。乗車に慣れている人間と同じように、寝眠中の人間と赤子は、船や汽車に酔うということがないと言われるのも、彼らには乗車していると言う意識がないからである。乗ろうとすれば苦しく、乗っていると思えば疲れ、何でもないと考えると何でもない。知らぬが仏とは子供のことだ。」

「とすると乗物の苦楽はその物理的な動揺が肉体に与える疲労の苦しみが、真実の事実として残り、それ以外の苦楽というものは、心の持ち方一つによって発生するにすぎないということになり、楽とか、楽しいというのは、乗車そのことから発生するものではない。すなわち乗車そのものは、楽でも楽しいのでもないという結論になる……。

だが、それにしても、現代のわれわれはやはり乗物に乗らざるを得ない。それが楽なものでも、楽しいものでもないにしても……一定の距離を一定の時間に行く、一定の所に一定の物を、ある時間に運ぶというようなときには車馬が必要になる。ただ人間の足、人間の力によるよりは能率的であり便利であるから。」

便利

「街に午《ひる》までに行ってこようとする時は車が楽である。木材を街まで運ぶには背中にかついで行くより、トラックのほうが能率的で得だと言う。そして自転車より自動車が、自動車より汽車が、汽車より飛行機が楽だと考え、荷車より荷馬車が、荷馬車より貨物自動車のほうが得だと考える。」

「時限的、局所的に見ると正にその通りとも言える。しかし苦とか楽とか、損とか得とかは、よほど慎重に考えねばならないものである。人力車に乗る者は楽であろう。しかし彼が楽な反面には車夫の苦がある。自分独りの足踏で行けるように思う自転車も、その車体を作る職工や、ゴム輪の原料を採取しにいった南方の土人の労苦も考えねば楽とは言えない。自動車、汽車しかりである。人々が便利だ、発達したと思う乗物ほど、その制作には莫大な費用と労働がかけられていることを忘れてはならない。そして巨大な機関には巨大な燃料が消費せられ、高速を誇る飛行機には、また莫大なガソリンの消費が続けられているのである。

背で運ぶより荷車が、荷車で運ぶより貨物自動車が能率的かも知れない。しかし、背で薪を運ぶ道は小路でよいが、貨物自動車ともなれば、幅の広い立派な道がいる。その道を切り開いたときの労力、つねに路を護って働く工夫、鉄を、ゴムを、ガソリン、石油をつねに生産し、補給している人たち、風雨を冒し、泥路に苦闘するトラックの運転手、煤煙の中に充血した眼で、鉄路の前方を凝視する列車の運転手の労苦などを計算に入れなければ、人間は損をしたのか得をしたのか、楽になったのか、苦しくなるのか決定できないはずである。

それのみではない。早い話が、ここに事業家がいて、世界一周鉄道の建設を計画したとする。このとき彼は、鉄道敷設に要する土地、権利の買収費、労働力として十億の民族を動員する必要性、また巨額な幾十億の資金、列車を走らすまでの莫大な資財、経費、維持費等々、彼は綿密な計算を行なうであろう。そして巨大な労力、長年月の時間、巨大な消耗等と、一度開設された後人類が受けるであろう素晴らしい恩恵、莫大な利益とを秤りにかけて間違いなく、この計画は人類の福利のために絶大な貢献をなすであろうと信じたときから、彼はこの計画に向かって驀進するようになる。

この計画の当不当を論ずるとき、人々は忘れてはならない、人類の損得は全労働を計算せねばと言ったが……さらに正確に言えば、人々は全労働力とともに、人々が得た苦楽、幸不幸の総量を計算せねばならないのである。ただ一人の事業家の経済的損得をもってこの事業が、人類に幸福をもたらすものであるに違いないと単純に考えるところに、人類の救い難い錯誤の第一歩が踏み出されるのである。この事業に投資価値がある、経営が成り立つといっても、この事業のために使役せられる人々の全労働力が、正確正当に評価されることはほとんど不可能の事であり、さらにこの事業が人類にとって幸福をもたらすものか否かは、人々はもちろん考慮しているつもりではいるが……全く批判されていないのである。」

「なぜ？」

私はこの事業のために将来の人々がどんなに重大な負担を、便利さという名のもとで背負わされるものであるかを説明しよう。

そのためには、その結果を批判するのが早道であろう。問題は〝世界一周の鉄道をもった人間の世界が、楽で楽しく幸福になれるか、鉄道を知らなかった世界の人々が、はたして苦しく不幸であったのか。いずれの世界の人が真に重大な負担を背負っているのか〟である。

鉄道をもった人々は速度を得た。距離が短縮せられて楽であり、便利である。仕事が能率化された、面白い等々……と言う。彼らの世界は、いかにも楽しく得をしているように思う。それは過去の人類と現代の人類との比較でもある。またそれは、遅速も意識せず、距離の観念もない鳥獣の世界と、人間の世界との比較でもある。

これらの文明機関を創り出した人類が幸福か、列車を運転することも、飛行機にのることも、知らない彼らの世界が幸福か、両者の比較をなしえて初めて人類は得をしたか、損をしたのかが判明する。

人生の目的を、何によって幸福が人々の心に発生するかを知りえない人々には、この比較は悲しいことに為しえない。人々は大きな忘れごとをしているのではないか。ちょうど人力車に乗る楽を知ってはいても、人力車を運転する人の苦は考えていなかったという風な……人類が便利な交通機関を得たと喜ぶ前に、人はこの便利なという交通機関を必要とするに至った人間の不幸について想起せねばならない。

なぜ便利ということが必要になったのか、なぜ楽とか能率的ということが人間にとって必要となったのか、便利なということは、すでに不便があるということを意味している。

楽だというのは、苦を味わって初めて言う言葉である。能率化を計らねばならないと言うようになったのは、人間に重い仕事が、課せられてきているということを意味する。能率化を計らねばならぬほど、なぜ人間の仕事が膨張せねばならなかったか、なぜ人間が苦を知らねばならなかったか、なぜ不便になったのかが、先ず問われねばならないことである。楽で、仕事がはかどる、便利なと考えるより、かくせねばならなくなった不幸な原因こそ重大ではないか。その原因を除去してこそ、真に人間は楽に、負担が軽減せられ、その仕事から解放せられるであろう。

ところが、その原因は何か、その出発点は何処にあるか、人々は何の考慮もはらってはいないのである。

人間が速い乗り物を欲するようになったのは、村の人たちが、自動車の疾走を見たときからである。時計というものを肌身につけて、時間を気にしだしたときからである。人間が、遅速の観念を知ったそのときからである。人間の歩みが遅いことが不幸なのではない。いわば、人間が速い乗物を見たことが、〝人間の歩みの遅いこと〟を知ったことが、人間を不幸にしたのである。

乗物は楽だと言う。乗物が楽なのではない。車に乗って高速度で走る人を見たとき、人は時計を見て焦燥を感じ、砂ぼこりの道を歩むことが、その喜びが苦痛となったのである。

多量の荷物を街に運ぶということは、自然が、人間に課したものではない。街に薪を運んで美しい衣物と交換したい、甘い菓子と代えてきたい……が重なって、自らの背に重荷となって現われてきたにすぎない。

遠距離に早く荷物を運ばねばならぬ。仕事の能率化をはかりたい。人間の仕事が増えた、膨張した、忙しい、は人間の欲望の拡大膨張に出発する。時間の短縮、距離の短縮の必要性は、人間が自ら好んでまねいたことである。どれほど交通機関によって時間の短縮、距離の短縮がはかられようが、人々の目的とする時間と距離の短縮は達成せられるものではない。今日は東、明日は西にと、交通機関を利用して、東奔西走する彼は、時間と距離の短縮を為しえているように思っている。ところが逆に昨日一日の速さを争った彼は、今日は一時間に焦燥し、さらに一秒を争わねばならなくなっており、昨日十里の所に使した彼は、今日はさらに百里、千里の道を遠しとせずして、行かねばならなくなっているのである。

一つの国が未だ小さな村々から成り立っていたときは、村の人々は村の中で生まれ、村で死んでいった。彼の生活はすべて村で行なわれ村の中ですまされた。歓楽を求めて人々が集合し、街をつくり、そして街から村へ広い道路が開通するとともに、街の話題はまたたくまに村から村へと滲透してゆき、村の人々もまた街へ街へと流れるように走ってゆく。村と街との交通が激しくなり、交通機関の発達拡大とともに、村の物資は街へ、街の物資はまた村へ、かくして村と街とは、もはや別個の生活を営むのではなく、村は街に、街は村にたより、彼らの生活は村から街へと拡大した生活へと移行せざるをえなくなる。

一つの街を知った人々は、さらに次の街へ、遠くの大都会へも足を向けるようになる。交通機関の発達によって、北の国へ行けることを知った人々は、また南の国に行くことに憧れるようにもなる。彼の旅が、最初はたんなる夢から出発したとしても、また唯一時の物好きから出発したとしても、彼の生活はやがて一つの街、一つの国、他の世界とも密接に結びついて、最初の遊山の旅は、必要な旅へ、仕事のための旅行へと進展してゆき、交通機関はもはや一時、一刻もゆるがせになしえない輸送機関へと変わってゆくのである。

最初、村から街へ列車の開通を祝賀した人々も、さらに遠い街や国を思うようになり、さらに美しい、珍しい物を得たい、さらに広い世界に遊びたいと願うようになれば、彼はさらに高速度の列車を、さらに遠距離に飛びうる飛行機を切望するようになり、最初の列車に対して不平、不満、愚痴を繰り返すようになるのである。

乗物によって人や荷物が速く運ばれたと喜ぶのは一時のことである。距離が短縮されたと思うのはわずかの歳月である。時間と距離が短縮せられ、人間がその時間と距離から解放せられたと信じるのは一時の錯覚でしかない。時間を知り、遅速の観念を得た人間は、一時の時間のために、一刻の遅速のために、焦燥し苦悩せねばならなくなり、距離が短縮せられ、広範囲の世界に活躍しうることを喜んだ人間は、過大な仕事と多忙な労役に苦しまねばならなくなるのである。

交通機関の発達よりも、人間の欲望の進展発達はさらに速い。欲望のために交通機関が発達し、交通機関のために人間の欲望が刺激せられ、循環拡大して停止することを知らない。かくして人間の謳歌する文明が樹立せられたが、砂塵をあげて疾走する自動車、風雨を衝いて驀走する列車、警笛を鳴らして突入する電車、轟音を発して飛行する航空機、そしてその中にうごめく人間、運転する人、機関に油をさす人、泥路に鉄路につるはしを振る人々、またこれらの製作に従事する幾千幾万の人々、さらにまた地底深く炭鉱に働く人々、灼熱の溶鉱炉に汗を流す人、南の国、極北の地にゴムや重油を採る人々、そして彼らの労苦で人類が得たものは何であったか。楽を求めて苦の種を蒔いたにすぎなかったのである。もう人間には、のどかな日は来ない。

いつの日に、彼らが信ずるような時間と距離の短縮が人間にもたらされるであろうか。

交通機関は人間を時間と距離から解放しないで、人間に寸秒の時と空間を争う焦燥感をもたらし、また数百数千万里彼方の万物を得るための苦役の旅に、人間を引きだしたにすぎない。人間はもはや文明という名の重い石を背負わされて身動きもできない。人間の体が寸秒の間に万里を飛行しえても、すでに人間の心は飛行する自由の翼を失ったのである。人間がどんなに早い飛行機に乗ろうと、ロケットや銃弾のようなものに乗って、地球の外まで飛び交うときが来たとしても、人間の心が「速い」と「楽な乗物」を得て喜び、安まるときは永遠に来ないのである。ただ人間に重大な負担を背負わしめたにすぎない。人間が得たものは、ただ焦燥の時間と争奪の空間（もの）以外の何ものでもなかった。人間は時空を超越せず、時空に拘束されて時空を失ったのである。

人間は何ものも得たのではなかった。

月と人間

以上が書かれてのち二十年、その間に、交通、通信機関の発達は目を見はらされるものがあった。空想と見られた月への飛行が、すでに十数回、しかも人間が宇宙船に乗って、月の石や鉱物を採取して幾回となく往復しているのである。他の惑星にも人工衛星がうちあげられ、人間の宇宙旅行は、夢の世界から、実際の探険過程を経て、早くも実務的な仕事の範囲に定着しようとしているのである。

私はこのことを予測し、地球の外まで人間が飛びだすときが来ても、人間は価値ある何ほどのことをなしたのでもなく、時間と距離を短縮したように見えて、かえって時空を失うと断言し、警告してきた。この言葉は、昔も今も未来も、真理であるがゆえに変わらない重要性をもつ。

宇宙船が月世界に行って月の石を持ち帰ったことは、ただ科学者の夢の実現ですまされない問題に発展する。その石から貴重な価値が発見される。その価値は人間を新たな欲望にかりたてる。その欲望に追従して、人間の新たな努力が要請され、その努力によって別の価値が獲得され、その価値を守るために、さらに多くの仕事が人間に課せられることになる。すなわち月の一石は、一石の採集にとどまらないで、無限の仕事の拡大を、人間が背負いこんだにすぎないのである。

第一回の月旅行は、冒険の興味で出発する。

第二回は、科学的要請による探険になる。

第三回目は、軍事的あるいは政治的任務になる。

第四回目は、経済的な仕事として遂行される。

第五回以降は、もはや単なる労働対象としての月があるだけである。

人間は月に出稼ぎし、土方人夫をしているにすぎない。月に速く行けたと思うのは最初の内で、次には宇宙船の速度が遅い、月の石の価値に不満をもらす人間になっているのである。

人間が月を仕事場にすることができて、得たものがウラン鉱石や宝石類であったとき、人は月の価値を高めたことになるであろうか、前述のように、人は月の価値を半減せしめたというより、月を殺してしまったのである。

人間に対して神秘に見えた月は、無限の価値をもっていた。それが単なる鉱物体であることを暴露したとき、人は月の本当の価値を知りえたように思っているが、ほんのわずかの価値をつかんで、無限の価値を失ったにすぎない。そのわずかの価値も、実は人間に虚偽の喜びや幸せをもたらしたにすぎない。

今後月から得るもの、月から学べるもの、月を利用してできるもの、すべては科学的わく内のことであって、真実の世界に生きようとする者にとっては、すべてが無価値で無用なことである。私は今さら、月の真の価値を述べる気はない。月に神が宿るか否かを論じてみても、今さら詮ないことである。

ただこう言っておこう。月を神と信じた昔の人たちは、月の光のなかに崇高な清らかさを感じていたことは確かである。月を土足で踏みにじった現代人は、もう月を見て、何を心に浮かべるであろうか。政治的、軍事的、科学的価値は果しなく、人間の野望は進展してゆくであろうが、月を見て感じた心の清らかさは二度と帰らない。

人間が月からかちとるすべての価値の総和も、無知なる者が、月から得た広大無辺な価値に比べれば、とるに足らないものであったのである。人間は神の全姿を見失って、その汚ない臓腑をつかみだして喜んでいるにすぎない。月の価値は、月の死骸の価値であり、月旅行は墓場をあばいて、冥土を探そうとする愚挙に等しい。人は月を知って月を失い、月に価値を求めて月の真値をけがし、月に行って、真に月への到達の道を閉ざしてしまったのである。

たたきごま

何を知りえたのでも、何を為しえたのでもなかった。いたずらに人間の負担を倍加したにすぎない。

地上には、スピード二百キロを誇る新幹線鉄道が開通し、あと数年で日本中は、一日で往復できる距離内になる勢いである。そのとき、人々は、便利になった、距離が近くなったと思うだろうが、そのとき、同時に一日の中に、日本中をかけめぐらねばならない事態にたちいたっていることに気づくであろう。距離が近くなれば、遠くへ行かねばならず、時間が短縮されれば、さらに急がしく働かねばならなくなる。

人間は鉄道や、飛行機で、時間や距離が短縮されるのではない。時間と空間を計るものさしは、乗物や光ではない。人間の心がものさしになっていることを思うべきである。時間や距離は人間の心で、どうにでも短縮され、あるいは延ばされてしまう。

今年から瀬戸内海に三本の横断橋が、一度に造られはじめた。二百キロの鉄道で、一瞬の間に瀬戸内海を渡り、さらにあっというまに九州まで海底トンネルで突っ走ったとき、人々はその速さを祝し、その距離の短縮を喜べるであろうか。バカバカしいほど忙しくなるだけである。

人工衛星に乗って、一日で世界の隅々までを見て回る観光客、月までを毎日征服して商用にでかける人、火星や金星に燃料や食糧をさがしに行く人、人間は速い乗物を得て、ますますその遅速、遠近、優劣の渦巻の中にまきこまれ、目のまわる忙しさの中に、何を手にすることも、何を見る暇もなくなってゆくのである。

走っていなければ倒れる、飛んでいなければ落ちる。人々は他人に敗けまいと必死になって全速力でかけまわる。

この世はたたき独楽である。たたいてたたいて回転速度を速めておれば、独楽は倒れないで景気よく回る。人々は独楽からふり落とされないようにしがみついているばかりである。独楽を一生懸命でたたいている者が誰なのかに気づくまで、もうこのたたき独楽はとまらない。

しかし、人間は何を得たのでも、何を為したのでもなかった。どこまでも、独楽の真芯にいて、動かないで、為さずして為す者には及ばない。

二―真―自然科学　増減、真偽

1―医　学

近頃、無医村撲滅とか解消とか言われて、医者のいない村というのが、各方面から問題とされている。医者のいない村、それは悲惨な、暗い、非文明的な不名誉な事柄として、一日も早く都市の医者が田舎に進出して村人を救い、農民が健康体をとりもどし、明るい生活を楽しみうるようはかるべきであるとして……。

しかし、「無医村」ということははたして悲しい事柄であろうか……。

ある村で立派な避病舎が新築せられたとき、その落成式にのぞんだ村の顔役が開口一番、「わが村が近村に誇るに足る広壮、広大な避病舎の落成をみたことはお互い御同慶にたえない。今後本病舎の発展、盛況を望んでやまない」と言ったという話がある。

避病舎の発展、盛況は何を意味するのか。我々は病舎の落成を祝し、立派な設備の下で治療しうることを喜ぶ前に、病舎を建てねばならなくなった原因について悲しむべきではなかろうか。病舎の盛況、拡張より、病舎の閑散や縮小こそ望ましい。とすれば、村に医者がいないということも喜ぶべきことであれ、悲しむべきことではないはずである。

だが普通の人々は病舎の拡充を、医者の盛況を祝福するのである。都市には医学界の権威が集まり、村には藪医者の一人もいない。一を文化的として喜び、一を非文化的として悲しむ。人類の原始の時代には医者もなく、なんら医療設備もなかった。それは人間にとって悲しむべきことであり、現在最高度の医者に守られている人間が幸福のように信じて疑わない。

しかし、われわれの喜びは真実喜ぶべき喜びであり、われわれの悲しみは、はたして真に悲しむべき悲しみであるのだろうか。医学は真実人間に何を与えたのであろうか。医者は人間の生命を救助し、保全し、そして人間に幸福をもたらしたと言うが……。

現今の文明国における医学の発達は誠に驚異に価するものがある。その生物的、化学的な、甚だしい数にのぼる各種の薬剤、また物療的機械、器具の膨大な設備とその精巧極まる施設。人間を守るには誠に至れり尽くせりの完璧さを誇示する。医者もまた各分科、各専門にわたって深遠、膨大な研究にあたり、その日々の高度かつ精密な新試験業績というものは、続々集成せられ山積している。

だが、その結果において唯一の奇怪な矛盾がある。それはどんなに医学が発達進歩しても、なお人間の病気というものは一向減少の気配がなく、人間の寿命もいくらも延ばされていないという事実である。病気を駆逐し、健康を獲得せよと絶叫されながら、日に月に新しい病気が次から次へと発生し、病気はますます複雑化し深刻化して、健康健康と言われながら、健康はおろか人間の体はますます弱体化の一途をたどっているかに見える。とすると、医学は人間に何をなし得たか。医者のなしうる領域というものは何であったのか。

医学の設備によって人間の肉体が補強せられ、生命が保全せられているとすると、医学の高度の発達は、いわば生命の強度の補強工作を意味する。だが高度の医学の援助にもかかわらず、人間の寿命が、何ら補強工作をせられなかった原始時代に比べて同一であり、いっこう病人も減少していないとすると、その矛盾は何を意味するのか。

数々の病原菌が研究され制圧せられたけれど、さらに多くの病原菌が次々と報告せられ増大してゆく。病気は次第に新しい方法で治療せられながら、病人の数はますます増加してゆく。栄養、保健がやかましく叫ばれながら、肉体はますます弱体化している奇怪な結果に対して、人々はなんの疑念を抱くでなく、なんの抗議を医学に向けるでもない。

医学者たちは言うであろう。「われわれが病原菌を増加せしめ、人間を弱体化せしめたのではない。病菌の増加に対してわれわれはこれを駆逐することに努力し、弱体化を防止し、補強に勉めている。われわれのなしているのはただ単にそれだけである。病人が増加し、人間が弱化することはわれわれの責任ではない。われわれの関知しないところである」と。彼らは彼らの努力による結果と、人間の上にもたらされた結果は別個のものであると言うわけである。もし医者が、病菌の増大と、病人の増加に対しなんらの力もなく、責任もとらないというのであれば、医学の力の微弱、無能をそしられてもしかたがない。

と言うと、彼らは憤然として言うであろう。

「われわれは日々病原菌を駆逐し、病気を治し、人間の健康を計っている。その方法は間違いなく、その結果は確実である。人間世界から病気をなくして幸福な世界が出現するという、その最終の目的に向かって、われわれは確実な歩みを続けているのだ」と。

無菌、無病、保健ということが過去において不能でも、現在は努力されつつあり、未来は可能となるであろう。医学はそれを確《かた》く信じているのである。

だがもし彼らの信じている確信が真実であり、その方法、方向が正当であるなれば、当然病菌は減少に向かい、病人は少なく、人間はいよいよ健康に向かって漸進していなければならないはずである。彼らは現在の矛盾は、ただ医学の不備、不完全によるものと考えているのだ。しかし彼らが期待し、自負するような結果が、将来においてはたして達成せられるであろうか。その答えは「否」である。

なぜか。かつて老人はこう言った、「医学者達はその出発点において、すでに錯覚している。その手段もまた誤らざるをえない。彼らの努力は当然徒労に終わるであろう」と。

そのときの老人の話を私は想起した。

健病

「お医者様というのは何をしているのかな。」

「一口に言って病気を治す。病人をなくする。それが医学の目的でしょう。」

「病気病気と言っているが、真に病気とはどんなことを言っているのかな。」

「病気とは異常を言う。」

「わかっているようでわからない言葉だな、異常とは。」

「異常というのは正常でないことですが。」

「では正常というのは?」

「正常は異常の反対だが。」

「異常と正常は相対的な言葉でしかない。お前の説明はちょうど盲人に白と黒の色を尋ねられて、白は黒くないもの、黒は白の反対だと答えているのと同じだ。それで盲人は納得できるかな。


正常と異常は誰もが知っている言葉であり、また誰も知らない事柄でもある。病気は健康でない状態を指し、健康は病気でない状態を指す、では両方ともわかったようで、その実両方ともわかってはいない。

百万人の人間が目明きであるがゆえに、一人の盲人がおれば彼は異常であり、病態だというにすぎないのが一般に病気の常識的な定義のようだ。

しかし、百万人の人間に尻尾がないからとて、人間に尻尾がないのが正常で、いわば健全体であり、尻尾があれば異常で、病体だとは断言しえないはずである。

人々は病気病気と言うが、病気とは何であるかを真に把握しているわけではない。真の健康が何であるかを知らない。健康の実体が不明であって、病気の実体が判然するはずがないではないか。」

「われわれが知りうる健全とは病体の反対のものであり、病体はまた健全の反対のものを指すにすぎないとしても、この相対的な病体と健全以外に、真の健全と病体があるということは……またたとえあるにしても、それはわれわれの常識的な病体と健康体と大差のないものと考えられる。われわれはこの常識的な病体を健康体にすることができれば満足できる。」

「常識的に判断せられている健・不健が、真の健・不健と大差ないと信じ、百万人の黄色人の中で一名の黒人が生まれれば、その黒色を黄色に治して、間違いない、それで満足すると言っているわけだが……」

「日本人は黄色、南洋人は黒色、西洋人は白色と見て大きい誤りはない。」

「日本人が黒色になり、西洋人が赤色になれば異常とし病体と診断する。日本人の健康体は背丈何メートル余、黒人は何メートル、白人は何メートル等と標準を決めて大過はないと思われる。日本人は黄色で、背丈いくら、体重、胸囲いくら、栄養状況などを考察して健・不健を決定する。ともかく、各方面の科学的研究の結果つくり上げられた健・不健の標準というものは、真の健・不健の実体と類似したものであり、また科学が進歩すればするほどその実体に接近し、終局においてその実体が把握されるものと信ぜられるが……」

「医学者たちによって決定する人間の異常、病体、健、不健が真実のものと類似すると信ずる。そしてそれから出発して、あらゆる処置を講じていって大過はないと信じている……そこに人間の大過が出発する。科学者達の最大の錯誤があるのだ。

医学はその出発点において、ただ単なる仮定を基礎として出発しているのだ。その立脚点は不明瞭きわまるものである。彼らはその自ら立つ立場がしだいに正確明瞭になるものと信じているが、過去において、現在において、またどんな将来においても、その立脚点は不明瞭に終わるべき運命にある。人間の立場から、人間がいかにあるべきかを知ることは許されない。

空中を飛ぶ雀は、雀のことは自分が最も良く知っていると考え、地中に潜るモグラは、モグラのことは自分が最もよく知っているとうぬぼれている。しかし、雀の立場を最も知らないのは雀であり、モグラのことを最も知らないのは彼自身である。深海の底にすむ小魚が、自分の立場は自分が最もよく知っているというのは滑稽でしかない。

人間は、人間の立場を自分の手で知ることができると誤信しているのは、ちょうど井戸の中の蛙が、井戸をもって世界のすべてと誤信しているようなものなのだ。

しかも最大の不幸は、人間は人間の立場を知りえないにもかかわらず、人間は人間の立場を知りうるものとうぬぼれて無謀の突進をすることにある。

人間は、人間の棲家の内のことは知りうるかも知れない、ちょうど井戸の中の蛙が、王様とうぬぼれているように。しかし、人間の棲家がどんな立場にあるのかは知りえない事柄なのだ。井戸の中の蛙が、他の世界はのぞきえないように。井戸の中の蛙が自分の立場を知らないで、自己を診断すればかならずや恐ろしい誤ちを起こすであろう。」

老人の言葉は真実のようでもある。

人間の寿命は百年が本当なのか、あるいは二百年、五百年が本当の姿なのか、はたまた五十年、二十年が本来の生命なのか、それはわからない。痩身、長軀の人間が真に不健全なのか、短身、肥満の人間が真に健全なのか、確定することは無理かも知れない。が、比較的長寿の人たちを考察して、健全、不健全を決定すれば誤りないようにも見える。がそれも人間の寿命が長いのが本当か、短いのが真実かが決定されていなければならぬことになる。結局最初のもの、何ものかがまず決定されていなければすべては相対的なものに終わり、転々浮動する運命にあるとも見られる。人間の立場、出発点が判明し、健全、不健全が明確にならねばすべては瓦解する。人間は自らの立場を知ることが永遠にできないだろうか……私はつぶやいた。

「人間の知恵は無限に拡大する。自己の立場を知るときがあることを信じ、科学者は知るべく努力しているのだ……」

「賽はすでに投ぜられているのである。大石はすでに山頂から急速度で転落しつつある。東すべきか、西すべきかは、山頂において決せられねばならなかった。転落途上の石が山頂へ反転するわけにはいかない。人間に与えられた自由は、ただわずかに右に左に転げる自由のみである。」

「というと？」

「科学者もまたすでに転落途上の人間である。彼の目に映る人間はすべてみな同じ方面に転落しつつある人間である。彼が研究の対象とする人間なるものは、すべて山の西側を転落しつつある同類でしかない。東側に立つ人間の姿はもはや見ることも窺うことも許されないのだ。

科学者の研究対象とする人間が、すでに不完全であれば、その結果も不完全となるをまぬがれえない。真実の人間の姿は、すでに人間の世界からは窺うことを許されない。

「人間はもはや人間の立場を知ることができぬ、真の人間を知ることはできぬ。人間はどんな姿が健康で、何が不健康かを決定する資格はない、としても、われわれは探究せずにはおられない。人間が山の西側を転落しつつあるとするなら、それも止むをえない。その途上の幸福を祈るのみである。人間の真の姿が何であれ、われわれはわれわれ人間を愛し、この人間を研究し、その結果に従って行動するのみである。

たとえ〝井の中の蛙〟のそしりを招いても、井戸の中の蛙は、井戸の中において満足すればそれでよい。人間が錯誤を犯すことがあっても、その錯誤は許されるであろう。」

「人間は自己の真の姿を知らないがために生ずる錯誤を許すと言う。またその同類を研究の対象として得た結果をもって満足だと言う。しかし、出発点における錯誤は許されるであろうか。人間は彼らの世界において、本当に満足するということができるであろうか。

人々はそれは些細な事だと思っているのだが、出発点において右した場合と、左した場合の結果は重大である。自己の立場が不明で、なお行動するということは、浮遊する氷の上に家を建てるのと同じことなのだ。不明瞭な基礎の上に明確な結果が生まれるはずはない。

人間には、人間の真の健康、不健康は不明であっても、人間の信ずる健康で満足する。また大過はないと確信しているが、それは氷上に建てられた家に住んで、自分らは満足である、災害はないと信じているのに等しい。

井戸の中の蛙は行動しない。人間は自からの知恵を過信して行動する。同じ錯誤を犯しているにしても、人間は恐るべき結果に突入する危険がある。静止する盲人に怪我はないが、行動する盲人には転落の危険がある。」

「真の正常、異常は不明でも、科学者や医者たちが信ずる病体に対して治療のメスを加えることは、何ら危険でもなく重大な錯誤を犯しているとも見えないが……」

「人間の顔色が真実は黄色であった場合、医者が人間の健全の顔色は赤色であるとして投薬したとき、人間は、真実は二百年生きられるものであるのに、もし医者が人間の寿命は百年であると信じて施療した場合、彼らが施した治療は何らの危険もないとは言いえない。出発点が不明でも、舟は目的地に達するということは実際にはありえないのである。出発点がわからねば方角はたたない。目的地の東にいるのか、西にいるのか、自己の立場を知らない人間が、目的地は北であろうと信じて行った場合は、人間はその目的地にしだいに接近しているように思っていても、事実は遠ざかりつつあることとなる。人間が正しいと信じている手段も、その方向が誤っている場合は、結果においてその手段は錯誤となる。

医者が一病原菌を発見する、そしてその病原菌を殺滅する。また一つの病気を治療したとき、彼のとった手段は正しい。そして一つの病原菌は死滅し、一つの病気は撲滅せられたものと信ずるが、医学は自らの立場をすなわち真の健康を知らないために、その方向を決定できない。したがってその手段も盲人の手さぐりと同じような徒労になり、人間の期待する目的地には到達できないであろう。」

「その立場を知らず、その方向を誤っているという証拠は？」

「病原菌が減少せず病人が少なくならず、人間が壮健になっているのでもないという結果から見ても明らかであろう。結果はむしろその反対であるとしたら、彼らの立場は方向は過誤の道と言わざるを得ない。もし彼らの立場が、方向が正当であるならば各種の病気に対する対策が確立されてゆくにしたがって、将来はこの地上から病人の姿はなくなり医者もその必要性を失って減少するであろう。」

「しかし、ある病気が減少したり絶滅せられたことも事実であり、ある種の病人が全快したことも事実であるにもかかわらず……」

「一つの病害が絶滅されたとき、第二、第三の病害が発生し、一人の病人が全治したとき、第二、第三の病人が発生する。」

「その原因は……責任は？」

「原因は自然になく、責任は人間にある。」

「人間が第二、第三の病因を作り、病人を発生せしめるとは？」

「人間は一面病気の防止に当たってこれを治し、他面病気の発生に尽力し、これを作っているからである。そしてその先頭に立つものは科学者であり、医者である。」

「医者が病気を治し、また作るとは？」

「医者が病気を治すと考えるところに一つの錯誤がある。」

「？……」

因果

「医者は、人間という一つの建物を設計し建築する大工ではなくて、腐朽し始めた建物にかけつけて、これを補強する修繕工にしかすぎないのだ。屋根から雨がもり出したと言ってはボロ布を詰め込む。大黒柱が朽ちたと言ってはささえ棒をする。床が落ちたと言っては板を張る。

医者というものは、人間の病気にかかった部分を摘出して修繕するのが役目であり、それ以上のものではない。彼らは朽ちかけた建物に補強工作する術は知っているが、腐朽の原因を考え、腐朽を防ぐということには無関心でいるのである。いわば真の原因については、何らの考慮も払わないでいるのだ。」

「病気の原因についてはあらゆる角度からこれを探究し、その根元をとりのぞくように努力しているはずだが……」

「彼らの言う原因は真の原因とはなりえない。たとえば、ここにその立場のわからない一本の立木がある。そしてその木は枝先が衰弱し、その葉は萎凋し黄変したとき、人間はこの枯死しはじめた立木を回復さすために色々の手段をとる。たとえば葉の萎凋は水分不足にあるとして、水を注射する。葉の黄変は栄養の欠乏だと言って栄養剤を撒布する。その結果、一時的にもせよ、葉が青々としたとき、彼らは木を枯死から救った、その病気を治療することができたと言って満足する。

しかし、このとき、萎凋は根元の害虫に原因したのであったとしたら、彼らは重大な誤りをしたことになるであろう。

不幸にも人間は、その目に映る世界のみを考察するにとどまり、目に見えない部分には常に気づかないで終わるのである。そして真の原因は常に人間の目に見えない所、すなわち人間以外の立場に存在するのである。」

なぜ、人間は、真の原因についてはは知ることができないか。人間は人間以外の立場に立つことは許されない。井戸の中の蛙の立場は蛙にはわからないで、むしろ人間の立場から蛙の立場は明らかになると同様、人間の立場を人間から考察することは許されない。人間が考察し、結果を引き出している人間の肉体というものは、真の人間の肉体ではない。だから彼らがその体の上に現われた異状を病気として研究する場合、その病気の真の原因というものについては全く考察の対象となりえない世界の中に存在するのである。

人間が、肉体の上に現われた異状、すなわち病気の原因を肉体の中に見出そうとすることは、ちょうど葉の黄変、萎凋の原因を、葉の中の水分不足に帰するのと同様である。葉の水分不足は原因でなく、根元の虫の食害に原因する結果であったと同様、医者が原因と言っているものは、真の原因ではなく、むしろ結果と称すべきものなのである。

人間の言う原因にはさらにその奥に原因があり、さらにその原因の奥にはまた別の原因がある。いくら追求していっても原因のまた原因の種は尽きない。結局人間は永久に最初の原因、すなわち真の原因にはめぐり合うことができなくて、いつも原因と言っているものは、単に一時的な一局所の結果にすぎない。

そして、単なる結果をもって原因と断定するときから、人間は重大な過誤への道に突入するようになる。

ガラス瓶の中に入れられた金魚が、ガラスなるものを知らないときはガラスに頭をぶつける。金魚は何と考えるであろうか。頭が痛い、頭痛がすると言うであろう。そして、頭痛の原因を探究し、脳の障害と考えて、頭痛薬を飲む。頭痛が治ったとき、金魚は頭痛の原因を知ることができた、また治すことができたと得意になるであろう。しかしそれはガラスなるものを知るものから見れば、滑稽でしかない。

人間が胃が痛いと、その原因はかならず胃の中にあるように思って胃を調べ、その原因が胃酸の分泌によることを知ると、胃酸の中和剤として重曹を服用する。一時的にもせよ胃痛が治ると人間は満足する。だが胃病の真の原因は、胃を調べることによって判明するものではない。胃酸の分泌は胃痛の直接原因とも言えるが、胃酸の分泌にはかならずその奥に別の原因があるはずであるから、その原因から見るときは、胃酸分泌は原因でなく結果となる。だがその原因にも、またその原因と見られる現象が発生した真因があるはずである。かく調べていけば結局、最初の原因なるものは判明するときがない。なぜ胃痛が発生したかの真の原因はわからない。

しかし人間はその原因は判明しないままで、あれこれと治療的手段を肉体の上に施していくのである。

それは家の建て方を全く知らない修繕工が、家を修繕するのと同様である。あの板、この板と、べたべた張りつけている間は、家は全くみすぼらしいつぎはぎの小屋へと転落する。医者が、あの手この手と人間の肉体を切り取りしている間に、肉体は極めて貧弱なものと成り果てる。最後は修繕も難かしい奇怪な肉体にと弱体化してゆくのである。雨が漏らない限り、家は修繕せられたと考えるように、人間は肉体の痛みが止ったとき、病気が治ったと考えて、ますます医者の玩弄物と成り果ててゆく。

人間の肉体が弱体化しているか否かは、原始時代の人間と、現今の人間の体力や寿命を調べるまでもない。医者の補強工作によってようやく百年の寿命を保つ現在の人間よりは、医者の助けを必要としないで同じく百年を生きた昔の人たちの方が健全であったことは明白であり、医学の発達した文明国人で、彼らの存在を必要とする人たちほど弱体化がはなはだしいと言わねばならないだろう。

人間が弱体化する過程は繰り返すまでもないが、第一に医者が真の原因を知らないために犯す過ちに出発する。金魚鉢の金魚の頭痛の原因がガラスにあることを見ず、頭痛薬を飲めば、その薬は無益なばかりでなく有害となる。

また真の原因を知らないと、医者が原因としているものは常に結果にすぎないから、医者の処置は常に局所的一時的に有効な間に合わせに終わり、かえってそのために真の原因から見た場合は、逆の療法となり、あるいはこれを潜行せしめることになる。甘い菓子を食べたために胃病が起きたのに、胃腸薬でこれを治せば真の原因――甘いものを食べたくなった原因――は放置されることになる。

近眼に眼鏡をかけても、近眼は治ったのではない。またその原因も放置されたままである。近眼となった原因を放置して眼鏡をかけた人間は、何らかの点において弱体化された人間であることに間違いはない。

肺病の原因は、肺病菌が真の原因ではない。肺病菌が寄生するにいたった原因を放置して、肺病菌を殺す薬剤を服用すれば、肺病は治ったにしても、肺病になるにいたった原因は除去されているわけではないから、その肉体は真の根本健康体に帰っているわけではない。肺病菌に侵された肺を摘出して別の肺をさし入れると、肺病は治ったとしても、その肉体は不完全になり弱体化されているに違いない。

弱体化した肉体というのは、各種の病気に対して抵抗性が低下しているということである。抵抗性がない肉体とは、数多くの病原菌が、過去にはほとんど感染力のなかった菌までも強く感染するようになった肉体である。病気に冒されやすい肉体は、健全な肉体よりも数多くの病気をもつ肉体と言える。言いかえると、肉体が弱体化するにしたがって、病気が多くなるといってさしつかえない。

現代人は激しい消耗生活のために、精神的にも肉体的にも弱体化した。そして数多くの病気を所有することとなった。さらにまた多数の医者が人間の健康を守るのに必要となる。

かく見るとき、医者は人間の病気を治しながら、反面、数多くの病気の発生を助長したことにもなる。これが医者が多くなり病人が増加する真因である。すなわち医者が病気を治すということは、人間の肉体の一部を修繕して、さらに不完全な弱体を造ることであり、弱体化によってさらに多くの病因発生の種を蒔き、人間の世界に医学が発達せねばならぬ必要性を拡大したということである。結論として人間が得たものはただ医学の発達、医者の繁栄のみである。

しかし世に医学の功罪を論じ、その功罪が相なかばするのではないかと疑う者はあっても、医学を否定する者はない。人々は「やはり医者は病気を治してくれる」と信ずるのである。この世に医者の必要性がなくなる時代が来るということはないと思いながら、病気は治る、病人は減少するだろうと安心しているのである。

老人は長歎息して言葉を切った。

「医学が発達した、した、と喜んでいる間に、人間の影がますます薄くなっている。その原因も結局は人間が病気の真の原因を発掘しないで、ただ末梢の治療に狂奔しているからに外ならない。」

「人間は真の原因を知る望みを捨てているわけではない。人間が真の原因を知り、これを除去することは可能なはずである。」

しばらく老人は黙って答えなかった。そして、

「医者の所へ、近眼の患者が来た。医者は得意げに眼鏡というものを彼に与えた。彼はこれをかけて驚喜した。しかし彼が、近視になった原因は、彼が医者になろうとして医学書を夜も昼も寝ずに乱読したからであった。

医学の発達をめざして勉強し、近視になったが、勉強のかいあって眼鏡を発見することができたと喜んでいるのが人間である。病気の原因はどこにあると言えるか。」

「眼の過労に……」と言いかけて私は訂正した。「人間に……」

老人は、

「甘い菓子を食って虫歯をつくり、医者が義歯を入れてやれば、なるほど虫歯は治る。もはや虫歯が痛むことはないから以前にましてむやみに甘い菓子を食った。おかげで彼は胃病になる。とこ

ろが再び医者のところに行けば、医者は痛み止め薬をくれる。胃の痛む心配がなくなったと喜んで、今度は美食する。そのため、栄養不良で肺病になる。だが立派な設備の療養所があって、かれの肺病も全快する。恐しい病気の治った彼は、再び街に行って酒色にふける。結局彼は絶対の安息を必要とするときまで、医者とは手を切ることができない。彼の病気の原因は？」

「人間の……そして欲心から出発する。」

「欲心は何から出発するのだ。」

「？……」私は答え得なかった。

老人は山の方をふり仰ぎ、暗い顔で独り言のように話しはじめた。

「昔……人間は、野に伏し山に寝て、孤独な生活を楽しむ動物であった。その頃の彼らの肉体は、巌のように堅く太く、彼らの足は幾十里の山野を渡り歩いた。足の裏は革のように厚く、その腕力は猛獣を組み伏せ、その瞳はけいけいと輝いて密林を透視し、その聴力は俊敏で、遠く梢に鳴く小鳥の声も聞き分けた。彼らは木の実、草の根を噛んで、逞しく成長していた。しかし、人間が一度、迷夢の心を抱いて山を下りたときから、谷川の水で足を洗い、木を燃して肉を煮ることを知り、堅い食を嫌って軟らかく甘いものを好むようになり、さらに美果、美食をあさり、暖衣を体に纏って堅固な邸宅に住むようになった。その時から、人間の肉体の力は衰え、皮膚はあせ、顔色は青白く、手足は繊弱に、彼らの肉体は徐々に蝕ばまれてゆく。

食を獲るに、器具、術策を使って腕力は衰え、車馬に乗って脚力は衰え、食を煮沸して胃腸は弱く、風雪を避けて皮膚の弱ってゆくのは当然であろう。灯火を得て都市に昼夜の別なく、酒色にふけって深夜におよび、乱舞に狂って朝にいたる。酔眼もうろうとして、まだ覚めないのに、なお悪書を耽読する。街路の轟音・怒号・狂奔に、視覚は衰え、聴覚は乱れ、頭脳は狂う。人は名欲・利欲・色欲を追って、権謀術策、愛憎、嫉妬、羨望、地上を覆いかくす。

一として怪奇ならざるなく、一として醜ならざるものなく、一として乱ならざるものなし。心気乱れて肉体乱る。心健ならざれば、身体健なるを得ず、肉体の乱は、生活の乱に発し、生活の乱は、心の乱に発す。」

「心の乱はどこより……」

「心身の分離に始まる。心身分かれて、心全きを得ず、身自から病む。身心一度分かれて、再び和せず。物は医者の手に、心は坊主の手に引裂かれて、めいわくするのは患者ばかりではない。」

淡々と語りながら、老人の顔は苦渋に満ちている。人間の狂乱は苦悩はどこから発生するのか。その根元ははるか遠い人間の彼方にあるのであろうか。私は歎息して言った。

「人間が本当に救助される時期は、無病の、医者のいない世界の実現は、永遠に不可能な人間の錯覚にすぎなかったのか……。」

と老人は「狐狸の世界だ」と事もなげに言い捨てて、すたすた山の方へ帰って行った。

狐狸の世界……なるほど医者はいない……とすると……私は独りで笑った。

「遠い、そして近い。」

2——農作物の病虫害

大根畑にうずくまっているこの村の精農家である彼のそばへ私は近づいた。彼は歎息してつぶやいた。

「近頃は大根一本満足に出来ないが、どうしてこんなに病気や虫がつきだしたのだろう。」

昔の百姓は馬鹿でもできたが、今時の百姓は馬鹿ではできぬ、とは近頃しばしばきく百姓の声である。

事実稲作一つやるにも、耕種、肥料、病虫害、気象などあらゆる科学的知識がなくては、とうてい満足な収穫は得られない、一口に言って百姓は難しくなった。難しくなったということは、そのままでよいことだろうか……。

実際に大根一本作るにも、病や虫が増えたとすれば問題である。私も軽い疑惑をもってつぶやいた。

数多くの植物病理学者や昆虫学者が、多年にわたって病気や虫の研究をして、その防除に尽力してきたのにもかかわらず虫や病の害がますます増加するとすれば、それは奇妙な事柄と言わねばならない。農作物の病害や虫害が深く研究されるにしたがって、病気や虫が減少し、百姓も楽になったというのであれば話はわかるが、反対にますます百姓は病気や害虫に悩まされるのでは馬鹿な話である。病虫害の防除に絶滅にあらゆる方法が講ぜられながら、病虫害が増加するということは矛盾も甚だしい。

「一体、病虫害の絶滅ということは可能なのであろうか。昔から害虫は駆除されてきたろうが、太古の時代から虫が減ったという話は聞かない。」

「憎まれっ子は世にはびこるの例のとおり、いらぬ病虫害はますます世にはびこっているのではないか。」

二人は顔を見合して笑った。

が私は笑い切れないままに心の中で反問してみる。

一体に昆虫や病気の原因となる微生物の繁殖率は、きわめて猛烈である。たとえば稲の害虫、ウンカなどは年五回以上も発生し、而も一回に数十、数百の卵を生む。一世代に二百産卵すると五世代繰り返した終わりでは、一匹が実に三億六千万匹となる勘定である。まことに雲霞の如しというが、実におびただしい数が発生するのも当然である。

螟虫もそうである。夜盗虫もまたそうである。さらに幾百幾千という種類の農作物を侵害する害虫がすべて猛烈な繁殖率をもつ。さらに害菌に至っては際限もない。

彼らを絶滅すると言う。しかし人知は無限である。

研究の累積は不可能を可能にする。強力な化学薬剤を使用することにより、あるいは電気、電波、光線など化学的物理的手段を講じることにより、これらの害虫の絶滅ということは必ずしも不可能ではないはずである。いや可能と信ずればこそ、一歩一歩、人間はその方向に向かって前進してきた。そして、その結果はかならずしもそうとは見えない。減少でなく増加とも見えるのはなぜか？百姓の敵、害虫や病害ははたして絶滅せしめうるものか。……そのとき、いつの間にか、かの例の老人が側にいてこう言った。

「だいたい、害虫害虫と言っているが、どの虫が害虫なのかな。」

「もちろん農作物を害するのが害虫で……」

「どれ、どの虫が？」

私は稲株の元にいる一匹の小さい蛾を指さした。それは螟虫であった。がその蛾はひらりと飛び上って逃げようとした。と、スーッとしのび寄った一匹のトンボが身をひるがえすと、見るまにこの螟蛾をくわえて飛び去った。

瞬間のことであった。老人は微笑して言った。

「害虫を食ったトンボは、人間の味方で益虫というわけだな。」

「益虫とか、天敵とか言う。天が百姓に与えた味方でしょう。百姓はこの益虫を保護し、彼らの力によって害虫を駆除することは利口なやり方です。」

ところが、このときまた小さな出来事が老人の前で起こった。それは羽を休めようとして稲葉の上にとまったトンボを、そこに身をひそませていたカマキリが、無惨にも捕えたのである。

老人は呵々と笑った。

「カマキリは害虫というわけか。」

私はちょっと困った。カマキリは害虫を取ってくれる益虫であったはずである。彼はつねづねイナゴや葉捲虫を捕食している。

老人は私の方を向いてなじるように言った。

「人間は地上の動物や昆虫を、お前は味方だ、お前は人間の敵だ、益虫だの、害虫だの、益鳥だの害鳥だのと区別する。しかし、人間のこの審判は、確かに間違いのないことかな。」

私は答える代わりに色々と考えをめぐらした。

一匹の小虫を食うトンボは益虫で、トンボを食うカマキリは害虫で、カマキリを食うモズは益鳥で、モズを襲う蛇は害獣で、蛇をつつくタカは益鳥と言う。しかし彼らが一様に人間の味方になろう、敵対しようと考えているであろうか。いな、彼らはただ生きんがために食物をとっているに過ぎない。稲の害虫の螟虫を食うツバメは益鳥と言われるが、同じように螟虫を食ってくれるトンボを、ツバメが食うこともある。蛇は益鳥を襲うこともあるが、また有害なネズミを捕えることもある。

老人の言うように一を益虫と言い、一を害虫と決定することの困難なことは多い。時と場合で反対になることも事実である。生物界の相互の関係というものが簡単なものでないことは事実だ。彼らはあまりにも複雑な関連をもっている。

益虫だの、害虫だのということも、よく考えると人間のご都合次第で、どうにでも変わることだとも言える。それは生物界が、相互にきわめて複雑な連結を保っている生物の輪環ということから見ても当然であろう。

たとえば生物界を微生物、動物、植物と大別してその間の関係を見ても、微生物は生きている植物や動物に寄生し、いわゆる病害の原因となったり、またこれに腐生して彼らを腐敗分解して食糧にして生存する。植物は微生物が、こうして腐敗分解して造り出した成分を栄養源として摂取して生長する。動物はかくして生長した植物をとって生存する。動物は直接、間接に植物がなくては生存しえないが、植物は動物の死体を微生物に分解してもらって生存する。これら三者の間には密接不離の関係があって、孤立して生存しうるものは何もない。さらにまた、これらの者の仲間同士の間でも、類似の関係が繰り返されている。

たとえば、微生物を大別して、ウィルス、細菌、酵母、糸状菌とすると、彼らがすべて他の動、植物に寄生するばかりでなく、彼らの仲間の間で、たとえば細菌に寄生してこれを殺すウィルス、糸状菌を侵す細菌、また細菌を殺す糸状菌などの営みが行なわれる。

また、ウィルスは無生物と生物の中間的なものとせられている今日では、無生物と生物との区別も判然とはしなくなり、これら両者の間にも密接不可分の関係があることは間違いない。事実無生物も微細な分析の結果は原子とか電子となり、彼らの世界にも生物界のような激しい分裂、結合、反撥、共同などの作用が営まれている。とするとこの世のあらゆるもの、生物、無生物はいずれも密接不離の関係があり、微妙な均衡を保ちながら、流転しているところの一個の大きな生物体とも言いうるものである。

この巨大な、しかも複雑精密な生物体の一部を摘出して批評することの困難性を思うとき、彼らを人間が独断で用・不用、有害・無害と区別することは、いかにも無謀であり、危険であるようにも思われる。

しかし人間は、学者たちは、この仕事に向かって真剣な努力を加えつつあるのである。

私は言った。

「人間は自然界の動植物の相互関係を調節することになる。」

「秋、穀物をついばむがゆえに害鳥害鳥と呼ばれる雀も、春先は稲の害虫、螟虫などをついて食ってくれるがゆえに益鳥か。春は益鳥で秋は害鳥と言う。人間が調節するというのは、春は雀を保護繁殖せしめておいて、秋は焼鳥にして食うというわけか。」

「…………」

「調節する……地上にすむ幾万、幾十万種の生物を、幾千万、幾億、いな、天文学的数字にのぼる数々の生物を、自由自在に百姓が調節するということか。」

「ある場合、ある程度の調節は、そして農作物の被害を軽減するということはできると考えられる。害虫の生物学的防除というのがそれであって、有力な天敵をさがしだして保護し、天敵の力によって害虫を駆除するということはすでにある程度実施し、また成功している……」

「それはきわめて近視眼的な結論でしかないのではないか。時と場合を拡大し、大きい目で地上を見てみるがよい。はたして誰が善人で、誰が悪人か。

地上の生物というものはみな食物を食って生きている。彼らは食いつ食われつ、きわめて密接な関連を保ちつつ生きている。一種として他の生物と独立分離した生命を維持しえている生命はない。

大所から見れば、有用無用をわけることのできない生物界から、一匹の虫をとらえてこれは害虫である、これは益虫であると正邪善悪を判定して、一を助け一を殺す。

もしかりに、一種の害虫を、ある益虫をそそのかして絶滅せしめたとすると、その結果はどうなるか。益虫も害虫を食いつくしたときは、自らの食物を失ったことになり自滅の外はない。一種の害虫の絶滅は、これを食物とする益虫の絶滅を意味する。またこの益虫の絶滅は、この益虫を食う第三の虫の絶滅を誘発する。そしてまたさらに次の第四の虫の絶滅を、次から次へと、結局最初の一種の昆虫の絶滅は、地上のあらゆる食虫動物の混乱、全滅を惹起するかもしれない。少なくも何らかの影響を全生物に与えていることは間違いない。」

「もし、あらゆる虫が単食性のものであり、一種の虫しか食べないとすると、そのようなことにもなりかねない。トンボは螟虫ばかりを食い、カマキリはトンボばかりを食い、モズはカマキリばかりを食う生物であるとすれば。だが、彼らの食生活も簡単ではない。一種の虫の絶滅が、他の虫の絶滅を惹起するなどということは考えられない……」

「しかし、単食性でなければ、影響はさらに複雑化する。

一種の虫、一匹の虫の生死は唯一匹の虫の生死で終わらない。その波及し影響する所は、きわめて広く重大であるのだが、人々はそれを考えているであろうか。また、それを知りえてなおかつ絶滅を計っているだろうか。人間はその結果に何ほどの責任を感じているだろうか。ちょうどここで落葉を集めて焚火するとしよう。人々はその火が消えたとき、何の事もなかったと思う。しかしそれはその煙、光、熱の本当の行方というものを何も考えないときである。真実、焚火は何事でもなかったであろうか。

一害虫の駆除も、考えてみれば簡単なものではない。私は稲の害虫、螟蛾の卵を殺す場合を想起した。螟虫を殺すのに殺虫剤として硫酸ニコチンや燐剤を使用したとすると、多くの場合、螟虫の中には赤卵蜂だとか黒卵蜂などと呼ばれるきわめて小さい有益な蜂の一種が寄生しているが、彼らをも同時に殺すことにもなる。やっかいなことに、この有益な寄生蜂にも敵があり、この蜂に寄生する別の微細な寄生蜂がいる。ところがまだそれのみでない。この悪戯者の寄生蜂に寄生する第三の寄生蜂がいる。将来はさらに第四次、第五次と次々に発見せられることは現在確実である。

ともかく、かくも敵味方が入り乱れて共存と争闘の生活をしている世界に、人間が足を踏み入れてどう処理し、解決しうるであろうか。だれを助け、いずれを殺すがよいのか、実際問題となると、なかなか困難なことは間違いない。

それのみではない。これらの虫は、細菌や糸状菌などの微生物の寄生をうけて病気になることも多い。害虫をたおす益菌、益虫を殺す害菌、さらにこの菌類に寄生する第二次の寄生菌、第三次の菌類等々が、一つの螟虫を中心に全く入り乱れて、きわめて複雑怪奇な争闘と共同の生活を営んでいるのである。深く考察し、深く考慮する時は、全く下手に人間が手を下すことはできなくなるというのが真実なのである。

一つの害虫の卵に、一つのばい菌に、薬剤を撒布するという事ですら、この薬がこの広い、かつ微細な世界に、どんな影響を及ぼすであろうかということを熟慮すれば、むしろ拱手傍観せざるをえなくなるというのが事実であろう。

たとえば稲の葉に病斑をつくる稲熱病の予防には、銅剤や水銀剤の撒布が最も効果的だと言われ、また現在行なわれつつあるが、これも厳密に言えば疑念はある。

稲熱病菌という一生物に有効に作用する薬剤は、また一生物の稲の葉にも同様な作用をおよぼす、すなわち薬害作用として現われてくるのを不問にするわけにはいかない。また、稲熱病原菌に寄生する細菌の存在はすでに明らかであるが、この細菌にはこの薬剤はどう作用したか、さらにこの細菌にまたウィルスが寄生するということにもなれば、薬剤撒布の是非は容易に決断されないはずである。さらに葉に撒布した薬剤は、流れて地中に入り根に作用し、地中の微生物にも何らかの作用をおよぼすのは間違いがない……。

土壌中の微生物というと、問題はまた拡大する。肥沃な土地の中には、実に何億という莫大な数の微生物、すなわちウィルス、細菌、糸状菌などが生存している。しかも彼らの中にも土壌や作物に対する作用から、有益菌だとか有害菌だとかの区別がつけられているのであるが、彼らの世界にこの薬剤が浸透したとき、どんな波乱が惹起せられるか。

もちろん、かような所までの研究は為されていないというであろう。しかも現在稲熱病に対して薬剤の撒布が奨励せられ、また実行せられているというのは、はたして正しいことだろうか。目先の結果は明白である。だが、最後の結果は不明である。」

私は嘆息して言った。

「ただあるとき、ある場合、人間に不利な害虫をある程度排除しておいて、ある期間、収穫物の減損を防止することをもって満足しているのが現状である。人間はそれ以上は考えていない。一つの田圃に薬剤を撒布する、そして虫を忌避せしめる。あるいは死滅さす。あるいは一地区一国からその虫を絶滅さす。」

「あるときある場所において、一害虫を駆除するということは可能かも知れない。しかし問題はそれによって、本当に作物が虫害から免れることができ、地上の人間の収穫物が増加しその方法を重ね進めるにしたがって、百姓が楽になると考える点において、間違いがないか否かである。」

「虫を駆除すれば虫が減じて食糧は豊かになり、百姓は楽になると考えるのに無理はないでしょう。」

「否《いな》と言わざるをえない。」

「それはまたなぜに……」

「人間は虫の減少を計って、虫の増加をきたし、収穫の多きを望んで多くを失う。百姓の労苦は増大こそすれ減少することはない……。

彼らは原因を除去することを忘れているのだ。害虫の発生する原因について何らの考慮も払っていない。」

「それはまた奇怪な。害虫の発生する原因については、直接的、間接的に、その原因、素因、遠因について充分考察し、研究している。そしてその原因を根絶することに努力しているわけであるが。」

「人間の言っている原因というのは、本当に真の原因なのかな。人間の研究しているという原因は、本当の原因になりうるであろうか……人間は何をやっているのだろう……」

老人は突然話を変えて話しはじめた。

「ある国に大海の水を干そうとする人々がいた。彼らは大海の水を干すには海水の減少を図ればよいと考えた。それは全く間違いのない正しい事だと信じていた。

この国の人々は、まず手をもって海水を掬い出した。しかしその効果の薄いのを知ると、柄杓をもって海水を汲み出しはじめた。だが、なお前途のほど遠いことを知って、ポンプをもって海水の汲み出しにかかった。

だが、大海の水は減るように見えない。不審に思ってその原因を探究してみた。彼らはこの大海には、周囲から幾つかの河川の水が注がれているのに気がついた。驚いた人々は、それではと河川の水を堰止めることに努力した。そしてこれで大海の水も干し上るであろうと安心したのであった。ところが大海の水は何年何月汲み出してみてもやはり、いっこう減少しない。しかし、彼らは一斗の水を汲み出せば一斗の水が、一石の水を汲み出せば一石の水が減少することは確実だとの信念はゆるがない。

一匹の害虫を殺せば一匹が、百匹を殺せば百匹が減少すると信じているのと同様に……。

しかし彼らは海水が減少しないという原因について、害虫が減少しないという原因について、一つの大きい錯誤を犯しているのである。彼らは大海に降り注ぐ雨について考慮することをうかつにも忘れていた……」

私は言葉をはさんだ。

「しかし、彼らも原因をさらに深く探究するにしたがって降雨にも気づき、またこの対策も解決していくであろうと思われるが、また一害虫発生の原因についても、ある時代にはその充分な原因を知りえないかも知れないが、研究の進展と共に原因の全貌というものが明白にせられるはずである。」

すると老人は、

「大海の水を汲み出すにかかわらず、水は減少しない。その原因の全貌について人間が知りうることができるということが、事実可能なことであろうか。

減少した海水は、河川の水によって、あるいは降雨によって、ただちに充当せられるということが判明したとき、人々はさらに河川の水はどこから、降雨はいかにして生じたものかを知る必要に迫られ、またその原因を知りうるであろう。そして雨は雲から、雲は南の砂漠の空に、あるいは北の氷山の空に発生したなどというふうなことが判明したとする。

しかしこの原因には、なおまた根本になる原因がある。原因を知り、さらにまたその原因を究め、原因の原因を次から次へと探究してゆくとき、人ははたして真に最初の原因というものにめぐり会うことができるであろうか。

原因の原因を尋ねくたびれた人間は、ようやく結論としてこんなことをつぶやくものだ。〝大海に降る雨は、自分らが海水を汲み出して砂漠に灌漑用水として利用した。ところがその水が蒸発して雲となり、集まって雨となり、そして大海に降り注いだのであった〟などと。

海水を汲んだことに原因したとすれば、彼は片手で水を汲み、片手で水を注いだことになる。彼らの努力は無益な徒労に終わる。彼らが額に汗して大馬力で水を汲めば汲むほど、河川の水は渦を巻いて流れこみ、豪雨となって降り注ぐ。人間の努力は大海の水を汲む愚人とともに永遠の徒労となるべき運命にあったのだ。

人間の害虫防除も、人間が虫の殺滅に努力すればするほどさらに強力な反撥を虫は示してくる。人間が一地域から、一国から虫を遮断したとき、さらに別の大群がこの囲みに対して強圧を加えてくる。人間の努力が激しくなるにしたがって、虫もまた激しく押し寄せてくるのだ。

そもそも人間が、この地上の生物界の諸相を観察して、彼らの食生活をもって弱肉強食の世界であり、栄枯盛衰の修羅場であると見るところに間違いのもとがある。形の上においてはまさにそうとも見える。しかし自然界の本質は、換言すればまた静かな共存共栄の姿でもある。一が栄え、一が衰える。見れば一波乱のようにも見えるが、栄えるべきは栄える原因があって栄え、衰えるべきは衰える原因があって衰える。ただ河川の水の低い所に赴くように、その途中奔流となり、また深淵に漂うことがあっても、それは時限的、局所的の一波乱、一曲折にすぎない。水は動といえば動、静といえば静、急潭を下るも深淵に漂うも、水は水で不変である。

人は自然の変転、流動を見て、自然の不変、不動であることに気づかない。人はいたずらに激流にさからって事をかまえ、深淵に棹して焦慮する。

人が虫の発生を防止しようとすれば、まずその根元を絶つことを考える。その原因を探究し、その禍根を摘出することによって、その発生を未然に防止することができるからと。しかしながら、人の探究する原因は真の原因でありえたか。人が知りえたと信じている原因にはかならずやそれ以前の原因、素因があった。素因にはまた基因があり、その基因にはさらに遠い所に深い遠因があった。

いわばわれわれの信ずる原因は、つねに一つの原因でなく、一つの結果でしかなかったということとである。一つの結果をもって原因と誤信していた。結果を摘出していて、その原因を剪除したと信じていたのである。大木を枯死せしめるのに、根元を切り倒したつもりで、なお枝葉末梢のみを剪除しているのと同様である。さらにまた人の信ずる結果というものも、いわば自然の流転の途上における一つの原因でしかない。

一害虫が発生した。しかし人はその真の原因を知ることはできない。また一害虫の発生が負う使命、すなわち最終の結果についても、人はうかがうことを許されない。どこから来てどこに去り、何がゆえに発生し、どんな結果になりゆくものか、人は知ることなく、ただ眼前の事柄に一喜一憂しているにすぎないのである。

原因の何であるかを知らず、結果の何であるかも知ることなく、しかも人々は原因と断じ、結果を論ずる。そこに、人間の無益な徒労が発する。

そもそも作物に波瀾があり、病虫害と言う。波瀾と見たのがすでに一つの錯誤である。波瀾と信じて、防圧にやっきになる。彼は静かな湖面に我が影をうつし、湖面に動くものありと信じて竿をさして、これを捉えようとする。湖水の面はさらに動き、我のうつされた姿はさらに動揺する。彼がやっきになって捉えようとすればするほど、彼の竿によって湖面は波瀾を生じ、波瀾は波瀾を生み拡大進展して停止することがない。

静寂の自然に波瀾を起こすものはただ人間であり、平和の世界を攪乱するものは人間である。

「自然は天の法則にしたがって動き、摂理によって守られ、美しい調和を保って進行するものとすれば、人間の努力は無用のことかも知れない。また、徒労に終わることかもしれないとしても……。

しかし、眼前に猛威を振う害敵に対して、われわれは拱手傍観することはできない。人間が彼らを亡ぼさねば彼らが人を亡ぼすであろう。害敵は発生する理由をもって生じたのだから、人これを許せ、天命、人を苦しめるならば、人これを甘受せよと言われるのか。

われわれは天に逆らっても自然の害敵を亡ぼさずにはおられない。われわれは自然の支配を受けるより、むしろ自然を支配することを欲している……」

「人間の本性を暴露したその言葉は誠に壮とも言える。しかし、しょせん蟷螂《とうろう》の斧、天につばきするたとえの通りじゃ。害敵害敵と言うが、害敵は外にあって外にない。

害敵は内より発して外より帰る。盗人は我が子じゃ。害敵の生みの親は人間にあることにまだ気がつかぬか。害敵を真に亡ぼそうとすれば、我が身を亡ぼさねばならぬ。害敵を亡ぼす勇気があれば、まず我が身を焼け。」

「害敵は内より発して外より帰るとは……」

「害敵を造り、害敵を増加せしめた種子は、人間が播いているというわけじゃ。病虫害の種子を播いたのは人間である。たとえばこの大根じゃ。」

「この大根にさえ近頃病虫害が多いということは?」

「病気や虫の罪をせめる前に、大根や大根を作る人間に罪はないか。昔より、病虫害が増えたという事実は、今の大根が、昔の大根でありえなかったことを意味している。」

「大根も太古の時代から考えると、長年月にわたって色々と人為的に淘汰を受けて、しだいに優良品種となっていることは間違いない。すなわち、根が大きくて、軟らかで、収穫が多くて、おいしいものと。」

「太くて軟らかでおいしいものが優良で、堅くて細くて苦いものが、劣等というわけか、優劣を大根に聞けばどう言うか？　色が白くて甘いものは、近代人にはもてるかも知れないが、病や虫に侵されやすくはないか。色が黒くて苦くても体が丈夫で虫気がなければ、自然の世界では立派なものということにはならぬか」

「優良品種というものは、大根にかぎらず、農作物では一般に弱体化している品種と見られないでもない。」

「人間の改造は大根には迷惑なことであろう。腰から下ばかり太らされた大根は、大根から言えば奇形児である。すなわち病体ではないか。人間も知恵ばかりあればよいというので、頭ばかり太い人間が創られたらどうなるか。奇形児だ、病気だと人は言うだろう。体の弱い奇形児に虫や病気のつきやすいのは当然だろう。」

「葉ばかり太くなった白菜、根ばかり太らされた藷《いも》、茎ばかりが太くなった馬鈴薯は、すべて奇形といえば奇形である。異常はすべて病体であるという定義に従えば、すべての農作物は奇形であり、病体とも言いうるが、しかし、また一方品種の改良を計る場合、農学者は優良多収ということもに、病虫害にも強いいわゆる耐病性ということも考えて淘汰選抜を行なっているが。」

「人間の言う優良と、強いということは、根本的には相反したことではなかろうか。おいしいものは弱く、多収穫の品種は耐病性が弱い。人間が多収、美味を望めば望むほど、作物自体は奇形の度合がひどくなる。奇形の度合が甚だしくなれば、それだけ弱体化する。

もちろん人々は病虫害に強い品種ということも考えているであろう。そしてある場合には耐病性が強く、しかも多収というものも造り出すであろう。しかし大きい目で見れば、それもある種の病虫害に対する耐病性にしかすぎないで、一時的な紆余曲折に終わるのである。あらゆる病虫害に強く、あらゆる環境に対して抵抗性があり、あらゆる時と場合においても、完全に優良というものはありえない。ある種の病虫害に強く、ある作り方で多収である……などと言いうるのが普通であろう。

根本的に見て、改良ということがすでに人間の欲望から出発したことであり、ある種の目的をもって改良する。いわばある種の人間に都合のよい奇形を作物に与えようとすることが、改良ということになるのであるから、どこまで行っても大根は奇形を免れない。その奇形化の欠点は、何らかの形で現われるであろう。その摂理の一つとして現われたものが病気であり、虫害である。

人間に完全ということは常に不可能である。常にある条件の下で試験するがゆえに、どんな結論も、ある時と場合には本当である、と言いうるにすぎないのが科学である。

「完全な意味で優良ということは不可能にしても、ある程度耐病性が強く、多収、美味の作物ができればわれわれは満足するが……」

「ある程度、ある程度と言っている間に、大根は似ても似つかない奇形大根になっている。人間の欲望は停止や後退はしない。常に進展、拡大する。親父は苦い大根を食って満足していても、息子は甘い大根を作り、その孫はさらに甘い大根を欲するようになる。大根からみればますます奇形になるばかりであろう。」

「大根はますます弱体化し、ますます環境に対する抵抗性が低下し、病害虫の被害も多くなるわけで……」

病虫害の被害の増大は人間に責任がある。虫に発生の原因があるのではなく、人間にその原因があるのではないかと私は振り返ってみた。

「人間は同一場所に居住し、自然に反して同じ田圃から毎年同じ作物を作り、より多く、より美しい作物をえようとしているのだ。もちろん栽培方法も改善はされた。しかし、結局その方向は粗放から集約へ、簡単から複雑へ、低度から高度化へ、露地から温床、温室作物へと進む。つまるところ、作物の弱体化は免れそうもないということである。

冬の寒中に西瓜を欲しがり、早春すでに胡瓜や、茄子を作るのが進んだ百姓とすれば、健全な作物が出来るはずもない。

つまるところ、病虫害発生の鍵は人間が握っており、一方では病虫の駆除に努力し、他方では病虫害の発生を助長する作物の弱体化を好んでやっているわけである。欲望の趣くところ、しだいに作物の弱体化は免れず、病虫害の被害も多くなる。欲望は際限なく拡大し、病虫害の被害はまた無限に深刻化する。またそれにしたがって病虫害の研究も無限に発達進展して行かねばならない……」

老人は口を入れて、

「人間が病気を作る。その病を人間が研究する。研究して治せば、人間はまた欲を出して、新しい病気を発生せしめる。それをまた研究する。ぐるぐると堂々回りして果てしがない。

病虫害の防除も、人間の欲望を増長拡大するがための労苦である。この苦労の消滅は、すなわち病虫害の減少消滅は、けっきょく人間の欲望の消滅によらざるをえない、病虫害防除の研究によって、病虫害が絶滅するなどと考えるのは本末を顚倒し、木に縁って魚を求める類である。先行するのは人間の欲望であり病虫である。研究は後から行くものにすぎない。研究者が病虫害に先行することはできない。人々は病虫害の発生原因が病虫害にあり、病虫害の研究者が彼らの発生を防止し、あるいは彼らの確実な防除法を案出してくれるものと信じている所に人間の悲劇があるのである。

彼らは病虫害の拡大、深刻化への援助者ではあるが、病虫害の絶滅者とはなりえない。彼らは百姓の敵でこそあれ味方とはなり得ない立場にあるのだ。しかも人々は彼らを救援者として讃賞する。百姓の負担を軽減してくれるものと信じて農学者を尊敬し、その肩に彼らを背負うのである。この農学者たちは、百姓の頭のハエを追い払ってくれるものと信じて。期待通り彼らは百姓に『君らの周囲には君らの知らない各種、各様のハエが、蟻が、害虫がいるよ』と注意してくれる。そしてこれらの農学者は、たんねんに一匹のハエや蚊を捕えてきて、彼らはどこから発生したのか、どんなに繁殖するものであるか等を、これは興味ある問題だと言って研究する。ある学者は一匹の蚤についてその一生をついやして研究した。ある種の蚊については、長年月の研究が継続された。

科学者を背負っている百姓たちは、時々不平を言うこともある。早く何とかならぬかなどと。しかし、多くの世間の人々は、この科学者たちの努力に対して深甚の敬意を表するのである。彼らは人類のために、やがて偉大な貢献をなすであろうと。そして彼らが時々、ハエの目玉の構造を精密に研究して報告したり、その繁殖率がいかに猛烈であるかを発表したり、あるいは蚊を見事に殺す薬剤を発見した時にはやんやの拍手を送るのである。百姓たちもそのつど、やがては自分たちの負担が軽減されるだろうと慰められるのである。

しかし百姓たちの負担が次第に軽減されるものであろうか。最初一人の学者を背負った百姓は、この仕事は独りでするにはあまりにも重大で膨大だとの理由で、二人の学者を背負うこととなる。さらに三人、四人と増加する。彼らの研究が進むにつれて、さらに深い研究が必要だということになり、研究者は幾百人幾千人と増加し、その研究室もますます拡大し増加してゆく。やがて幾千幾万の科学者たちと、さらに多数のその助手や雇人と、膨大な科学施設が出来、広大な研究室が設置されてゆく。そして彼らの業績として、次々に部厚い論文が発表せられ貴重な文献として大学の図書館の書架に積み重ねられて行くのである。

だが、一体百姓はどうなっているのだ。農学が盛んになってから幾十年後になった今日、なお彼らの周囲からは一匹の虫も減じたようにはみえない。稲の病虫害の一種類も、大根の虫の一種類も消滅してはいない。減少するどころではない。昆虫学者は年々毎月毎日、新しい害虫の発生を報告する。病理学者は日々に新種の病害の発見を報告する。今では幾万、幾十万の病虫害の種類が、列記せられ得々と発表せられている。しかもそのつど百姓は戦々兢々とせねばならない。

最初百姓たちは昆虫学者の手によって、彼らの作物を荒らす幾匹かの害虫が減少せられ、幾つかの種類が絶滅せられて彼らの負担が軽くなるものと信じたのに反して、その結果は、事実は、彼らの周囲には以前にもまして、おびただしい種類の害虫が発生し、その防除に多忙を極め、また彼らでは最早手の下しようもない厄介な病害の発生にも悩まされるようになる。

今では、もういやでも応でも、彼ら農学者の救助の手を頭を下げて懇願せざるをえなくなってい る。彼らの負担は増々倍加される一方である。しかも百姓は自然にこうなったのであるから仕方がない、悪い害虫が、難しい病害が発生したものだと嘆息するのみである。

昔は細菌性病害だとか、ウィルスだとか、そんなことは知らなかったのに、また知らなくても百姓はできたのに、百姓も難しくなった、馬鹿ではできぬ、忙しくなった……と言う。そして何の疑念もない。当然かくなるべきものだろうと信じて諦めているのである。」

老人の話を私は了解することができた。

農学盛んにして百姓はますます多忙になり、昆虫学者多くして百姓はますます虫の駆除に忙殺せられる。害虫は自然に生まれるのではなくて、人がこれを助長するものとすれば、百尺竿頭一歩を進めて、……私は老人に向かって言った。

「無為、無手段にして人なお食物を得、生存を全うしうるや。自然のままに放置して、黴菌害虫充満し……」

「地球上を覆い尽くすことはない。」

「黴菌の絶滅を計って……」

「地球上全部を殺菌して無菌にするというわけにもいくまい。殺菌剤なくして山野の空気清澄、消毒殺菌に寧日なくして都市の空気を汚濁する。病院の完備が誇りになるか。

山野の草木に病害ありて病害なく、

農家の田圃に病害なくして病害あり。

地上には本来病害も虫害もないというのが本当じゃ。禽獣虫魚、食あるがゆえに地上に生を得た。人また同じである。食があって生じたのは天命である。安んじていては食えないなどという理由はない。」

「人、無欲なれば生きることはいと安く、より多く求むれば労多く、甘いものを食えば病や虫は避けられない。」

「より多く求むれば、苦労も多いが、苦労すれば多くを得られる。甘いものが食えるなどと考えるのが、そもそも間違いの本じゃ。

南海の孤島に土民は燐石を掘り、酷熱の地に汗して鉱油を汲み、あるいは湿熱の密林に薬草を採り、集め来たり運びきて我が国の農民これを田に施す。田は肥え、米が多くみのるのは当然であるが、内に腹鼓を打ち、飽食に歌う者あるときは、外に飢餓苦役に泣く囚人、土民があることを思え。」

「地球上においては増減も損得もないというわけで。」

「甘いものを食えば病や虫が増える、病や虫を駆除すれば甘いものが食べられると思うところに錯誤がある。虫は増えるが、うまいものは食ってはおらぬ。

本来、食は食にあって食になし。禽獣魚虫は、食乏しく見えてその身は健全。人はその食豊にして、その身は不健全。健、不健、食にあって食になし、味の美味、不味、もとより食にあって食になし。食の甘苦は食にあって食になく、人より発して人に帰る。

神代の人、空腹をかかえて食はまずく、現代の人、食、美味にして歌うと思うのは、世人のひとりよがりにしかすぎない。

原人農耕の法を知らず、粗食してなお腹満ち、鼓腹して歌う。世人、農耕の法発達し美食してなお不平不満。甘きを求め、美食して得たものは何ぞ。

人の得たるものは一言もって言えば、ただ煩雑なる労役と、おびただしい数の農学者と、おびただしい種類の病害虫、それ以外の何ものを得たのでもない。

百姓は救われぬというわけじゃ。ハハハハ……」

私は老人の破顔に答えた。

「虫ありてまた面白く、病ありてまた反省す。

百年農作して百年同じからず、また楽しからずやか……」

三　善──戦争と平和　強弱、愛憎

私は静かな池の堤に腰を下ろして、見るともなく池の面を眺めていた。ぶーんと飛び回るかすかな虫の羽音。時々水面に魚のはねる音以外には、何の動きもない静寂の世界の中に私は没入していた。

と、突然俄に忙しい騒音。ただならぬ気配。堤の日向に昼寝していたであろう数匹の蛙が慌てて水中に飛び込んだと同時に、ギャーと一声断末魔の悲鳴が起こった。

見ると、くさむらからはい出した一匹の蛇が鎌首をもたげ、一匹の蛙を横ぐわえにしてぎらぎらと目を光らせている。蛙は四肢をもがいて見るに耐えない無惨な姿である。

我になく急いで立ち上った私は、そばの石をつかむなり蛇を目がけて投げつけた。一瞬さっと身がまえて私を見た蛇は、うらめし気な顔をして、のろのろとくさむらの中へ消えていった。

激しい心の動揺をおし沈めようとして、私は水面を逃げて足下のなぎさに憩う蛙たちを見下ろした。

と、何ということであろう。蛙たちの目は青空を見上げてけろりとした顔である。一瞬前に友達の上に、また自分の上におそいかかった恐怖の悲惨事などは、全く念頭にない顔である。何か遠い昔に起こった事柄でも思い出しているような……そして次には一回顔をつるりとなぜると、もう何でもなかったというふぜいでごそごそとはいはじめていた。

私は何事をなしたのであろう。

私は憤怒の情にかられて一石を蛇に投げた。しかし私は何事をなしたのであろうか……私の心に湧き起こった憤怒、愛と憎しみの感情は、はたして自認せられるべき正当の事柄であったろうか……。

蛙の瞳は「何事でもなかった」と言っている。私は何を犯したのか。私は蛇を憎み、蛙に同情した。しかし考えてみると、蛇は蛙を食って生きる動物である。彼は自らの立場の止むをえないことを主張するであろう。蛙も時においてかならずしも同情されるべき動物ではない。蛙もさらに小さい昆虫などを、ぺろりぺろりと食べる曲者である。

蛇を憎んだ私は、もし一羽のタカが来て空中高く蛇をつるし上げる姿をみれば蛇に同情し、タカを憎むであろう。しかしそのタカにもまたさらに大きい強敵が存在する。蛙は蛇の前には弱者であるが、小昆虫に対しては強者であり、昆虫もさらに小さい昆虫を捕食する強者でもある。

このような姿は、ただ動物界のみではなく、無心に見える植物たちの上にも日々遂行されている。大樹の下には、樹木が樹蔭からもれる太陽の光を求めて頭を上げようとし、その木の下ではシダがその葉を拡げ、さらにその葉の下では、コケ類がかすかな日の光を得て生存している。そして彼ら

の根と根は相からんで、水分や養分の争奪に必死の努力をかたむけていると見られないこともない。また木や草の葉には各種の病原菌や昆虫類が寄生して草木を侵害している。

常に弱者と見える他の動物たちの飼料として食われる草木も、一度その動物等が死体となって横たわるときは、その腐肉を養分として奪取し成長する。地上の生物は一つとして他に依存しないで、独立して生存しうるものはない。生物はすべて生命の糧として、他の生物を食い生存するということは、地上には弱肉強食の争闘が繰り返されない日は一日もないことを意味する。

私はこの弱肉強食の世界の中に一石を投じた。一に同情し、一を憎悪して。しかし同情されたものがはたして本当に同情されるべきものであり、一が真に憎悪されるべきものであったろうか。私はなぜ強者を憎み、弱者に同情せねばならないのか。私の愛憎は正しい価値を有するであろうか。

もし人間が彼らの争闘の中に介入しないでいても、彼らは常に一定の限度を保って破滅に至ることはない。蛇が蛙を食い尽くすことも、蛙が虫を絶滅させてしまうこともない。彼らの間に争いはあっても争闘には拡大しない。争闘があっても、人間のように戦争がひき起こされることはない。彼らは常に自然の摂理を守って、自然のままに生き、死んでいく。彼らは自然のままにおいて、美しい秩序を保っているのだ。

生物と生物の争闘を、みにくいとして一石を投ずる人間は、彼らの間に起こる混乱を防止し、秩序を回復するようで、実はただ彼らの間にさらに大きい混乱と破壊をひき起こしたにすぎない。彼らの弱肉強食の姿は、弱肉強食と言えば弱肉強食であるが、また反面、相互依存の共存共栄の姿でもある。

蛇はつねに強者でなく、蛙はつねに弱者でない。蛇を憎んでも、明日は蛇に同情し、蛙に同情した所で蛙が昆虫を食う姿に、またトンボが蚊を食う姿に憤激して、私は蛙に、トンボに一石を投ぜねばならぬ。もし蛇が蛙を食う姿が残虐であるなれば、蛙がハエを捕食する姿も悲惨事であり、小鳥が虫を捕食する姿も無惨であり、人間が焼魚を食う姿も憎悪されねばならぬ。人間は誰を憎み、誰を愛そうとするのか……。

人間の投じた一石は、天の摂理に対する反逆であり、人間の心に湧き起こった愛憎は、ただただ気まぐれないたずらにしかすぎない。

と、考えゆくにしたがって、私の心は激しい悔恨に沈んでいった。と同時に人間の心になぜ愛と憎しみが湧くに至ったのか、なぜ結果において全くの喜劇でしかないこの感情に、私は支配されねばならなかったのか、という激しい疑惑に私はつき当たっていた。

老人は何気ないふうで言った。

「人間は動物と動物の争闘の姿を見て、弱肉強食の姿と心に考える。何気なくそれは間違いのない事実として。しかし、この人間の心に浮かんだ考えは、人間の犯す錯誤の第一歩であった……。小さな子供たちが、一匹の亀をつかまえて遊んでいる姿を見て、大人は悪戯《いたずら》をするでないとさとす。だがこのとき子供たちはなぜ亀と遊ぶことが悪いのか、中止せねばならぬことなのかがわからないであろう。もし彼らの遊びが悪いことであるならば、彼らがトンボ釣りすることも、ハエ捕りすることも悪いこととなる。幼児はなぜ彼らと遊ぶことが悪いのかと不審顔をするであろう。

しかし、このとき幼児の疑惑に対して真実の解答を考える大人はいない。多くは弱いものをいじめるのは悪いことだからと言って平然としている。

だがこの答えは子供の疑惑に対して真実の解答とはなりえていない。もし次の質問を子供に許すなれば、『なぜ弱いものをいじめるのが悪いのか』と言うであろうが、このような質問は、もはや大人の世界では通用しない言葉となり、大人は『悪いことだから悪いのだ』と叱りつける。子供はわかったようなわからないような顔をして『そうかな』と信ずる。このとき不幸にも子供たちは真実を知ろうとする一歩手前で、錯誤であろうと何であろうと信ずるということと、知った、わかったということとが置き換えられてしまったのである……。

トンボ釣り、虫捕りの秋、セミ捕りのとき、そのつど、大人たちから繰り返し聞かされる『弱いものをいじめるな』という警告に、子供たちの心はいつしか『弱いものをいじめるのは悪いことだ』と考えるようになる。

さらに大人たちは弱いものには同情し、強い者は憎むべきだとして、子供たちの心に愛と憎の感情を誘導し、誘発せしめてゆくのである。やがて子供たちは、愛憎はどんな場合にどうして発現するものかを知るようになり、ハエ捕りする友達たちをとどめ、亀と遊ぶことを罪悪だと思うようになるのである。愛憎二つの感情の所有者となった人間は、『なぜ弱いものをいじめるのが悪いのだ』という真実がわかっていないのに……弱いものをいじめるのは悪いことだとして、その感情のままに行動して何らの懐疑も抱かないようになってゆく……。

このような経過をたどって、かように発展していった愛憎の感情は、はたして至当なものと言えようか。

大人は亀をもてあそぶのは悪いことだと言った。幼児は最初亀と遊ぶことが悪いことだとはわからなかった……ということはそもそも何を意味しているのであろうか。

子供は自他を区別しない。自己と亀は、二物であってしかも二物ではない。自他を区別しないで亀と遊ぶ彼らの姿は、もはや亀をもて遊ぶ彼らでなく、亀と共に遊ぶ彼らである。分別しない心に愛憎はなく、そこに存在するものはただ亀と合一して遊ぶ心のみである。セミを取る児童の瞳に映ずるものは、唯々セミのみであり、トンボ釣る子供の心は、トンボとともに飛ぶ心のみである。

自己を識らず、自他を分別しない児童の世界には、二個の物体は二者であって二者でなく、自他合一の世界であり、自然と融和し調和した一物のみが存在する。憎むべきものを知らず、愛するものを知らず、悪もなく善もない。純一無雑《むぞう》の心に存在するのは、ただ嬉々として遊ぶ法悦の世界である。
だが大人は、このような彼らの心中に一石を投じて亀裂を生ぜしめた。その言葉は自己認識であり、自他の分別である。子供と亀の対立であり、セミと子供、トンボと我の相対である。その瞬間から、子供らの心は亀を見れば亀と思い、セミを見てセミを識る。そのときから閉された子供たちの心は、以前のように明るいものではなく、亀を見ても亀と遊びえず、セミを見てもセミと共に鳴きえず、飛ぶトンボを見ても、もう子供の心は空を飛ぶことはできなくなったのである。

そして目に映ずるのは、争闘の対象として存在する亀であり、セミであり、トンボにしか過ぎない。相対立して存在する二者の間に惹起される姿は争闘であり、心に画かれるものは愛と憎しみの相克なのである。

大人たちは、子供らに愛は何であるかを教えたが、その瞬間にまた憎しみの何であるかをも教えたのだ。愛は憎しみに対立するものとして同時に誕生した。弱者に味方するが愛と言われたとき、同時に人間は強者に反抗する心、すなわち憎しみを心に抱くようになった。人間の愛の影には、必ず憎の心が影の形にそうように存在する。しょせん愛と憎は表裏一体のものでしかない。憎しみなくして愛は存立しえない。憎しみも愛なくしては存在しえない。蛙を愛するためには蛇を憎まざるをえない人間の愛憎は相対的に成立し、絶対独立の存在とはなりえない。

人間の愛は、独立して存在する絶対的愛ではなくて、相対的な愛であるがために、時と場合によって常に変転浮動するのは、また止むをえないことである。

蛙を愛することは蛇を憎むことであり、蛇を憎むことが消滅すれば、蛙を愛することも消滅し、蛙を愛することがなければ、蛇を憎むこともまたないであろう。

もし人間の愛が、絶対的な真実の愛であるなれば、人間の『蛙を愛す』は絶対であり、昨日は蛙を愛し、今日は憎むというような奇怪な矛盾はないであろう。人々が『蛙を愛す』と言っているのは、蛙そのものを愛しているのではなくて、蛙の上に画かれた人間の種々の虚像を人間は愛しているにしかすぎない。あるときは弱者と見え、あるときは強者として見る。あるときは可憐であり、あるときは暴君に転ずる。人間の認識は、蛙の真姿を把握しているのではなくて、その虚像を認知しているのである。いわば認識の錯誤である。認識の錯誤に出発した人間の妄想の上にそそがれる愛憎が、その妄想の変転とともに変転するのは当然であろう。人間は蛙を愛すると言って、その実、蛙を愛しているのでもなく、蛇を憎むと言っても、その実、蛇そのものを憎んでいるのでもない。人間の心がおどらされているもの、人間の心に湧く愛憎は……自己の心に湧き起こった妄想の雲でしかなかった。」

しかし私は強いて反問した。

「蛇と蛙の争闘の姿は事実であり、人間の妄想とは思われないが……」

老人は何事でもないように、

「蛇と蛙は二個の動物にすぎない。二個の物体である。二個の物体が激突したとは見えぬか、蛙は蛇を憎み、蛇は蛙を憎んで殺害したと見るのが人間の妄想である。

燕が飛んできて、トンボをおそい、トンボまた身をひるがえして小虫を食う。そこには争闘あってすでに争闘はない。クモがハエをとり、蚊が人を刺す姿に一喜一憂する必要は少しもない。和尚が魚を食べようと菜葉を食べようと、それはなんら悲惨事ではない。悲惨と見る人間の心が無惨であるにすぎぬ。」

「地上に惹起する弱肉強食の争闘は？」

「弱肉強食の姿ではない。地上の一大饗宴である。共存共栄の流転があるのみである。何事も起こらなかった。何事もなかった。なんでもなかった……。蛙の眼は常に碧空を映して澄んでいるのだ。真実のいまわしい争闘は、人間が彼らの中に介入したときから始まる。狂気のように石を拾って投げつけた人間の手から、真に憎むべき争闘が開始される。自然界に弱肉強食はなく、人間界のみに弱肉強食が存在する。蛇と蛙は衝突しても愛憎はないが、愛憎をもって争闘する人間の争闘は、弱肉強食の血なまぐさい修羅場と言える。

しかも悲しむべきことは、人間の愛憎は拡大進展して停止することがない。蛇と蛙のあいだに起こった争いは、争い以上には拡大しない。人間の争闘は、愛憎が愛憎を生み愛憎の熾烈化にしたがって、争いから争闘へ、争闘から戦争へと拡大する。

人間の虚想は虚想の影を生み、妄想は妄想の雲となって拡大し、もはや止めるべき手段はない。真に憎むべきは、蛇ではなくて、一石を投じた人間の心であった。」

「老人は人間の愛憎を虚想に出発した妄想として否定する。しかし人間に真の姿が、憎をともなわない愛がないとは思えない。……たとえば、母が子を愛する姿、百姓が作物を愛する姿、詩人が風物を愛する心、また清純な恋愛の中には、真の愛は見出されえないであろうか……」

「母親は子を愛すると言う。真実、子を愛しているであろうか。……母親が子供に乳房をふくませている無心な姿。乳房からほとばしり出る乳が、躍動する子供の若い生命にそそがれていく光景。それは美しくも尊いと言いたいが、母親はこの時何と言うであろうか。

『我が子は可愛い』という我が子とは何であろうか。我が子なるがゆえに可愛いと言う。その言葉は恐ろしい。母親は自らを識り、また子が我が分身であることを識っている。

もちろん他人の子供も可愛いと言う、しかし我が子に優る可愛いものはない。我が子なるがゆえにより愛するという母親の心の中に巣くうものは何か。

母親は真実子供を愛するのではなく、我が子と呼ぶ我なるものの希望を子供の上に托して描いた夢を愛しているのではないか。母親は子を愛するのではなく、我が子を愛している。もし母親の愛が真実のものであるなれば、愛は不変不動であるべきである。自分の子供に対する愛情と、他人の子供に対する愛情に差別のある母親の愛というものは、絶対的愛とはなりえない。

ある母は言う。『母親の愛はかような利己愛ではない。没我の愛である。自己はない。自己の完全な犠牲の上に立つ愛である。本能的に愛せずにはいられなくて愛するのだ』と。しかしその言葉は自己の矛盾を暴露していることに気づかないか。没我と言い、自己はないと言いながら、自己の犠牲の上に立つと意識する自己の存在に気づいていない。自己がなければもはや犠牲もありえない。彼女は本能的に子を愛すると言う。だが、かつて母親で真実本能そのままに子を育てた者がありえたであろうか。もし彼女が本能の愛をもって子を育てたならば、母親の育児法もまた本能そのままの姿をとったであろう。

甘い食物、暖い衣物を着せて育てる母親が、本能的に可愛いがゆえに愛する。可愛いがゆえに愛したのであり、それ以外の何ものでもないと言い張ることは笑止である。可愛いと言って愛する母の愛情の中には、むしろ激しい自己愛がかくされているのだ。

母親の愛はすべて自己に発して自己に帰る。もし自己に発しない愛があるとすれば、それは真の本能にもとづく愛であろう。

本能とはすでに人間の推理を超脱した世界であり、人間の把握を許さない。しかしながら、そこに存在するものは絶対的であり不変である。本能の世界に、我《われ》はない、没我の世界である。人間の意志を含まない本能的衝動による育児こそ、純粋な愛と呼んでさしつかえない。

しかし通常、本能は動物的衝動として、世人からは軽蔑されている。しかしこれは人々が真に本能が何であるかを見失った結果に外ならない。人々が母の愛は本能であるなどと言っているそのときの本能は、最も激しい自己愛、盲目的自己愛のため、かえって自己を忘却失念した姿を指しているのである。没我の世界と忘却の世界を混同した結果に外ならない。忘却の世界では自己はないように見える。だがそれは我が子に対するあまりにも強烈な自己陶酔のため、自己が失念されたにすぎない。我が子に自己が没入した結果、自己がないごとく錯覚するのである。真の没我には、我無く、我無ければ他人なく、愛児もない。

燕の巣にひながかえり、親鳥がくる日もくる日も風雨をついて我が子に食物を運ぶ姿は美しく、自己を犠牲にして愛児に食物を与える人間の母の姿に似ている。しかし根本的な差異は、ひな鳥が成長して巣立つ日、人間の児が成長して食を獲るときにいたって明白に現われる。

ひな鳥が一生懸命羽ばたいて巣立とうとするとき、親鳥はまたその周囲を飛び回って、いじらし

く も鼓舞激励する……。しかし一度ひな鳥が飛び立ち青空に高く舞い上がったとき、親鳥は最後の訣別の一声を上げるとともに、我が子の前から遠く永遠に姿を消す。

人間の母親はどうであろう。自己を没却し、自己を犠牲にして育てたという母親は、かの親鳥のごとく我が子を手離しうるであろうか。尊い没我だ、美しい犠牲だと言われる母親ほど、我が子が遠くへ去り行くことを恐れるのだ。子供の上に我はなかったはずだ。自己愛はなかったと言いうるならば、なぜ母親は児の巣立ちを恐れるのだ。

他の動物の上に見られる本能と、人間の言うところの本能との間には、計り知ることのできない溝がある。一は没我の世界でありうるが、人間の世界にあるものは唯自己のみである。我が子を愛するという人間の愛は、自己を愛する愛でしかない。我が子を愛しているのではなくて、自分を愛しているのだ。だから我が子が我から離れゆくことを恐れ、成長した我が子が、自分の意志に反逆したとき、狂気のようになって我が子を憎悪する。

母親が子を愛する姿は、人間が鏡に写った我が姿を愛している姿にほかならない。母は子の真姿を見ず、実体を愛せず、ただ我が子という虚想の上に画いた自己の妄想を愛撫しているにしかすぎない。

破鏡、一度我が子が去り失われるとき、母親は悲嘆のあまり涙にくれるが、彼女が我が子にそそぐ涙は、我が子に注がれる涙でなく自分の心の痛手、悲嘆の心に注がれる涙なのである。死せる児の行方を案ずる母の涙は、自分が見失った虚想への未練の涙であり、自己の心の行方の不明のために、迷いさまよう我が姿にそそがれる悲嘆の涙なのである。我が身はどうなろうと、我が子をこの世に再び返せと泣き叫ぶ母は、子供の悲劇に血涙をしぼるより、我が真姿を忘却して、行方知らずさまよう我が心の悲惨事をこそ悔悟すべきであろう。

日暮れてなお帰らぬ児を案じて戸外にたたずむ母親の姿は哀れと言う。哀れなのは日暮れてなお遊びに夢中の児童の上になく、哀れを誘う母の心情こそ哀れであろう。しかしながら、真に母が子を愛するなれば、母は子を我が懐にいだこうとするよりは、むしろ我が懐より我が子を放つべきである。

自他を分別することに発した人間の愛は自己愛である、と共に利己愛となり排他的とならざるをえない。自分の子として認知したことは、我が子と他人の子供を区別したことに他ならない。他の子供と区別して我が子を愛することは、他を愛さないことを前提とすることであり、他を排することでもある。

我が子に甘い菓子を与えて吝まない母親も、他の子供に同等の甘い菓子を与えることは欲しない。いな、他の子供の持たない甘い菓子を与えるときこそ、母はより以上の満足感にひたるのが常である。我が子に優る他人の子供に賞賛の拍手を送る母親の心の内には、かならずや羨視と羨望が渦を巻くものである。

人間の愛は乞食に一杯の水を与えるが、自らの財産と地位を取換えようとすることはないであろう。哀れみの情は、かならず自己が優位にあることを自覚した場合のみである。彼らは自己が損われない程度において愛の小出しを行なって、自己の名誉を守ろうとしているのだ。

無報酬の奉仕愛といい、犠牲的奉仕というも、有形無形の完全な無報酬の奉仕はなく、永遠の犠性に甘んずる奉仕者もない。彼らは自己を粉飾する最大の偽善者にすぎない。社会において奉仕する者は、奉仕者自身ではなく奉仕される人々の側にある。彼らは与えているのではなく奪取しているのである。

自己を意識しない愛は、人間の世界にはありえない。人間はもはや何者をも愛する資格を所有していない。」

「人間は愛することを許されないと言う……。

我が子を愛することを、母を愛することも、また我が妻を愛することも許されないという……。愛そうとする瞬間において、自己を滅却することのできない人間は……。

愛することのできない人間は、また愛されることも許されない人間でもある。これが真実とすれば悲劇である。

だが、人間に真の愛がないとは思えない。

美しい自然の中に愛を求めてさまよう詩人、魂と魂の呼び合いによって、慕い寄り、相擁してゆく若い男性と女性の中にも、聖なる愛がみとめられないであろうか……」

「大自然の中に存在する愛を自覚して、その懐に抱かれようとする詩人、魂と魂の内に芽生えた愛の衝動によって、慕い寄る男性と女性、純粋な愛がそこにあると言う……。

人間に真の愛がないのではない。だが人間はすでに愛の本姿を見失ったがゆえに、人間には真の愛はないとも言いえられる。

自然の懐にさまよう詩人は、見失った愛を求めてさまよう単なる放浪者にすぎず、恋愛は異性の中に虚偽の愛の完成を計ろうとする卑しい不良児の遊戯にすぎない。彼らの追求する愛は、愛の虚像にすぎず、そこには価値ある何ものもない。彼らはすべて自らの中に愛を探求せず、外なるものに愛の対象を求めてさまよう。彼らが探ねる方向には愛は存在しえないのである。

春が来て花は開き、一匹の虫また本能的愛の衝動によって雌雄相交わる。人間の恋愛もまた、このようなものと見られるが、人間は本能的衝動によって第一歩を踏み出すにしても、第二歩において、人間は邪悪の恋愛へと踏み込むのである。

彼らの恋愛は、どんな経過をへて完成されるかを見よう。彼らははたして何を愛したであろうか。一人の男性が女性を知ったと言うとき、彼は多くの女性の中から一人の女性を選び出し、分別し、選定した。彼はまず第一歩において女性を選定したのである。

そして着飾った衣服を見、容姿、行動を観察し、相手の品性を考察し、さらに趣味、思想を交換してゆく。心と心が相共鳴するとき、相思の仲として二人は恋愛への道を行進してゆく。当然の帰結として、結婚しようとするとき、彼らはさらに二人の周囲をとりまく環境を、結婚の条件として考察する。家系、血統、資産、身体、両親、兄弟、親族縁者の優劣、良否等を相計る。

時間の遅速、程度の差異こそあれ、何人もこのような経過を通過しない恋愛はない。この事柄は当然の事柄としてだれも不審を感じない。これはきわめて奇妙なことなのだが……人間は何を愛しようとしているのだろうか……。

ともかく、かくして一人の異性の本姿を知り、そしてその実体を把握し、その実体と恋愛しているのだと信じている。人間は一人の人間の本姿を、このような外観や内観によって把握しうるものと確信しているのだ。

そして相共感するものがあったとき、彼らの間には、純粋な美しい恋愛の花が開き、二人の魂と魂は本質的な結びつきを獲得し得たかのように思っているのである。

人間の愛は、対象によって発現されたり発現されなかったりする。相思の仲となって初めて恋愛の情は燃え、もし対象となる異性を見出しえないときは、彼らの愛は冷たく消滅しているのである。人間は見、思って、しかる後に恋愛する。人間の愛は先発しない。彼の愛はどこに存在していると言いうるであろうか。……

他の生物間で、また無生物の間で、陰陽の二つが本質的衝動によって相索引し、相接触するのと比べて、人間の恋愛がきわめてよく相似ていて、しかも絶対的に異なるものがそこにある。

人間の恋愛は、本能的衝動によって発出されるように見えて、その実、人間の心によって惹き起こされまた消滅する。人間の愛は人間の心によって自由に創作し、変更されうる愛なのである。

人間の恋愛は、何ら本質的な魂と魂の呼び合いなどによるものではなく、心の鏡に写した人間の虚像の上に描かれた幻想的な愛の完遂を目指す二人の格闘であり、苦悩なのである。

人間の心に映る愛は、波上に映る浮雲のように去来するがため、常に形をかえ、また移りゆく。人間の恋愛が常に悲劇的苦闘に終始するゆえんもまたそこにある。愛に二つはない。だが人間の愛は時と場合で変貌し、常に風波の絶えまがなく、恋愛もまた永遠に完結されることがない。」

「虚像の愛にしても人間は愛さずにはいられない。……何らかの衝動が人間を支配している。」

「人間は分別知に出発して二者を識別したが、その瞬間から二者は永遠の二者となり、もはや再び合一完成されることはないのである。男性対女性と認別されたとき、人間は完全体から不完全体へと転落した。不完全は常に完全になろうとする衝動をもつ。すなわち男性と女性が再び合一して完全体へと復帰しようとする。この人間の苦悩が願望が、人間の恋愛の衝動となる。しかしこのような人間の願望が許されないのは、破鏡再び円鏡となりえないのと同様である。

破鏡の悲劇は、さらに人間をして迷妄の淵へと引きずりこむ。自ら完成されることのない恋愛の中に沈溺しても、その苦悩は何らの価値もないばかりでなく、いよいよ深く人間を迷夢と邪悪の深淵に誘いよせるのである。

手足をしばられた人間が水中に投げ込まれたとき、もし彼が心静かに波の間に間にただよう平静さを失わないでいたなれば、彼は波上に浮ぶことができる。しかし、もし彼が焦燥を感じてもがくときは、彼はたちどころに海底の藻くずとなりゆくであろう。

自ら描く恋愛の忘想に沈溺する人間は、より完全ならんとして、より不完全へと転落する。人はより深く知ることによって、より深く真相を把握しうるものと信じているがゆえに、より深く考察し、思考し異性を選択することによって、より完全な愛が結ばれ得るものとして苦悩する。だが彼らの苦悩は人間の真姿の発掘には何ら役立たず、かえって迷夢の深い淵に没入し、その真姿に遠ざかり、真の愛の何であるかを見失い、虚偽の恋愛遊戯に堕落してゆくのである。

彼らが互いに異性を見ること多く、相計ること多ければ多いほど、彼らは自己の虚妄の拡大に悩まないわけにはいかないで、ますます真実の恋愛よりは遠ざかる。

愛は外になく、自己になく、自他を分別しないところにおのずから発する。人間はおのずからの人間を分別して不完全体としたが、人間は本来完全体なのであり、男性と女性の二者であってしかも二者ではない。完体と完体との間に交流するものこそ真の愛の世界である。分別以前の完全円満なる自性の魂と魂の接触による火花こそ真の恋愛なのである。純粋無雑の人間の魂と魂が互いに呼び合う人間の本質的衝動こそ真の恋愛なのである。」

「人間の本能的衝動にこそ真の愛が宿るという言葉であるが、他の生物間に見られるような動物的衝動に人間がその身をゆだねることができるであろうか。もし現代の人々がその知性をすべて捨て去って本能的衝動のままに行動したとすれば、そこには一夫一婦の倫理的道徳観も消滅し、多夫多婦の混乱が惹起されるものではなかろうか。」

「本能のままに行動すると言うが、かつて人間は人間の本能が何であるかを把握しえたことがない。本能のままにと言うが、人間はもはや真の本能的衝動をとることはできないはずである。

また人間がその知性を放棄すると言うが、人間はその分別知を捨てさることもできない。しかしもし仮に人間がすべての知性を捨てきって、本能的衝動のままに行動しえたとすれば、そこには何の虚姿もなく虚妄もない。あるものはただ愛の衝動による行為のみである。もし人間が虚姿、虚妄に幻惑されることなくして衝動のままに行動すれば、その行動は最も自由奔放にも見えるが、また最も淳朴な愛の形をもとるであろう。

人間の知性なるものは、社会の混乱と性の無軌道を防止する方法として、便宜上一夫一婦なる倫理を創造した。だがその心に発する多夫多婦への欲情と愛の格闘は、圧迫しようとして圧迫することができず、常に混乱と悲劇を繰り返しているのである。

もし人間が本能のままに行動したとすれば、その形はいかなる形態をとるにもせよ、混乱と悲劇はありえない。

なぜなら、このような世界には愛のみ存在して憎しみが存在しないがゆえに。そして彼らの世界では、大自然の摂理による秩序と調和が見出されるであろう。」

四　美──芸術　明暗、美醜

私は森の中を老人を尋ねてさまよっていた。

聞くともなく小鳥の声を聞いている内に、いつとなく音楽ということについて思いをめぐらせていた。

昔の人々は小鳥の声、松風の音、渓流のせせらぎ等を聴くのみで、別に音楽というふうなことは考えることも見ることも聞くこともなかった。しかし現在ではどんな田舎でも音楽と名のつくレコード、ラジオ等から流れだす音楽に人々が耳を傾け、また各種の楽器によって演奏される音楽を楽しむようになってきた。

音楽を知らなかった人々、音楽を楽しむという人々、芸術ということは何も考えなかった昔と、芸術を愛するという今の人々との間には非常な差があるようでもあり、またないようでもある。いずれが本当であろうか……。と、ひょっこり木立の影から現れた老人は、私の疑惑に答えて話しはじめた。

「音楽を耳を澄して聞くという言葉がすでに怪しい言葉ではないか。三歳の童児の耳にも音楽は聴こえる。聞くという心をもつ大人の聞くと子供の聴くは、同じようで同じでない。音響が耳に入り、鼓膜を刺戟し、聴覚に訴えることは大人も子供も同様だが……子供は無心に聴き、大人は心あって耳を澄して聞くという。このときの聞くは、換言すると、聞こうとする心がないときは聞こえないということである。なぜ大人の耳は聞こうとせねば聞こえないか。

大人の世界ではあまりにも煩わしく思うことが多い。耳は閉ざされてはいないが、その心が憂愁に閉ざされているがゆえに、音響が耳に入っても聞こえないのである。その音響に耳を向けたとき、初めて彼はその音響に気づくのである。小鳥のさえずりがただちに耳に聴こえるのは童児であり、いわゆる文明人ではなく、未開の野蛮人と言われるような原始人が、より音響に敏感なのである。

難しい顔をして机に向かっている学者たちの耳には、街の轟音も音楽も耳には入らないが、無心に眠る幼児は突然の警笛にもぴくりと動き、軒端の雀のさえずりにも夜明けの眠りをさます。しかも子供の耳には、小鳥の声はそのまま妙《たえ》なる音楽として耳に入り、その心は、小鳥の声に和して歌うのである。

憂いに閉ざされた大人の心の中には小鳥の声も響かず、ただ森に入って静かに憩うとき、何物も忘れようとするとき、ふと小鳥の鳴声に気づいて耳を傾けるのである。

だが、大人が聞いた小鳥の鳴声は、かれが物悲しいときは小鳥の声もうら悲しく聞え、心楽しいときは小鳥の声も楽しげである。心の浮き沈みにしたがって、同じ小鳥の声も同一には聞こえない、子供の聴く小鳥の声は常に同じであるが。ということは、大人の世界では小鳥の声が小鳥にあるのではなくて、聞く人間の心にあるということである。

大人の世界では、人間の心が音響を製造し創作する。したがって世の音楽家は、風の音波の音を聞き、また松声を聞いて色々の音楽を作曲すると言う……。そしてそれでよいと考えている。

またさらに、人間自身が作曲したその音楽に耳を傾ける鑑賞家がいる。そして彼らは作曲家と同様の感情のリズムに乗って悲しみ、喜んで満足しているのである。それが間違いのない音楽であり、人間の心を楽しませてくれるものと信じて疑わない。

だが、それは恐ろしいことである。

音響は聞こうとしなくても聴える、音楽がなくても小鳥のさえずり、虫の声で十分楽しみうる。児童たちの心と、自ら作った音楽に耳を傾けて聞いて楽しむという大人の心を比較するとき、そこには天地の距たりがあるのである。児童は真の音楽を楽しみ、大人は幻想の音楽を楽しんでいるのだ。」

私は素直に老人の言葉を聞くことができなかった。

「大人は人間の作った音楽を聞き、子供は自然の音楽を聴くとしても、自然そのままの音楽がかならずしも最高のものとは言えない。人間が創作した音楽にこそ、むしろ優れた芸術があるのではなかろうか。また幼稚な原始的な音楽より、高く深い音楽をも人間は創作しうるのではないか。」

と、老人は、

「優れたとか深い微妙な音楽とはどういう音楽であろうか。たとえばベートーベン、ショパン、シューベルトたちの作曲した音楽を人々はあげる。そしてなぜそれらが芸術上優れているのかと尋ねると、普通は次のように答えるものだ。

『彼らの音楽を聞くとき、人々は非常な感銘を受けるのだ。そこには激しい人生の苦悩、荒涼とした寂寞、甘美と悲哀、豪壮と繊細、崇高と幽玄がある。人間のあらゆるもだえ、苦渋を通して、そくそくと人々の心にせまる彼の崇高なまでに高められた偉大な魂にふれることができる。彼の魂のリズムこそ、高貴な香り高い芸術と言わねばならないであろう』と。

だが、すべての人々がベートーベンの曲の前に感泣し、興奮するわけではない。名曲と言われる子守歌も、泣き叫ぶ赤児の心を静めることはできないと同様、彼らの名曲も子供や百姓相手の場合は、何のことだかわけがわからないであろう。彼らにとっては名曲も猫に小判で、ただ騒々しいうるさい以外の何ものでもない、ということは何を意味するか。名曲が真に名曲であれば、どこでもどんな人の心にもその旋律は快く滲みとおるはずであるが、名曲も聞く人によって迷曲となり、騒音となるということは、名曲の価値が名曲にあるのでなく、聞く人の心次第、いわば曲は曲になくて、人の心の中にある証拠でもある。

また、名曲は名曲を理解しうる人にとってのみ名曲となりうるというが、この場合理解とは何を意味するか。難解な曲目を理解する聴覚や頭脳を、練習の結果獲得するということは、音楽について訓練した人々にのみ可能である。訓練とは、声楽にしろ器楽にしろ、高低広狭さまざまの音階を区別して発生し、聴取する技能を練磨する。また次には人間の心の中に立つさざ波とも言える様々の感情を、音響によって表現する技術について学ぶ。また反対に種々の音響の中に流れる人間の感情のリズムを聴取しうる聴覚の練磨に努める。ちょうど自転車に乗る技術を獲得するように、音楽のリズムに乗りうる心を、訓練によって養うことが音楽を理解することとなる。

高級な芸術、香りの高い音楽というものは、多くは難解だと言われる。難解な音楽というのは、一つの音響の中にきわめて沢山の複雑な感情が吹き込まれたものなのである。名曲とは、いわば一つのレコードの中に豪華、絢爛、甘美、幽玄、荘重、繊麗というふうな感情を、より多く秘めたものなのである。

したがって名曲を理解するとは、このような名曲から流れ出る複雑な人間の感情の旋律に、よく乗り、よく感応し、感泣しうることを指す。

だが、練磨の結果、人々が名曲の中に含まれる荘重、甘美、幽雅等と言われるような様々の感情のリズムに上手に乗って自らの心が振動する、すなわち人間の心が支配されるということは、人々が信じているほど真に喜ぶべき、また楽しむべき価値のある事柄であろうか。

いかに美しい言葉で飾られようとも、人間の感情が人為的リズムの波上にただよって動揺するということは、悪く言うと人間の心がリズムの波によって惑乱せしめられ、昏迷の淵にさまよっているにすぎない。微妙とか、複雑、幽玄と言われる音楽は、人間の心を動揺せしめ迷夢の中に引きずり込む力が強大であり、深刻であるというにすぎない。人間の心を激情の中に翻弄する力の強大な音楽に陶酔することが、なぜ人間にとって価値があることとなりうるか。

人々は単純で素朴な心の所有者よりは、複雑で解き難い昏迷の知恵の中に沈む人をより偉大な智慧者として尊敬する。と同様に、人間が種々の激情の波の中に浮沈することは、人間の心をより複雑に怪奇に、より苦渋に満ちたものとするにすぎないのであるが、それにもかかわらず人々は、このような役目を果たす音楽に心酔する。彼らはこのような、激情に満ち満ちた人生を価値あるものと信じ、このような音楽によって人間の品性が向上し、心が浄化せられ、崇高なものに高められると考えているからである。喜怒哀楽の感情をリズムに乗せた音楽によって、人間の心が至純至高のものに高められると言う。人々は人間の心に浮かぶ喜怒哀楽の感情の価値を、正当なものとして肯定しているからであろう。

人の心に浮かぶと言うが、厳密に言えば、感情は人の心の上に湧き起こったのではなく、人の心の上に画かれたものである。自然に泉の湧くがごとくではなく、人の心の意志によって、頭脳の中に画かれた喜悲であり苦楽である。楽しいがゆえに楽しさが湧いたのではなく、悲しいがゆえに悲しみの感情が湧いたのでもない。人の頭脳に画かれた虚姿虚想に出発して、楽しい感情をもったがゆえに楽しいのであり、悲しみの感情に浸るがゆえに、悲しくなったにすぎない。いわば、人間の感情は自らが創作し、製造した心の迷夢であり、偽物の感情でしかない。

今一人の作曲家が音楽を製造してゆく過程をみよう。軒端《のきば》の掛樋《かけひ》を伝わって流れ落ちる雨滴を見ているとする。彼は、その雨滴がときに早くときに遅く、一定の緩急をもってポタリポタリと地上の水たまりに落ちて、音を立てているのに気づく。雨滴はときに静かに落ち、ときに激しく落下する。

間断なく繰り返される雨滴の落下を見つめているうちに、彼の心は雨滴のもつリズムを音楽に取り入れようとする。また彼の心の上には、さまざまな感情の雲が、画かれては消され消されては画かれる。その雨滴は、冷たい寂寞の露とも見え、憂愁の苦渋とも考えられる。ときに甘美な母の乳房を憶わせ、また宝石の輝きをもつ少女の瞳のきらめきを連想させ、あるいはまた熱情に悲泣する男の涙とも思われる。

作曲家は彼の心の上に描かれたさまざまな感情を、この雨滴のもつリズムに乗せてピアノの上にたたき出す。かくして寂寞、憂愁、甘美、激情など、彼の心の波動がリズムとなり、歌となり、曲となって表現される。

彼が作った作曲の中から飛び出すリズムは、雨滴そのもののリズムではなく、湧き上る感情の嵐は、雨滴の感情ではなくして、彼の心に画かれた感情のリズムである。彼は雨滴なる実在を認識し把握して、雨滴のリズムを得たのではなく、その雨滴の上に描かれた自らの妄想を楽しみ、幻影をリズムとしてピアノの上にたたき出したのであった。寂寞であるがゆえに、作曲された雨滴のリズムが、寂寞となって現われたのではない。雨滴が甘美であるがゆえに、表現された音楽が甘美なリズムをもっているのでもない。雨滴の落下する静けさを彼が寂寞と思ったとき、寂寞の感情が湧然として彼の心に浮かび、雨滴の円い露を甘美と思ったとき、彼の感情は甘美の幻影に包まれたのである。寂寞も甘美も雨滴から出発せず、彼の心の妄想より出発した彼自身の幻影でしかない。彼の作った寂寞は真の寂寞ではなく、甘美もまた真の甘美ではない。彼自身の創作物であり、偽物の幻影でしかない。

かく人間の心に画かれ作られてゆく喜怒哀楽の感情が、人間にとって真に必要な高い価値を有するのであろうか。このような感情が、その根底において無意味であり、とうてい至純至高のものとなりえないことは、言うまでもないであろう。

それでもなお、このような感情を再表現した音楽によって、人間が浄化せられ向上すると考えることは、水面に映る虚影の獲物を見て吠える犬の愚にも等しいことである。

音楽を聞くことによって興奮し、感化し浄化せられるという人々の態度を譬えてみよう。

それはちょうど、映画に演出された豪快な男の活躍に胸を躍らせ、また甘美な愛の画面を見て、甘美な夢に陶酔する観覧者と同様である。映画を見ている間、映画の中の男に共感した彼は、あたかも彼自身が豪快な男となりえたように興奮し、また次には甘美な愛をささやく麗しい人物となりえたように錯覚する。あるときは豪快な男に、ときには熱情の男性となり、また次には冷徹な男となり、邪悪な男ともなりうるのが観覧者である。豪快な音楽を聴いては豪快な人物になり、崇高な音楽を聞いては心は浄化せられ、崇高なものに高められると思うのは錯覚にすぎない。もともと、人々が鑑賞している映画の中の人物そのものがすでに偽物なのである。俳優がどんなに上手な演技をしめしたとしても、彼は真に豪快なのでも、麗しい男となりうるのでもない。

名作曲家と言われる人々の作曲が、どんなに荘重豪放だからとて、彼自身が崇高豪快な男であるとは限らない。芝居を演出するのは俳優であるように、音楽を作曲する作曲者もまた一人の音楽役者なのである。彼らの演技や彼らの作曲が、いかに名演技名作であろうとも、つまるところ、その結果は一つの芝居であり遊戯にすぎない。

それのみでない。昨日は悲劇役者を演じて熱演し、今日は喜劇役者を演じて得意になる男、今日は英雄に、明日はうらぶれた詩人となりうる男があるなれば、それはいわば芝居上手な男であり、むしろ唾棄すべき人間でしかない。

名曲の中に含まれるという豪快、荘重、甘美等々の感情もまた、芝居され、模写された豪快、荘重、甘美などでしかない。いわば真実の豪快、崇高、幽玄等の感情の模造物であり、投影でしかない感情のリズムに乗って躍らされることは、自らを道化役者として、汚濁の世界に投げ込んでいくにすぎないのである。彼らは真の音楽家でも芸術家でもなく、舞台の上で音楽なるリズムの芝居を上演する一俳優にすぎない。ただ彼らは、自分が芝居の中の俳優となっているのに気づかず、実在する実演者と信じている。

人間は、実態の世界でない虚想の世界に住む。ちょうど夢の中で豪快な活躍をしたり、憂愁に苦悩したり、また甘美な愛をささやいたりして、喜んでいるのと同じである。夢の中で豪快な活躍をすると言えば喜劇である。憂愁に苦悩することはむだなことだ。甘美な愛をささやくと言えばそれは悲劇でしかない。ただ人間は幸か不幸か、自らが虚想の世界に住していることに気づかない。

もし舞台の役者が、一人の英雄の役を演じるとき、彼が本当に自分は英雄だと錯覚して熱演したとすれば、それは喜劇であり悲劇であろう。

一人の作曲家が、自分は真の芸術家である、自分の作曲した音楽は真の音楽であると自負するなれば、彼は自分が音楽なる芝居を芝居していることに気づかない道化役者であるか、自らが創作した幻想の濁酒の中に酔いしれている自己陶酔者にすぎない。

さらにまた、彼が作曲した難解な音楽を有難がって理解しようと努力し、練習し、聴覚を練磨している音楽家の姿は、ちょうど芝居を観に行くのに、顔にお白粉を塗ったり、華美な衣服を纏わねばならないと信じている人達と同様、滑稽な音楽の道具を食っている姿に外ならない。

人間は最早音楽を所有しているのではない。……」

私は人間の音楽を、音楽を芝居する音楽という老人に向かって、言った。

「音楽は人間の感情を超越して、しかも、なおいかにして湧くか……」

音楽はその耳をもって聴き、歌はその口より発すればよい。耳、聴くものは音楽であり、心、歌うものが音楽であり、それ以外の何ものでもなく、また何ものであってもならない。

音楽は人間の心に画かれるのではなく、人間の心に自ら湧く。音楽は聞くものではない。聞かなくても聴こえてくる……否、常に聴こえているのだ。常に心そのものも音楽のリズムにのってささやいている。人間の心、人間の生命そのものが、そのまま音楽なのだ。

何ものも必要とせず、何ものも超越してなお厳として音楽は存在する。

そこは清く高い音楽の発生地でなければならない。」

老人はふと言葉を変えて尋ねた。

「人間は音楽を聞くと言う。真実、人間は音楽を聞いているのであろうか。」

「？……」

「たとえば、人間は音楽を聞くと楽しいと言う。楽しいと言うとき、そのとき彼は音楽を聞いているであろうか。」

「常にどんな音楽を聞いても楽しいのではない……」

「子供たちは童謡を歌うときは楽しげである。百姓たちは野良歌を唄い、民謡を聴くときは楽しいと言う。街の人たちは流行歌が最も楽しいと言う。また声楽専門の人たちはソプラノがよい、アルトが好きだなどと言い、あるものはピアノが、ヴァイオリンを演奏されるときが、私は管弦楽を聞くときが最も楽しいなどと言う。

それでは最も楽しい音楽は何かと聞くと、みんなちょっと黙ってしまう。次には自分たちが理解し好むものが最も楽しい音楽だと言う。

幼児に管弦楽を聞かせるとびっくりして泣き出す。百姓にソプラノを歌えというと悲惨な顔をする。声楽家は街の流行歌にはまゆをひそめる。

どんな音楽を聞いても楽しく、心が慰められるというわけではなく、ただ自分が理解する音楽を聞くのみが楽しいということは何を意味するか……。

音楽を聞こう、学びたい、憶えたいと思って音楽を聞くとき、その人は楽しいと言うであろうか。

「聞こう、憶えようでは息ぐるしいのみである……」

「難解な名曲ととり組んでヴァイオリンを弾きこなそうとするとき、管弦楽を真剣になって聞き学ぼうとしているときは、人々は楽しいものではない。むしろ苦しい。

難曲を自由自在に演奏しうる技術を獲得して後、自由に軽く弾いているとき、初めて彼は難曲も楽しいと言う。檜舞台で緊張して歌うときは、楽しいどころか額に汗をするが、家に帰りのびのびと歌うときは楽しいと言う。人間は聞こう、歌おうという強烈な意志をもち努力するときは、音楽は何も楽しいものではなく、ただ無心に聞き、無心に歌うときのみ初めて楽しい。

いわば、聞こう歌おうという意志の稀薄なときほど楽しい。歌おうという意志が稀薄になり、ついにはその意志も努力もなく、ただ無心に歌い、聞くとき、最も楽しくなる。

自転車に乗る練習をしているときは苦しいが、練習の結果、自由自在に乗りうるようになり、乗ろうという意志努力もなくして、無心に乗り飛ばすことができたとき、人は楽しいと言う。それと同様である。

歌う、聞く努力がない、意志がない、心がないということは、言いかえると、歌う、聞こうとする心がない、思わない、思いがないのであり、歌う、聞くと思う思いがないということは、歌っていても歌っていない、聞いていても聞いていないと同様であり、歌っていない、聞いていないこととなる……。

彼らが難解な音楽をよく理解するようになって歌い、聞いているときは、彼はもはやその音楽を歌っているのでもなく聞いているのでもない。しかもなお楽しい。

その楽しさは、その音楽から導き出されたのではない。楽しい音楽を歌わなくても、聞かなくても、彼の本然の姿である無心の心は、すでに楽しい歌を歌い、聞いていたのである。

児童が童謡を歌うとき、子供は歌うがゆえに楽しいのではなく、心がすでに楽しいが故に、その心がリズムとなって表に現われ、歌となって口から流れ出したにすぎない。

声楽家らは歌う時のみ楽しいと言い、歌わないときは憂わしげな顔をしている。しかし、このとき彼の楽しさは歌うことにより、楽しみのリズムが心に誘発されて生じたように見えて、その実、彼の心と歌の間には、何の交渉もなかったのである。歌ったが故に楽しいのではなく、歌うことにより、世の煩わしさを逃れ無心に接近しえたがゆえに得た楽しさなのである。人間は音楽を聞いていて、しかも人間の魂は何も聞いてはいない。

音楽は人間の心にはもっとも深い交渉があるとも言えるが、人間の真の魂とは何の交流もない。音楽が交流しうるものは、音楽という名の芝居、虚偽の遊戯にふける心であって、人間の自性の魂ではない。

何も音楽というものを所有しなかった原始人たちも、荘重華麗な管弦楽を楽しむ人たちも、魂の音楽を聞くことについては何らの差異もない。そればかりか、複雑怪奇な音楽を聞くことによって、人間の魂はより迷夢の雲に覆われ、苦悩し、汚濁され、堕落してゆくのみである。

もし音楽を人間の浄化のためとか、魂の向上に役立たせようとするなれば、彼らはむしろ彼らの音楽のすべてを放棄し、森の中で小鳥のさえずりに耳を傾けるがよい。それ以上の何ものも人間は必要としないであろう。

森の小鳥の鳴声、松風の代わりに、玩具にも等しいピアノ、ヴァイオリン、チェロ等々の類をもてあそぶことはいらない。無理にソプラノだとかアルトだとかバスだとかを学ばなければ歌は歌えないのでもない。ウグイスの鳴声とカナリヤの鳴声の優劣を議論する必要はないのである。一羽のウグイスよりも、二羽三羽の合唱がより高級な音楽となりうるのではない。人々は何百羽、幾種類かの鳥を集めて一大管弦楽を演奏するとき、彼らはその音響の偉大さ、荘重さ、豪快さに感激するであろうか。彼らはただ複雑と怪奇の中にうごめく人間の魂の苦悩の増大に圧倒されているにすぎないのである。そして真実の音楽は人間の魂からかき消されていき、虚偽の苦渋の音楽のみが人間の心を翻弄し支配していくのである。

芸術

「芸術の道は一つであろう。もし音楽の道が踏み迷った邪道というのであるなれば、詩も文も絵画の道も……」

「表現された方法が異なるのみであろう。その根底に横たわるものは心であり意志であり感情である。

一つの山を見ても、美しくも見え、醜怪にも見え、また崇高に豪快に峻厳に荒漠に見えるのが、人間の心である。彼の心に画いた感情は詩に托して歌うことも、画面に移して塗布することもできるが、人間は山の真姿をうつすことはできない。歌われたものは、画かれたものは、山の虚姿、虚想にすぎない。

なぜ人は虚姿、虚想と遊戯にふけらねばならないのか……。もし山を讃える気があれば、筆を投げすてて山に帰れ、もし画こうとするのであれば、彼は画布を捨てて山の懐に抱かれるべきである。もし素朴な百姓の姿が芸術として目に映ずるなれば、彼は百姓を画布に画いて眺めるよりは、自ら百姓となって鍬を手にすべきである。天真爛漫な児童の心を詩として歌うよりは、自ら児童の群に入って遊ぶ姿こそ尊い。芸術家となろうとする邪心を捨てて、自らが芸術品となるべきである。画く人よりも画かれる人こそ尊い。画く者はすでに芸術の冒瀆者であり、画かれたとき、芸術はすでに汚濁されたのである。

足下の野草は踏みにじってかえりみない女の子が、一枝の花を手折って名器に生花の技を競い、もって自然の美を摘出、強調して愛好しているのだという姿は、ちょうど野山の小鳥を愛玩すると言って、小鳥を籠に閉じ込めてかえりみないのと同様である。人は把握したのか、拘束されたのか……。

自然の中から一部を摘出し、強調して画布の上に画く彼は、自然の中から無用の部分を取捨して芸術の枠のみを凝集せしめたのが絵画であると言っている。

それは譬えてみると、暗夜にさまよう盲人が拾った宝石である。昏迷の淵に彷徨する人間はいわば盲人となり、聾者となった人間である。彼の人間が自然の中に彷徨しても、もはや真の声を聞くことも、真の美を見ることもできない。昏迷の暗夜に放浪する人間が、かすかな心の灯をかかげて自分の周囲をおぼろげに照らして見るとき、ふとそこに浮かび現われた瓦石を見つけて驚喜し、それを宝石と信じ、その美を讃嘆して詩とし歌とし絵として喜ぶ。

彼の得た美はきわめてとぼしいわずかな人間のなぐさめでしかない。だが何ものを見ることも聞くこともできなくなった人間は、暗夜に見出したこの瓦石の愚劣な美しさ、喜びにもきわめて強烈な感情を得、高価な芸術品と錯誤するのである。

人々は自然の中の一部を摘出し、人生の一面を強調し、あるいは、深く詮索することによって、自然のすべての美を凝集せしめ、人生のすべての価値を把握しうるかのように思っているが、彼が小さく深く鋭く探究していった世界は、いわば彼自身を狭く小さな世界へ引きずりこんでいく牢獄なのである。彼は自然を把握する代わりに、自分を牢獄につないだのである。

自由の世界にあっては何の感興ももたなかった人間が、牢獄にとざされてのち初めて窓外の桜花の一枝に感泣する。自由のとき、人間の心は自由に羽ばたかず、拘束されて初めて自由に羽ばたくことを熱望する。人間は、白昼にあるときは美を見て美と思わず、暗夜に灯をかかげて初めて美を知る。人間の芸術は牢獄の芸術なのである。人間は牢獄の芸術を得て、より高く清浄な世界に飛躍しえたように思っているが、その実彼はより低く、狭く、苦しい汚濁の世界に身を投げ入れて、おぼれきっているにすぎないのである。彼は自然という素材の中から取材して、より清い詩を、より高い美を画布の上に現わしたのではなく、美しく浄い自然の膚に墨汁を塗って汚したり、わずかに瓦石を拾って消え去った世界を追憶し、追想し、より清い、より高い芸術の世界の復活を、盲目のまぶたに画こうと苦悩したにほかならない。彼の苦悩や苦労は、悲劇以外の何ものでもなく、したがって彼の絵を観賞し、詩を歌う人々は、再び彼同様の昏迷の苦渋に幻惑されて、無益な苦悩を苦悩する。

なぜ人間は白昼堂々と自然の中を跋渉し、自然と人間の真底の琴線にふれ、その真姿に没入しようとしないのか。人々は芸術という色眼鏡を通して、小さな自我の窓からのみ自然を、人生を把握しようとするのであるか……。

人間はもはや、真に見ることも聞くことも、歌うこともできなくなってしまった。人はせめてもの慰めを幻影の芸術、牢獄の芸術の中に求めて放浪してゆくのである。」

私は静かに瞑目して昏迷の世相に想いを走らせていた。人間のみが万物の中で芸術品を所有することができると人々は誇っているが……。

老人は話を換えて言った。

人造人間

「ここに精巧きわまりない人造人間が造られたとする。外観は全く人間と同様な柔軟で美しい肉塊で造られ、その形は八等身の美人であり、その頭脳には精巧な電子頭脳がおさまり、人間の意志、感情も電波として敏感に受信し、またその反応を五官に送信して表現しうるようなまったく一人の美人と同様に動き、考えるところの人形を苦労して造ったと……」

私は心の中で、すでにこのような人造人間の製造への努力は、科学者の手によって着々と進められ、すでに生命の創造さえ可能に近いと伝えられている現状を思い浮かべていた。

「この人造人間は、自然の景色を天然色写真として受像し、また映画の画面に映写するように、一枚の画布に絵具をもって再現することができる。また街の騒音を聴音器に捕えては、電子頭脳の働きによって、その音響が音楽的なリズムに改変され、構成されて、立派に五線譜の上に表現されることができる。もちろん、口となづける拡声器からは、ソプラノもアルトもバスも自由自在に、スイッチ一つの操作で発声し得られる。完璧な動作でピアノを奏《ひ》き、舞踏し、あるいは茶の湯もたてるであろう……。

このような人造人間のつくった絵画、音楽、舞踏も芸術と言いうるであろうか。」

私はちょっと疑惑を残しながら言った。

「それは芸術とは言いえないでしょう……」

「しかし、この人造人間の書いた絵が、名画と寸分の相違もない場合、その絵に同じ価値がないと断言できるであろうか。その完璧な発声法によりソプラノが、人間のソプラノに劣るように思えるであろうか。ピアノの演奏においても同じことが言える。このすばらしい美人の人造人間を抱いてダンスをする男性は、何の感興もいだかないであろうか。」

しかし、それでも私は、

「そんなときでも、人造人間の画や、歌や、ピアノに芸術的価値があるとは言えないように思う。」

「なぜか？……言うまでもない。人造人間だからであろう。人間が創ったことではないからである。

ところがもし人間が、すでに本物の人間でなかったとしたら、人間の信じている芸術も、人造人間の芸術と同様の目に遇うであろう。」

もし人間が、人間の真姿を失って、偽物、虚像の人間に転落していたとしたら、彼の造った作品もまた偽物の芸術、虚偽の芸術となるであろう。人間の認識が不可能であれば、人間は自己を認識することはできない。自己の真の姿を知らない人間は、魂のぬけた人形であり人造人間と何ら変わらない。人間が、人間を見失い、単なる人造人間の地位に転落していたとすれば、その芸術もまた虚像の芸術にしかすぎない。虚相に生きる人間が、虚偽の幻影を画いて何の芸術と言いえるであろう。

実在する真、善、美を画くものはなく、人造人間の思いつくまま、見るまま、聞くまま、心に浮かび消えゆくうたかたを、ただ描きなぐって自己を慰めているにすぎない。芸術は、無目的、無方向であらねばならぬという言葉のもとに……。

芸術は無目的でなければならないであろう、しかし、無目的とは、行方を知らず、さまよい歩く放浪の姿ではない。無目的という明確な世界に向かっての真剣な精進をさすのでなければならない。人間はもはや、無、すなわち実在の世界に飛び込んで見出される美と歓喜の世界を描きだす努力をしようとはしない。自己の真の魂が、小鳥の中に飛び込んで、小鳥とともに歌う歌、一茎の花の中に飛び込んで知る花の美、自然の中の動物等とともに、躍動する生命の歓喜にうちふるえておどる踊りをおどろうとはしないのである。

人間は未来において、人造人間を造るつもりでいるが、現在のこの人間が、自分自身が、すでに人造人間と化し去っている悲劇に気づいていない。

一度とざされた岩壁は、打ってもたたいても、もう何の音も発しない。天は無言である。人造人間にはもう何も聞えない……」

老人は人間の芸術を否定し、人間をも否定した。そして飄々と森の中へ消えていった。

五　生と死――老若、喜悲

私は静かな池の堤で腰を下して休んだ。

私は何気なく一本の名もない草花をむしり取って手にもてあそんでいた。私はその草花を眺めているうちに、私の心は深い憂悶に閉ざされていった。

この花はいま何を思っているのであろうか……。この花は何ごとも知らないように、無心に咲いているように見える。しかしまた何ごとも知っているようにも見える。

人は憂いを知る。この花には何の憂いもないようでもある。人のみが、なぜ憂いを知るのであろうか……。

……ふと気づいて私は愕然とした。手の中のその花は、いつの間にか葉は垂れ、花は色を失い、見るかげもない凋落の姿に変わっているのである。さきほどまでは、生々として生命の歓びを感じていたであろう花が、一刻の後にしめす無情の姿……。

花は無心に咲き、無心に枯れていったのか……。

無心に生まれ、無心に死すもの……。

だが人間は、無心に生死を見過すことができない。この花が無心に咲き、無心に死んでいったとは信ずることができないのだ。

なぜ人間は生と死の間を、深い憂いの中にさまよい歩かねばならぬのか……。人間はなぜ、どうして、この世に生まれ、そして死んでいかねばならないのか。生きているというのは、どんなことであるのか。生につきまとって離れない死とは、どんなことなのか、われわれはいかなる存在なのか。

人間が生まれる、それは、きわめて何ごとでもないようでもあり、また、不可思議なことでもある。

人々は人間が生まれたと平然として言う。そこには何の疑問もないこととして。しかし人間はなぜこの世に生まれたのか。「生」とはなんであるのか……。これらの事柄について、人間ははたして真実を知りえているのであろうか。われわれが知りえていると信じている人間について、それははたして、なんの間違いも犯していないであろうか……。

この事柄について、老人はぼつりぼつりと次のように話した。

「真実のところ人間は、人間がこの地上に生まれた理由については、なにほどの理解もなしえていないようだ。否、なぜ生まれたかを知る手掛りの一片さえも、摑みえていないというのが本当なのだ。

ときどき人々は平然として、とんでもない方向にその解答を得ようとしている。」

人間の発生

「それは科学者が、人間発生の経路をさかのぼることによって、人間は、なぜ、どうして、生まれたかを知ることができると考えていることだ。

人間発生の歴史を知ること、それにはどんな意味があるであろうか。

〝人間はその両親より生まれたのだ〟と言う。たしかに人間は両親の細胞の分裂、延長であるであろう。しかしその両親はと言えば、ちょっと疑惑につきあたった顔をするが、次の瞬間には、両親は、そのまた両親から、その親は、そのまた親からと、次第に追求してゆき、ついにはわれわれの祖先は原人であり、原人はまた猿から生まれたのだなどと言って平然としている。多くの人々は、このきわめて滑稽な答えに対してすら困惑を感じないようである。

しかし、人間の祖先は、原人は、猿は、などと尋ねてゆくことは、すなわち人間発生の経過、歴史を尋ねることは、われわれはなぜ、いかにして、生まれたかという根本問題を追求していくこととは、まったく関係がない。たとえ、原人が猿から生まれようと、原生動物から生まれようと、それはまったく問題にならぬことだ。人間が細菌や、アミーバーから発生したのだとか、いや超顕微鏡的微生物から発生したのだとか論議することは、『なぜ人間が生まれたか』を知ろうとする人間の真の欲求にとっては、まったく見当はずれの愚劣な暇つぶしでしかないことは確かだ。」

生命

「また科学者は、断乎として次のことを主張する。〝人間自身の肉体を解剖してゆく、すなわち人間の肉体の内の生命の根元をもとめて知ることができるならば、人間はやがてその生命が、生が、死が、何であるかを知ることができる。そして人間は生死の苦悩から脱却することも可能となるであろう〟と。

人々は、生きている人間を観察し、考察することによって、体内に存在する生命の芽ばえを知り、生命の成長を知ることができると信じている。生きているのは生命の存在に原因し、なぜ、どうして、人間が生きているかは、生命がいかに存在し、いかにして成長するかを知ることによって、知りうると信ずるが故に。すなわち人間は、人間の生は、生命によるものであり、人間の生命を研究することによって、人間が何によって生きているかを知ることができ、どうすれば生きうるかを解決しうるものと信じ、さらに生命の解決が、直接生死の問題をすら解決しうる手段となるものと確信しているのである。

そのゆえに彼らは、生命の起源についてこれをうかがい、生命の所在地を探ねて肉体を解剖し、生命の構成を研究して、生命の成長確立に前進する。

科学者は、人間がなぜ生きているかの実相を知ろうとして、ただちに人間の肉体の上にその瞳をそそぎ、その瞬間における自己の立場が、方法が、いかなるものであるかについては何の考慮もしない。また彼らの生命の研究が、最終の結果においてどんな価値をもち、その成果がどんな事態をひき起こすかを真に知るならば、彼らの努力が、喜びが、いかに愚劣で、無意味であるかに、気づかないわけにゆかないであろう。

ともかく、科学者は生命の起源を知ろうとして、知り、あるいは窺いえたとして、色々なことを言う。

昔は人間の生命の所在地を探ねていって、人間の生命は頭にあるのだとか、いや胸の中だとか、あるいは腹だとかと論争した。さらに進歩した科学者は、人間の生命を、人間の肉体を構成している細胞の中にその根元を求めてゆき、もっとも深い神秘が、そこにかくされていると信じて研究を進めてゆく。

肉体を構成する細胞は、細胞膜と原形質からなり、原形質は一種の蛋白質であってその中に生命が宿る。原形質の中には、さらに核が存在し、核の中に、吾人の形質を造る根元である染色体と呼ばれるものがある。染色体はさらに各種の原《げん》より構成せられ、その原の中に、われわれの遺伝形質が内蔵せられ、原の構成配列状況によって、人間の形質が決定せられるのである。しかしその原の形成物質は、多くの複雑な酵素であり、最終において帯電分子でありその有機的な活動によって、生命の活動が開始されるのであるなどと、はてしなく論議が進められてゆく……だが、これらの結論は、はたしてどういうことがらを意味しているであろうか。

たとえ人間の生命が、細胞の中にあろうと染色体の中にあろうと、また生命が一分子、一電子の活動に出発しようと、それは人間にとって問題とはなりえないのである。細胞の中に生命があろうと、核の中に原因があろうとなかろうと、それはこの人間が生まれた、地上に発生した、人間が生きている……〝なぜ〟の真の原因とはなりえないからである。

細胞の中に生命が存在するゆえに、人間は生存すると科学者は結論するが……。生命を所有する人間が出現した、そして細胞の中に生命があったという事柄には、何ほどの意味があろうか。

人間は生きているがゆえに生命があった。……ただそれだけの事柄にしかすぎない。

科学者などは、ただたんに生命をもつという人間がいかなる形骸を有するものか、生きているという結果は、いかなることになっているのかを云々しているにすぎない。生きている人間の真の起原や根元については、露ほども触れてはいないのである。生きている人間の生が波及している末梢をうかがっているにすぎなくて、しかもなお彼らは、人間はいかにして生まれ、生きているのかを知りうるだろう、と信じているのである。人間が生きて地上に出現した理由を、人間は猿から、原生動物から生まれたのだなどと言って、得意に語る人々と同様の錯誤を、彼らもまた犯しているにすぎない。

人間の真の〝生〟は、人間の肉体の中にある生命を探究することによって判明するものではない。だが、なおも錯覚者は強弁する。

〝科学はその研究途上においては常に不完全であり、疑惑をもって迎えられる。現在人間の生命の根元が真に何であるかを知るにいたっていないことは、科学者も認めざるをえない。だが、過去の幾多の神秘は、現在において明白な解答を与えられた。したがって現在の未知は、将来においては既知の事柄となることを信じて疑わない。現在では科学の粋を集めてもなお一匹のハエ、一匹の蜂すら造りえていないと言って、明日の科学の成功を否定するわけにはいかない。われわれはすでに近い将来、人間の生命と完全に類似の、いな同一の生命を造り出すことができることを信じて疑わない。

科学者は人間の生命について残されているある一部のわずかばかりの神秘の衣を、はぎとればよいのだ。その時こそわれわれは、人間の生命が、『生』が何であるかを知ることができるであろう。科学者が生命について完全な把握に成功したとき、その時こそ人間はまた死の恐怖からも脱出できるであろう。

かく考えて多くの科学者たちは、そのときの人類の歓喜、栄誉を目標に邁進しているのである。生理学者は、人間が生きてゆくためにはどんな環境が、また何ほどの熱量や、栄養が必要であるかを研究し、医学者は、肉体の一部を摘出し培養することによって、生命保持の条件を研究したり、また自由自在に肉体を解剖分解し、結合し移植することにも成功している。

多くの細胞学者などは、細胞を構成する物質の化学的、物理的な深遠な研究によって、生命の根元を衝かんとしている。

また遺伝学者の一群は、試験管の中で各種の生物の性原子を結合せしめ、特殊培養基の中で、この接合子を培養育成することに成功し、生物の形質がいかに構成されているかを見守っている。それのみか、すでに生物の染色体の摘出分離に成功している生物学者は、その染色体に各種の放射光線による物理的操作を加えたり、また各種のホルモン剤や酵素物質の化学的処理によって、染色体中の遺伝原子に変化をあたえ、その遺伝形質に変異を生ぜしめることも、着々と実施しているのである。

もはや問題は、これらの研究成果の結合集成をまつ状態でしかないとも言える。少なくとも人間が思いのままに、思いのままの人工人間を造りうることは、もはや疑いえない段階に到達していると言わねばならない〃と。

しかし、たとえそのような事態を招来したとしても、そのとき、人間は、いったい何物を得たと言いうるであろうか。人々が期待しているような事態が、はたして達成されるであろうか。人間が人間の生命を把握したとき、人間は人間の生死の問題を解決しうるであろうか。

彼らは言う。〝人間は自らの生命を自由に支配することができるようになった。過去の人間が想像もしえないような巨大な美しい花を作ることも、すばらしく精巧な生きた一匹の昆虫を造ることも、またわれわれ人間の姿を、自由自在に変貌せしめることも、たとえば今日の小人を明日は巨人とすることも、強大な腕力を与えることも、俊敏な頭脳の所有者となることも、不可能ではないのだ。完全な生命の把握は、人間の死をも支配しうるであろう〃と。

だが彼らは何を為しえたと言えるであろうか……。

間違ってはならない。彼らは一茎の草花の類似物を、一匹の昆虫の偽物を、人類の模造品、第二の人間を造り出したにすぎないのである。また類似物でなく同一物であるならば、なおさら彼はなにごとも為したことにはならない。

人間の寿命が二倍になろうと、十倍の腕力を獲得しようと、人間の最初のねがいである、〝人間はなぜ、どうして、どこから、生まれたのだ〃という疑惑の雲は、いぜんとして晴れないで残るであろう。人間の心に湧く生死の喜悲の感情は、一個の細胞の解決によって解決するものではない。

第一の人間も、第二の人造人間も、もし人間であるならば、彼の心はつねに〝なぜ〃かという疑惑と不安に動揺せざるを得ないであろう。

なぜならば、生命発生の真の原因、人間発生の第一原因は、なお依然として不明なためである。科学者たちが〝なぜ、どうして人間は発生したか、どうして生命は付与されたか〟と言っているのは、ちょうど金魚鉢の中の金魚が自分で卵から孵化し生長する状態を研究して〝金魚はかくして発生する〟と誇り顔に言っているのと同様である。〝なぜ、どうして金魚は鉢の中に棲まねばならなかったか〟を知ることが、金魚の願望であったときは、この答えは無意味な解答でしかない。科学者は実に、ただ単に、人間の生と類似の生命をもてあそぶ遊戯にふけっているにすぎないのである。

人間の生と人造の生命と、われわれと人造人間と、何の関係があるであろう。

もし百万匹のハエの世界の中に一匹の人造ハエを人間が造り出して、誇り顔に〝人間はついに造物主になりえた。神がハエに生命を与えたと同様のことを為しとげたのだ、人間は神の世界にまで到達した〟と言ったとしたら、ハエは腹をかかえて笑うであろう。

人間は神の意志については何ほどのことも知りえない、科学者は最大の道化役者にしかすぎない。

人間はなぜ生まれたのだ、そしてなぜ死の悩みを所有せねばならぬのだ……問題はなぜという人間にあって、生命にあるのではない。」

私は次第に苦痛のうめきを発せずにはいられなかった。人間は、なぜ、どうして、生まれたかを知ろうとする場合、はたしてどこにその手掛りを求めて出発すればよいのであろうか……と。そのとき老松の根に腰を下して私を見つめていた老人は静かに言った。

生命の発生

「人間が生まれた真の原因は、人間を見ていては窺うことができない。鶏や卵を見ていて、鶏の生まれた原因を知ることはできない。」

私はつぶやいた。

「人間を見ては人間はわからない?……」

老人は突然、池中に一石を投じた。

「この波紋の……」

老人の指さす池の面には、小さな波紋が起こり、しだいに輪をえがいて拡大していった。

「この波紋の生じた真の原因を知ることができるか。人々はこの波紋の発生した原因を知ろうとする場合、この波紋の考察や観察によってその原因を知りうると思い、水の起伏の状態や、水の分子の配列状況や、あるいはこの波紋が拡大して、岸辺に衝突したときの状態などを研究するであろう。

もし人々がこの波紋を凝視していて、その発生の原因が何であるかを解答したとすれば、人々はおそらくこの波紋は水の動揺によって、あるいは水の分子の上下運動によるものである、とかいうふうなことを言うであろう。

もちろんその答えは、今この池に生じた波紋の真の発生原因を明らかにすることにはならない。もしお前が真の原因を知ろうとするならば、お前はその波紋を生じた以前を、その波紋以外の周囲を見回さねばならないであろう。そしてこの波紋は風によって起こったものであるとか、あるいは魚が泳いだために生じたのであるとか答えられるべきである。

人間がいかにして生まれたか……は、人間の肉体を見ることによって知りうるものではない。人間が生きているのは肉体の生命によって生きているのではない。肉体の生命は人間が生きているために生じた一波紋にしかすぎない。この波紋の研究は無価値である、人間の肉体内の一細胞をうかがうことは、愚劣以外のなにものでもない。人間はすでに生きて生まれているのだ。われわれは人間をその生命を見る必要はない。われわれの周囲を、人間以外を見なければならない。

「もちろん、われわれはわれわれ人間を見るばかりでなく、その周囲をできうる限り広範囲にわたって、いな、無限の想像をもって、人間の生まれてきた原因を知ろうとしている。そのゆえにある将来において、人間の希望が達成せられるときが来るものと確信せられるのだが……」

「お前はまだ波紋の原因を知ろうとして、波紋を見るの愚を繰り返しているにすぎない。いかに周囲を見回そうと、その周囲はすでに人間の肉体と精神の世界以外のものではない。人間の把握する世界は、人間の肉体を通し、心をもって把握しうる世界でしかない。しょせん人間は人間以外の立場に立つことはできず、人間が把握しうると信ずる人間の生まれた原因というものは、すでに人間の世界が出現した以降における単なる人間の発生過程にすぎない。真に人間が願望する〝人間はなぜ生まれたか〟は、すなわち人間の世界が生じた真の原因については、人間はうかがうことを許されない立場に立っているのである。

人間に知ることを許さない立場、それは神の立場であるが……。

人間は、猿から生まれたのだとか、木の股から生まれたのだとか、あるいは神様が造ったのだ等々と議論することは、池中に生じた波紋が、風によるのだとか、魚によるのだとか、あるいは小鳥が一枚の葉を池中に落としたからだとか等々と詮索してみるのと同じで、まったく無用な喜劇でしかないことなのだ。

池中に生じた波紋の原因については、お前たち人間は永遠に知ることを許されないのである。私が一石を池中に投じた一石の意志について、目的について私が沈黙するかぎりは……」

人間以外の立場に立つものの意志、すなわち真の人間発生の原因については、人間は知ることを許されない、と言う。

しかし、なお人間は熱望せずにはおられない。〝なぜ〟〝何のために〟と絶叫する人間の悲願は不可知をもって消えるものではない。

とすると、人間は不知なるものを知ろうとするのは無益と知りながらも、不知なるものを不知として放置することのできない悲劇的宿命を背負っている、と言わねばならぬ……。

私は、しばしの間、困惑の瞳をもって周囲を見回した。

そこにあるもの、池畦の草木は無心に生い茂り、魚虫は何の屈託もなく生きているように見える。ただ生え、ただ生きてゆく、ただそれだけである。そこには生に対する何の疑惑も、死に対する何の恐怖もない。なぜ人間のみが思い惑わねばならぬのか……。

知ることを許されない、〝なぜ、何のために人間は生まれ、どうして死なねばならぬのか〟を、なぜ知ろうとせねばならぬのだ。

疑い

人間の〝なぜ〟とはなぜだ。

人間は不可知の世界を不可知として放置することができないで、なぜかと疑惑する。不可知の世界も人間にとっては、不可知の世界という可知の世界、として到達しうると考えるがゆえに、不可知もまた可知の世界として錯誤する。

もし人間が、不可知をそのまま不可知とし、すなわち無となしうれば、人間は〝なぜ〟と反省し苦悶することもなかったであろう。

池の中の魚にとっては、池以外の世界は、不可知の世界であり、無の世界であるがゆえに、彼らは池の外を思い慕って迷うことはない。人間は地上に立って、なお人間以外の立場に思いをめぐらす、やっかいな動物である。人間は、自己の立場を間違いのない可知のものと信じ、しかもなお自らの立場に立って、不可知の人間以外の世界の扉を叩こうとする。

だが己れの立場を知るという者は、実は自らの立場を知らないものである。人間が己れの立場を知るというとき、人間はすでに不可知の人間以外の立場を想定している。不可知の立場を仮定して成立する人間の立場は、すでに真の立場とはなりえない。不可知に対立して成立する立場はまた不可知となる。人間の立場は不知、不明の立場でしかない。人間は人間の立場、己れの立場すら知りえていないのだ。

水底の貝は、空気を知らないがゆえに、彼は水が真に何であるかも知りえない。彼は自らの立場を知らず、また彼をとりまく外界の何であるかも知りえない。が、知ろうともしない貝には迷いはない。

人間もまた海底の一個の魚介の運命をもつものである。人間の立場は永遠に不知なのだ。不知の立場にたって思い惑う人間に、安住の世界はありえない。人間は最初の出発点、立場そのものが、すでに〝なぜ〟という疑惑の雲の中にとざされているのである。人間はいずこより来り、どこに住み、どこに去るべきかを知りうべくもなくして思い、昨日なぜ生まれ、今日いかにして生き、明日何のために死なねばならぬかを……常に想い、常に惑い悩んでゆく。疑惑の雲の中にただよい、迷う人間の生と死の姿、懐疑と苦悩に満ちた人生を、あえぎながらさまよい歩く人間の姿は、真に不可避の宿命であろうか。人間の立場が根本において不明であるという悲劇のゆえに、人間の生は死は、〝なぜ〟という懐疑の雲に包まれてゆく。だがそれにしても、人間の心の中に、なぜを〝なぜ〟とする懐疑がどうして湧かねばならぬのか。人間はなぜ〝なぜ〟を所有せねばならぬのか。

池畔に咲く一茎の草花を凝視するとき、花の上に何の懐疑も見られない。この花には〝なぜ〟はない。

なぜ彼らの世界には、〝なぜ〟がないのであろうか。

彼らは自己を知らない。もとより生もなく死もない。自己を識らない彼らには、なんらの懐疑も起こりえない。

自己を識るという人間、生を知り、死を知る人間、そこに人間の懐疑の芽が発生する。人間が生と死を認識した。そのときから、人間は〝なぜ〟と思う心をいだくようになる。〝どうして〟と考えはじめるのだ。そして次には、かくして人間の肉体は生きているのだと知ったときから、かくせねば人間は生きられない、生きるためにはかくせねばならない。生きるために、生きるためにとの意識を、しだいに深めていって苦悩する。

だがこの道は当然の帰結のようでもあり、また不可解なこととも言いうる。

人間は生きている……。しかもなお人間は生きねばならないと言う……。生が生と死に分離し、生と死が断絶したのである。この事柄を中心として、人間に数多くの労苦がつきまとって離れない。

生命を保つために食物をとらねばならない。田畑を耕して作物を作る、家を建てる、衣物を織るなどが、そしてこれらはすべて、人間が生きていくためには当然必要な事として、人々は何の疑問を抱くこともないようである。

しかし、人間は生きている。この生きているという事実を直視するとき、そこには奇怪な矛盾が存在する。はたして人間にとり〝生きねばならない〟とする心が真実必要なことであり、人間が生きていくために食物をとり、衣物を作り、家を建てるというようなすべての勤労が、絶対必要な事柄であろうか……。

考えてみれば、この生きねばならないという心は、この地球上の生物の中で、ただ人間のみが抱く心である。また生きるために必要とされる〝仕事〟と名づけられるものは、実にこの数多い生物界の中でも、ただ独り人間のみである。

無心に生い茂る草木、何の屈託もなく生きていく鳥獣、ただ地上に生え、ただ生きていく彼らの姿！　そこには何の作意も手段も講ぜられることがない。しかもなお彼らは天命を保持していって何の苦労もない。

人間もまた一個の生物である。生物として地上に生まれ、出現し、成長していることは間違いがない……だのに、なぜ人間の上にのみ〝生きねばならない、生きようとせねば生きられない〟と言う言葉が必要なのか。また生きているために遂行させられるというあらゆる労苦を、なぜ他の生物と違って背負っていかねばならないのか？……。

私の疑惑に老人は答えた。

「人間は出発点において重大な誤りを犯している。

人間は草木が生えているのを見て、この草は生えている、生きている、生長していると考える。人間が生まれたのを見て、生まれてきた、生きている、育つ……と考える。まったく何気なく考えているが……。

そのとき人間はきわめて重大な誤りの第一歩を踏み出しているのである。しかし誰もそれには気づかない。生えているという事柄、生まれたという事実に対して、〝生えている、生まれた〟と人間が考えるその瞬間から、実は人間は草木と断絶する重大な第一歩を踏み出しているのである。

草木の生えているのを見て、人間は草が生えていることを意識する――人間は思索する動物であった――そしてそのときから、人間は草が生えている事実に対して、あらゆる角度から凝視の瞳を向けるようになる。そして人間は、いかにして彼らが生えているかを観察し、いかにして彼らが育っているかを考察し、また、いかにすれば彼らを育てうるかをうかがうようになる。やがて彼らを自然界から引き離して、人間の手で彼らを育てるということを考えはじめ、ついには草木を作物として作ることをも知るようになる。それと同様、〝人間が生まれた、生きている、成長する〟というのはどんな事であるか、いかにすれば生きるものか等々……次第に人間は思索を深めていって、やがてはいかにすれば人間は生きるか、生きるためには、いかにせねばならぬかに思いを致すようになり、ついには生きるための方法を考え、手段を色々と取ったあげくには、生きねばならないということに焦燥すら感ずるようになる。

人間は天命をもって生まれた。そして成長する。だのに人間が自ら人間は生きているという事柄を自覚し、そして考え、そして自分で生きようと覚悟したときから、人間は大自然の生命から離れ、独自で自分の生命を守るためのあらゆる努力をはらわねばならなくなった。

人間が大自然の懐から離脱し、独自の生活を自らの手で始めた。それは他の生物とは全く離反した道であったが……そして人間は自分の手で生きねばならないと考えたときから、人類は永遠に解消することのない労苦の荷物を背負わねばならなくなった……」

老人は長嘆息して言った。

「人間はなぜ、人間は現に生きているという事実を直視しえないのか。なぜ生きていると真実を把握し確信しえないのか……」

人間は生命を付与せられて地上に生まれた一個の生物である。人間が生物として地上に出現しえたという事実は、何よりも人間が大自然の児であり、自然のままにおいて当然生きゆきうる力が必然的に付与せられていることを意味する。生きていく、生きねばならない、食物をとり、働いて作物を作り……を、元来は何ら必要としない生物《いきもの》であり生命をもっているはずである。何らの意識も手段も必要としないで生命を保持してゆく力が、他の草や木と同様、生まれながらにして具備せられているはずである。草木とともに、生きようとしなくても生きる。無心にしてなお生きてゆく、成長してゆきうるはずである。

母の胎内から生まれた赤子が、無心にしてなお力強く呼吸し、大声を発して生きゆくように、たとえ人間が生きようとする意識を忘れたとしても、生きねばならないという努力を放棄したとしても、人間はなお生きてゆく。生きうる力が自然のままに備わっているはずである。

もし人間が、ただ天寿をまっとうして、生きてゆくのみで満足しうる生物で終わったなら、そして鳥が野の木の実を啄ばみ、蝶が蜜をたずねて生きてゆくように、もし人間が野の草を摘み、木の実を拾って食うことに満足しえたならば、人間にとって生きねばならぬという言葉は必要でなく、そして食物を作るという考えも、田畑を耕すという労苦も知らなくてよいはずであった。

人間の本来の姿は、何らの意図も手段も弄することはなく、無心にしてなお生きうる生物であったが、人間自らの姿を凝視して、自己を自覚し自己を認識した瞬間から、人間は人間の本能による智慧にたよって生きてゆくことを忘れ、知能による知恵に頼って生きねばならない生物となったのだ。人間が無心に本能のままに生きたならば、いわば本能智による無心の智慧により生きたならば、そこには何の労苦もなかったが……人間が自らの知能知、有心の知恵にたよって生きることを考えたときから、人間は生きねば、生きようとする努力がなくては、生きられない、生きるための労苦を必要とする動物へと転落していった。

しかしまた一方で考えられる。本能智は完全で確実な生命を保持しうると考えるのも、躊躇される。人間の知恵は不完全で、生命は常に不安におののくかも知れない。だが人知は無限であり、そこに豊かさを期待しうる。人間はたとえ本能智にたよれば確実で、平穏な生命の営みを行ないうるとしても、より豊かな人間の知恵にたよって苦闘の生活に生きてゆくことを望むとも言いうる。

私のつぶやきを聞いて老人は激しく言った。

「人間は天与の本能を嘲笑し、平静な生命を軽蔑する。惰慢な人間は、自己の浅薄な知恵を誇大に信じ、その奇怪な生命をもてあそんで恥じることもない。

人間は生命の本姿が何であるかを知らず、本能の何であるかをうかがうこともないままに、自己を識るが如くに錯覚し、虚相の人間の中に住む虚影の生命を指さして傲然とうそぶくのだ、人間はかく生き、かく望むと。

しかし人間は何を知りえていたであろうか。

人間はすでに自己の立場からは、人間はなぜ、いかにして生まれ、生きているかを知ることはできない。いわば人間は人間の実体を知りうる立場には立つことを許されなかった。しかもその人間が、自己を知ったときからと言う。自己を知り得ないはずの人間が……もし人間が本当に自己を知りうるならば、その傲慢な自己陶酔から脱出しえたであろうが……。

人間は自己を知ってはいないのだ。人間に認識は不可能なのだ。人間は人間の実体を凝視しながらも、その実体を認識することはできないで、ただ認識しえたごとく錯誤しているにすぎない。人間の認識は、虚影であり虚体にすぎない人間を摑まえて、得意になっているのだ。」

人間は自己を知りえないと言う。この自己の姿、この世に生まれ、生き、死していくであろうこの我が身すら認識しえていないのであろうか。自己を識るものは自己にしかずと自負する自己すら……。

虚構の生死

「人間の凝視する自己は、自己の真姿ではない。虚相に発した虚構の肉体にしかすぎない。一花を知らないものは万物を知ることができず、一花を知るものは万物を知る。人間の認識は不可能であるがゆえに、一物の実相すら知ることができない。人間は自己を知りえない。人間は生も知らずまた死も知りえない。人間の認識した生も死も、虚相に発した幻影にしかすぎないがゆえに、生はすでに真の生ならず、死もまたすでに死となりえないのだ。

人間は自己の真姿に出発する天与の生命の息吹きに安住することができないで、自らが画いた幻影にすぎない生、死をおいかけて妄想し、妄動する。虚影は常に不完全であり不確実を免れない。虚姿虚影に幻惑されて人間の心が常に変々浮動し苦悩することはやむをえないであろう。

さらに愚かしいことには、人間の虚影の生、幻影にすぎぬ死に、さらに妄想の衣を着せて、執着と恐怖の念をつのらせていくことである。」

「妄想の衣とは？」

「喜びといい悲しみという、生は喜なり、死は憂なり、とするのが妄念じゃ。虚体に宿る生命をもって喜なりとし、虚体より去る死をもって悲しみとする。喜も悲も生死に発するが如くして、その実何らの関係もない……」

「肉体の生は喜となり、死滅は悲であるとわれわれは信じているが……人々は、一日の生命でも延期してくれた医者に対して、絶大な感謝を捧げる……」

「真実、われわれの喜悲は肉体から発するものと考えられるが……人々は、一年の寿命を与えてくれた医者に感謝し、喜びを感ずるのがわれわれである……と言うが、一年の生命が付加せられたこの肉体と、喜びを感ずるわれわれという心と……はたしてどんな関係があるであろうか。

人々は肉体の中に心があり、肉体の生死はただちに心の喜悲となる。心は肉体に直接結びついているものと信じているが……一医者が人間の寿命を一年延長せしめえたとき、その事実はたとえ何の間違いもないにしても、一年の寿命をつけ加えられたその人の肉体が、ただちに喜びを感ずるであろうと考えるのは早計である。

彼がつけ加えた一ヵ年の生命と、この一年の生命を得て喜びを感ずるというわれわれとは、きわめて密接、直接の関係があるように見えて、その実なんらの関係もないと言って差しつかえはない。我というこの肉体と、我というこの心との間には、きわめて深い溝がある。はかり知れない距離があるのである。

医学の進歩とともに、手足の筋肉の一片を切り取って、鼻の頭に移植する。それはすでに実施されているが……さらに猫の眼玉を繰り抜いて人間の眼に移植する。馬の足を切り取って人間の足に接続する……象の鼻の鼻覚と、馬の聴覚を得た。このとき、この肉体を得た人間は、その心が喜びを感ずるというのであろうか。

さらに猿の頭脳を人間の頭に移し、河馬の肺を人間にとりつけ、強大な力をもつ熊の手を我が手とするとき……我の行方をはたして人々はどこに見出すであろうか。我という我と、この奇怪な肉体をいかに結びつけるであろうか。人々はこの肉体からわれわれの喜びが出発すると言っているのだ。この奇怪な肉体がきわめて強力で、その生命がきわめて永いものであったとき、人々はこの肉体を得たことを祝福し、そして大きな喜びを感ずると言うであろうか……。

人間は、我という我が心と肉体とには、直接の関係があると信じているがゆえに……。

犬猫の死に臨んだのを見て、人間はこれを哀しむ。一匹の蛾一匹の虫、一日の生命というカゲロウの生命を人々は儚むが、もし人がこのカゲロウに二日、三日の生命を与えたとしても、カゲロウにとってはそれは何ものでもない。

春芽を出し、秋稔り、そして枯れてゆく一木一草に対して、生死の長短は問題でない。ただ人間のみ生死の長短に一喜一憂する。

もちろん生死の長短は肉体の上にある。しかしながら生死の喜悲、長短の心は、直接には生死の長短とは何らの関係もない。時空を断絶してみれば、生の喜びは生に発する如く見えて生になく、死の悲しみは死にあるようで死の上にない。

「われわれの本能は生を喜とし、死を本能的に恐れている。肉体の生死が、人間の喜悲と直接関係がないとは考えられない。特に人の死に際しては苦痛にもだえる……」

「鳥獣も死に際しては戦慄の叫びをあげる。しかし彼らの苦痛の叫びは瞬間的に消滅する。否、彼らの叫びは、もはや苦病の叫びとは言いえないものである。ただたんなる生命の終息を告げる絶叫でしかない……。

人間の苦痛は、死の瞬間に存するというよりも、すでに生の期間において常に戦々兢々とし、すでに死の以前において憂え、死の苦痛におびえ苦悩しているではないか。また人は生を喜と言う。しかし実際に生は喜なりと確信し断言しうるものがいるであろうか。

真実を言えば、人間本然の生は喜である。否、歓喜である。否、人々の想像を絶したはかり知れない歓喜であり随喜の世界である。しかし誰もそれを知り味わいえない。しかも人々は、たやすく〝生は喜なり〟と言うが、彼らの言う喜びは肉体に発し、肉体をもって叫ぶ純粋の歓喜ではない。〝死は悲なり〟と言うも、真に死の瞬間における悲しみを悲しみとしているわけではない。われわれの知る喜びというものは、知った喜びであり、心をもって喜なりとしてのち喜ぶ喜びであり、自己の知覚の上に幻想して生ぜしめたところの、いわば知能的喜でしかない。

人々が生は喜なりと言っているのは、肉体の生すなわち歓喜なりと言っているのではなく、生きていて美果を食いうるがゆえに、生きて名利を楽しみうるがゆえに、生は喜なりと言うにすぎない。死は苦なりと言うのも、死の瞬間における苦を意味せず、ただ死によって獲得物の失われるを恐れているにすぎない。愛欲、利欲、名欲との別離を憂うるあまりの言葉にしかすぎない。人間は肉体の生死を問題にしているように見えて、実は自己の心の上に描いた種々の幻想、喜悲を憂えているにすぎないのである。

鳥獣の上に現われる本能的喜悲は、肉体に発して肉体にとどまる。しかし人間の知能によって生ずる喜悲は、心に発して心に止まる。したがって人間の生死の問題は、たんに肉体の生死の解決によって解決せられるものではない。

寿命が五十年、百年であることを憂うる人間は、寿命が千年、万年に延長せられたとき、さらに千年、万年の長い間生死の問題に苦悩せねばならない人間なのである。人間の喜悲の多少大小は、寿命の長短に左右されない。生命の長短によって、人間は生死の問題を解決することはできない。肉体を離れた人間の生死を知る心、憂いを知る心、喜悲という喜悲そのものが解決しえられない限り……いわば人間の肉体の上に覆い被さっている人間の幻想がはらいのけられないかぎり、人間の生死は困惑と苦闘の淵を這い出ることはできないであろう。

肉体の上に描かれた幻想とは、人々が不用意に発する、〝生は喜びなり、死は悲しみなり、として生きねばならない〟に出発する。人間が、生きねば真に生きられないかのごとく誤信したそのときから、人間の苦悩が生じた。だが、自ら招いた虚影の生活に出発した人間の苦闘はまた、おのずから幻影の喜悲として終わるべき運命をもつ。しかも人間の苦闘が激しくなりゆくにつれて、幻影の喜悲は怪しくも巨大な炎となって燃え上がる。

人間の苦闘はただ我欲のために捧げられた。

人々が盲目的に確信して言う〝生きるための努力、働き仕事……〟は、すべて真に人間が生きてゆくために捧げられているのではなく、人間の生命の上にさらに欲望をつけ加えた人生を、いかに獲得するかに腐心するあまりの言葉でしかない。ただどうして人間のあくことのない野望の生活を達成するかに苦慮しての努力にすぎない。

だが人間の欲望に対する苦闘は、報いられるときがくるであろうか、人間の欲望に終止はない。人間の欲望はますます拡大進展して止むことがない。増大する欲望のために生ずる人間の負担は、ますます人間の上に重圧を加えていくであろう。だが、奇怪にも人間は、時に重圧を加える負担からの脱出を願うことがあっても、欲望の減少をはかることはなく、ただ さらに大きい野望の達成によってのみ、負担の重圧から人間は解放されるものと誤信し、大きい野望の達成に向かって一途《いちず》に驀進する。

そして、より大きい欲望の達成には、より強大な生命の保持が絶対的な基礎条件と信じて、生命への執着をますます強固にしていく。生命への執着は、やがて死を恐怖するにいたる原因となる。さらにまた死の恐怖を逃れようとして、ますます獲得労苦の世界へ猛進し、生への妄執にとりつかれていく。そして妄執は妄執を生み、いよいよ拡大して停止することがない。

もともと、生と死は表裏一体のものであった。人間は生きていると錯誤したその瞬間から、また死の事実を知らねばならなくなった。人間の〝生きよう〟は、〝死を逃がれよう〟でしかない。人間が生きていることを自覚し、生は喜びなりと信じ、大自然の懐から離れて自分の手で生き、喜びを獲得してゆこうとしたときから、人間はまた死の恐怖に常におびやかされるにいたったことも当然であった。生きる意欲の強烈な執着化とともに、死を逃れようとする心も深刻化し、妄執となって人間を追いかける。

生と死は、ちょうど人間とその影法師に似ている。太陽が出て人が起きでるとともに、影法師はその後に従って生まれる。人が走れば影法師も走る。人間が止まったとき影法師も止まる。日が暮れて、人間が静かに安息の床《とこ》についたとき、影法師もまた初めて消え失せる。

人間は生涯自分の影法師を切り捨てることができないのと同様、人間が生を知るかぎり、死もまた人間から切り離すことができない。生と死とは同時に生まれ、また同時に死ぬる。生がある限り死は存在する。生きようとすれば死がつきまとう。人間は死から逃避することを許されない。人間が死から逃れうるただ一つの道は、人間が人間の生を捨てて、安息の場所に帰るのみである。」

「安息の場所とは……」

「実相の世界とも言えようか、人間があらゆる虚相を放棄し、本然の裸身に立ち帰ったとき、おとずれるであろう立場である。有心有情の世界を越えて、なお厳として存在する世界である。そこにはもはや、生をもって始まる死もなく、死をもって終わる生もない……」

「生死を超脱した世界への到達は……」

「すべてを捨てよ。モグラが地中にいて青空を論ずるの愚を止めよ。正邪、愛憎、喜悲、苦楽、みな一に、心に発して心に帰る。放棄せねばならぬものはただ一つ……。心に着た衣を脱ぎ捨てよ！」

私は、もはや脱ぐべき一枚の衣物すらまとっていない、老人の枯木のような姿を凝視していた。

老人はすべてを否定した……。

何もない……。

人間は価値ある何物をも所有してはいなかった。

だが……。

彼は絶対の所有者ではないか……。

彼は時空を超越して……。

彼は時空を所有した……。

明日会うことを期すことのできない老人に、一刻を惜しんで、あえて私は人生の目的について尋ねた。

「なぜ、どうして、この世に人間が生まれたかはわからない。不可知の世界のことは知るべくもない……とすれば人間はどこへ行けばよいのだろう……人生の目的は……」

「なぜ、どうして、この世に人間が生まれたのかがわからない人間に〝人間は何のために生きるのか〟がわかるはずはない。わからないことがわかれば、それでよいのだ。」

「人間に〝目的はない〟。〝何のために……生きる〟という〝何のため〟は、何もないと言われるのか。」

「人生は無目的である。人生に目標はない。」

「だがあまりにも世の人々は、人間はかくあらねばならない、どうせねばならない、何のために、どうなるために、と考えているが……」

「野原の一木一草は生きてきた、そして枯れていく。それだけである。と同様に、地上に生まれた一動物人間にも、何の意味も目的もありうるはずがない。」

〝何もない〟世の中には価値ある何ものもなかった。名欲、私欲もまた何ものでもない。人間は何ものを求める必要もない。さまよい歩く必要は何もない。しかしなお、人間は悩み苦しむ……人間は目標なしではゆけない。人間は人生の目標をどこにおけばよいのか……。

「人間の心の底の懐疑、不安をのがれて安心立命を得ようとする願望は、すなわち日々の生活の中に生きがいとなる生きていることの歓喜、生の衝動、真生命に安住しえないことから出発するとも言えよう。

人間の虚偽の生には死があり、喜びの裏には悲しみがある。歓楽の裏には悲哀がつきまとう。楽は苦の種となり、美もまた醜にかえる。正と邪、善と悪の判断に迷い、愛と憎しみの論争に苦しんでいるのが人生である。

この人間の精神的な相剋から脱却しようとするのが人間の願望であって、明暗二相の相対の世界から、真の歓び、真の美、真の善、真の幸福の獲得をめざす絶対の世界への飛躍こそ、人間の目的であり、目標になるものである。

「この相対の世界から絶対の世界へ、此岸から彼岸への飛躍は、どうして達成し得られるであろうか。」

「何かに迷い、求めさまよう人間は、何かにすがり、何かを獲得し、前進しようとした。が、相対の世界からの脱却は、人間が獲得し前進する方向にはない。

多くを学び、知恵を獲得し、力と富と権力を使って、人間の真の歓びや、真の幸福が獲得せられると思うのは間違いであった。

大自然は完全である。実在は完全であり神である。もともと実在する人間は完全であったが、人間は自らを不完全にした。不完全な人間が、完全な人間へ復帰しようとする道、その道こそ人間が相対から絶対へ飛躍する道でもある。

獲得でなく放棄、前進でなく復帰、生命の延長でなく、生命の時空超越、有でなく無の世界への悟入こそ、人生の目標である。すべてを放棄する。すべての価値を否定し、完全な否定の彼岸に、なお厳として実在する有の把握こそ、相対から絶対への道である。相対の世界の悩みから、絶対の世界への安心立命へ！　そして日々、生の歓喜にうちふるえる生命の確立こそ、人間の真の目標となりうるものであろう。

そして、人間がその目標に到達するにはただ……。

何もない。

人間は何でもなかった。

何事を為したのでもなかった。

為す必要もなかった。

自然の生命に帰ればよかった。

この透徹した大悟の心を知る以外に道はない。

人間がすべてを否定し、捨てきったとき、一茎の花も微笑をもって人間を迎えるであろう。」

淡々と語り終わった老人は、無心に指頭の一花にほほえみかけていた。

六　神——有無、正邪

老人は、今まで一度も〝神〟を口にしたことがない。神に祈り、礼拝している姿を見たこともない……。

「神について語られないのには、何か理由があるのでしょうか？」

「神について述べ、神について語れるものなれば、語りもしよう。だが神については、私は語る言葉のないのを知るばかりである。神に姿があるか。人々はどこを向き、何に祈るというのか。私には祈る神はない。しいて言えば、祈ることを許されないことのために祈れ、と言いたい。」

「神は説明しようがないと言われるのか。〝語る言葉がないということを知る〟ということは、反面、語れない神を識っているということになるが。

〝祈る神がない〟との言葉も、神は祈りの対象としてある相手ではなくて、自己に祈るのみともとれるが？」

「語れない神を、祈ることもできない神を、私がとらえ知っていると言っても、人々はそれを知、ることはできないだろう。〝神を知る、知らない〟に答えられるのは、聞くものの側にある。」

「人間はもともと〝知りうる〟動物ではなかった。人間の知ったは、わかったでなく、分けた、分別しえたにすぎず、認識が不可能であることはすでに理解しているつもりでいる。

しかし人間は知りえなくても、信ずることはできるのではなかろうか。

ただ、神があるか、ないかを知ったか、どうかを聞くことによって、同じ道を進むことができるはずである。」

「神の実在を信ずることは、神の不在を信ずることと同じようにむつかしい。人間は知ることもできないが、信ずることもむつかしい。」

「わからないかぎり、知りえない。知りえないと知りつつ神を信じてさがし歩くことは無用のことなのか？」

「人間は不幸にも〝神を知る〟も〝知りえない〟も、知ることのできない動物である。したがって神をさがし求めて徒労の道をさまよわざるを得ないのだ。

遠い昔から今まで、人々が頭にえがいていた神には、どのような神があったであろうか。」

「太古の原人たちは、自然のなかに素朴な神の存在を信じていただろう。原人たちが、人間は自らの力で生きねばならぬと思ったときから、自然の風雪や、野獣の前に、生命の恐怖を感ぜずにおれない弱者となった。そして彼らは、自らの知恵で招いたこの不安を解消する手段として、神に救いを求めたことは想像できる。彼らの周辺の巨木や岩石に、あるいは高い山の威容に、碧い水をたたえた湖水に、人間以上のもの、神の存在を心に画き、祈ったであろう。」

「素朴というか、彼らの信じた神は、彼らが無知であったがゆえに、まだ尊いものがあったと言える。」

「美しい自然をとおして神の存在を信じたルソーは〝汝（神）があるから、人がある〟と叫んだ。自然への信頼から、神の存在は確認できないものだろうか？」

「彼の言葉を裏がえしてみると、〝人間の実在を信ずるから、神の実在が確信せられる〟となる。いずれにしても、彼の信念は相対的なもので、弁証法的な理解の範疇に属するものと見てさしつかえないだろう。人間の実在を、仮定の神によって保証してもらい、人間の実在信念から、裏面の神の実在を推理してみても、その実在はお互いが保証しあう約束ごとでしかない。独立して存在するとは言えない。」

「人が死ねば、神も死ぬる。人間の実在が不確であれば、神の実在も不確なものになるというわけですか……。

〝火のないところに煙はたたない〟という道理がある。神という字があるから、神がなければならない。もし神がなければ、神の概念は生まれないはずである。」

「それは先行した神の概念によって、創作された理屈の神にすぎない。鬼の字があるからとて、鬼の実在の証拠にはならないだろう。人間が鬼という字をつくると、百匹の鬼が創造されてしまう。」

「人間の知恵や理性によって、神がつかまえられないものだろうか。

カントは人間の理性によって神の座を構成し、そこに神の実在を期待しようとしたが……。

カントは、人間の良心の中に神の存在を認めようとした。すべての人が共通してもつ良心は、人に善をなすようすすめるが、悪は好まない。この良心の上には、もう一つの眼に見えない絶対命令者がある。それが神だ。神でなければならないと判断したのであるが、この判断は、道徳的立場から見てもきわめて穏当で正当な主張に見えるが……」

「彼は人間の立場から、神の実在を期待した。だが願望は、どこまでも人間に都合よく解釈された願望の領域を脱することができない。

良心は本能的であり、自然の心であり、秩序を守ろうとする摂理であるとも言える。とすれば、すべての動物にも良心があることになる。人間の良心の上にさらに命令を下す良心（絶対者の良心＝神）があるなどと推理するのは、むしろ純粋理性に傾倒するカントの飛躍した発想と見るべきであろう。」

「一階があれば、二階がある。良心の上によりすばらしい良心を仮定して、人間を守ろうとしたが……カントの願望は許されるとしても、カントの理論から神はひきだせないのは当然だろう、というわけですか……」

「彼は人間の純粋理性を買いかぶりすぎている。理性の高まりのなかに神はいない。彼は神に近づこうとして、かえって人々を神から遠ざける結果を招いた。」

「彼の〝知〟は、いわば理性による判断に在った〝知〟であるため、結局は、一片の推理に終わり、人を神の把握に直接みちびくことはできなかったというわけですか？」

「人間の知恵で組み立てて神を知ったということは、どんな場合でも、本当に神を知ったということとは、全く別のことがらである。神を解読するということと、生きている神、話し合いのできる神を、直かにつかまえたということとは、雲泥の相異があるということを考えねばならない。」

「直接、神と話すといえば、霊魂、心霊、霊感、霊媒、魂魄、呪術、神通力など色々な霊を把握したと言う人たちがいるが……」

「一口に言えば、精神を統一して明鏡止水の心になる。心気を澄ます行をすると、霊感が働くというか、テレパシーが働くというか、常人には想像以上の潜在的な超能力と言えるような能力を、人間は発揮できるものである。」

「その超能力的なもので、キャッチしたものが霊なのか、それが神なのか。死者の霊と話すというような霊があるのであろうか?」

「死人の霊の有無を云々する前に、生きている人間の霊の確認ができていないことを思うべきである。生きている霊はもちろん、生きている人間それ自身が確かめられない人間が、死骸の霊まで確かめに行けようか。」

「では霊能者と言われる人たちが、幽霊と話すというのはナンセンスか?」

「奇術として、あるいは心理学の研究対象としての価値はあっても、神を追求しようとする者にとっては、路傍のことであるはずである。私はむしろこの世に〝霊〟の言葉があったために人々が迷わされて、正しい精神的動物となりえなかったのではないかとさえ思う。」

「でも霊感とか神霊という言葉は、無視されるべきでないと思われるが?」

「神を神霊と呼ぼうと、人を霊人と呼ぼうと、好きずきである。山も霊峰であり、草木も霊木であると言って、何らさしつかえない。問題は呼び名にあるのではなくて、本体の確認にある。神の有無、草木の有無、実在をまだ人間は確認していないのである。事物の実在を確認する以前に、人間はその影の霊に祈っているのである。」

「神の確認が先か、霊の確認が先か？」

「神即霊とすれば、同時に把握されねばならない。人は神の姿を見る前に、神の効能書を欲しがっているのである。」

「霊能者になる努力は、神を求める者にとっては必須のことなのか。」

「孫悟空の神通力も、釈迦の目から見れば、手のひらの上での児戯にすぎなかった。幾千里を一瞬のうちに飛行しようと、大海の水を一気に飲みほそうと、その価値は亀の一歩、清水の一滴と等しいのである。一人の病人を治す霊能者になるより、神は、病んでいることを知らない健康な者を治す無知者になることを望むはずである。

死人と話すより、生きている人間と話ができないほうが重大である。」

「人間は理論で神を組み立てることもできず、祈っても神は現われず、直接神を見ることはむつかしいとなると、せめてこの世の事象を解説することによって、神の概念を知り神に近づく方法はないだろうか。

たとえば、言霊とか数霊、色霊などの研究から、入信しようとする人たちもいるが、これは……」

「人間が神をあらゆる角度から解明し、神に肉迫しようとしていることは確かである。

言語学の立場からも、神の実在を立証することができないとは言えない。言葉をことばという、その一言一言がもつ意味は深い。ことばを、光透波（ひかりの透射波動）と翻訳すれば、光透波は単なる伝達記号というより、現代の原子物理学が追求している世界に似ているとも言えよう。光というひ一字は神の光のひであり、人のひであり、太陽のひ、火のひ、緋色のひであって、ひの中に万物の根元の秘密がひそむとも受けとれる。

ことばを解釈してゆけば、神の世界がどのようなものであるかを明らかにしうるかもしれない。しかしここで考えねばならぬことは、神を直接知るということと、神を解説することができたということとは、全く違った問題であるということである。ことばの意味をどんなによく理解しえても、神を知ったことにはならない。

神の光はひかりのひの中にひそむと理解できたとしても、神は光《ひかり》であると言ってはならぬのである。人間の〝知〟は、いつも不完全な一部の知にすぎない。神は光なり霊なりと定義すれば、その瞬間から、神は消え失せ、人々はとんでもない間違いをおかすようになる。

神の顕現と、実在を立証するための足跡と、神を把握することとを、混同してはならない。」

「神の存在を〝数〟で解明しようとするのも神の顕現を追跡調査したことになるのであろうか？」

「もともと原始時代の人間が把握しえたものは、単純な数字やことば、色、符合などであったろう。だから、これらは創世期の人間が把握した世界そのものである。だから、数とか色とかことばを解明することによって、この世の根源に近い姿が組みたてられる＝再現することができると言っても、さしつかえないだろう。

一二五七八十の数の中に、常人の常識を超えた深い意味がかくされていることは明らかであり、易学、陰陽論なども、数の上に成り立つ根本原理と言えるかもしれない。ともかくこの世の姿を〝数〟や陰陽論をもって解説し、人間の生命や生活を律している根源のものを知ることも、不可能ではないかもしれない。

白い光線をプリズムを通してみると、七色の光に分光される。そして白い光が何であるかを深く知ることができたと思う。七つの色を、この世の万物に当てはめてみて、その姿を解明してみるのも面白い。

たとえば、赤い色に見えるものは陽性で、暖かく、緑は平和、青は陰性で寒い、紫は憂いの色など。この暖、寒は何から出るのか、どうして赤い色が暖かくて、人間を陽気にするのか、陽気なのがなぜ楽しいのか、楽しいのがなぜ嬉しいのか、なぜ喜びが悲しみに移行するのか、陽の赤がなぜ陰の青に対立せねばならぬのか、その間にある黄、緑、紫、などのもつ意味は、なぜ色があるのか、あらねばならなかったのか、……一つの色の世界から無限にたぐりよせられてくる人間の意識や感情の中に、人間やこの世の根本問題を解く鍵があるとも言える。

とにかく人間がもっている、簡単な基本的なもの、数、色、香り、ことばなどの根源にさかのぼって研究してみることは、人間そのものの根元を知る手がかりにはなろう。」

「原始時代の住宅を見つけて発掘すれば、その時代の人間の生活様式がわかるのみでなく、その時代の文化はもちろん、彼らが何を考え、どんな神をもっていたかも想像できるようになるのと同じだというわけですか……」

「意義ある試みといえば、意義ある研究になる。だがそれ以上に重要なことは、解釈はどこまでも解釈にとどまる、だが解釈に満足してとどまってはならないということである。

弥生時代の遺跡から発掘されて解説された神は、人間に話しかける神ではない。数や色で説明された神は、学問的な意味をもっても、人間がふりかざすことのできる神（能力をもった）にはならないということである。学問的な神の解明はカントで十分である。人間は神の解釈が目的でなく、神と語るのが目的である。弥生時代の人と対話するためには、弥生時代を再現して住んでみなければならない。」

「そういえば多くの神学者や哲学者は、神を色々と解釈することに汲々とし、概念的な神を人間におしつけて、そのままでケロリとしている場合が多い。本物を見せるかわりに、紙芝居や影絵を見せているばかりでは、結果的には神を人間から引き離すのに役立つだけである。もの言わぬ影絵のような神をあたえられた人間は、より迷いはじめ、昏迷に陥るばかりである。」

「多くの宗教信者は、神によって解放されて自由になるよりも、束縛されて、むしろ一般人よりも窮屈な人間になっていることが多いのは、宗教が神を祭壇の奥深くおしこめて、神を人間から遠ざけてしまったことに原因する。

もちろん祭壇にとじこめられた神は手も足もでないし、大衆の目からみても、神は無力なものでしかない。」

「当然、人間は神に期待するよりも、人間の知恵をたよりにするようになった。……それが現代の科学を信ずる一般人の姿であるというわけですか。」

「人知が、神を人間から遠ざけた張本人であるとは露知らず、神にすがることをあきらめて、人知にたより科学者に救いを求めた。しかし人間が、人間は人間の力によって救われるものと思いはじめたときから、神はもう無縁のものとなってしまったが、神を見捨てた人間は、神から見離された人間でもあった。」

「人間は、無言の神に無理に頼むより、自らの手で、この世の矛盾を解決し、我が道を切り開いてゆこうとしたのではないのか。たしかに今までの人類の歴史は、神が造ったというよりも、人間が造ってきたと言える。過去もそうであったが、未来もまた、人間は洞察してゆけるものであると思われるが……」

「人間は独力ですべてのことを鮮明にしてきた。未知の神秘も次々と解明してきた。今後宇宙の最も根元的なもの、究極のもの、第一原因、最終結果などについてもやがて明白に知ることができるだろうと考えているのだろう。」

「科学者は、架空の神の解明より、現実に住んでいるこの宇宙の根本的発生原因や、あるいは生命の根源に興味をもちはじめた。もし宇宙の秩序を支配する究極的原理が判明し、人間の寿命が無限になれば、人間の悩みはすべて解決できるのではないかと考えられるからである。神を知りえなくても、神と同じ知恵をもちうるのではなかろうか。」

「宇宙物理学や生命科学の発達で、神なんか用がないという時代がきたのであろうか。

あらゆる地上の物質が、地と水と火からできていると考えたギリシアの哲人は無知で、神から遠くにいたのだろうか。科学が発達して、万物が幾十かの元素から成立していることを知ったとき、人間は本当に利口になり神に近づいたのだろうか。

無生物から生物を創る研究に入った生物学者、極微の素粒子と取り組んでいる今の原子物理学者が、目ざしている最後の成果は何であろうか、神か悪魔か？……まさか、生命の根源が細胞核の中の核酸であることが判明したからとて、核酸が人間の生命より大切なものであったと言ったりはしないだろうな。究極的極微物質が、素粒子であったからとて、素粒子が神であるなどとは言いださないだろうな。」

「いや生命の出発点になる核酸の合成が可能になってきた今日、生命の人造合成も間近いだろう。そうなると生命よりも大切なものは核酸になるかも知れない。

素粒子の研究が進み、あらゆる物質の形、質、動き、エネルギーが、本質的には素粒子の種類と配列の差にすぎないと見られるようになってきた今日では、あらゆる原子の転換や破壊変革が可能に見えだした。すなわちあらゆる物質や生命が、人間の手で自由自在に造られ変えられるときはもう間近に迫っていると言えよう。となると、人間は神にたよらなくても、宇宙の創造主の代理者ぐらいにはなりうるのではないかとも言える。」

「そうだ、人間は模造品を造るのが上手だが、念願の造物主になった人間は、とうとう神の模造品まで造りはじめたのだ。」

「そこまで夢想しているわけではないが、少なくとも、宇宙生成の過程の研究や、生命現象の追究から、大自然の意志をくみとろうとしたことは事実である。それが神の意志であったかもしれないと思うからである。人間は神に反抗するつもりはない。むしろ神の意志を何とかさぐろうとしたにすぎない。」

「宇宙の発生はたんなる自然現象にすぎないのであり、地上にすむ生物の生きようとする意志は、たんなる本能意識にすぎない。それを自然の意志と呼んでも、あるいは自然の秩序、摂理であると言ってもよいが、ここで自然即神と言えないかぎり、神の意志と呼ぶわけにはいかない。科学者が自然を研究する過程において、神の意志をくみとろうとすることは錯覚であり、越権である。」

「なぜ越権になり、錯覚に終わると言えるのか。たとえ自然が神の造ったものであったとしても、人間がその創造過程を追求して、もし神と同じものを造りだしたら、神は喜ぶのが道理である。人間が神のまねをしてなぜ悪い、またどうしてそれが錯誤に終わると予言できるのだろうか？」

「人間は自然を観察した、人間の立場から自然を研究してきたと言っているが、人間は、神が造った自然を見てきたのではない。人間の見ている自然は、人間が人知で創作した可知界の領域内での自然であって、本来の自然ではない。したがって、自然の根源追求と思われるものも、人知の極大と極微の世界に向かっての行きつくところを追求しているにすぎないのである。自然を追求しているのではなく人間を追求しているのである。」

「人間の知恵の領域内の自然と、神が造った自然との区別は、何によって判断されるのか？」

「人知は、知りえない不可知の知であった。自然の本姿をとらええない知恵でとらえた自然は、いわば不完全な自然であり、不完全な自然の中から把握された極微は真の極微でなく、極大は極大でもない。まして究極原理がそこから把握できたりするものではない。したがって自然の意志をくみとろうとする試みが根本的に越権になり、不可能になると言えるのはそのためである。」

「素粒子が極微でなく、素粒子の中に無限に極微の世界がさらに展開される可能性があるということか？　宇宙の外にさらに宇宙があると断言できる理由は？　人知がまねごとに終わるという理由は？」

「人知がとらえた宇宙は、例えてみると、釈迦の手のひらの中の小さな球にしかすぎないと言えるのである。人間は自然の外を知ることができない。自然を外から眺めて見ることができない人間は、宇宙の姿、形、大きさ、広さを知るとは言えず、また宇宙の中心がどこにあるのか、また最小の原点が何であるかを知ることもできない。人間は自然の外をうかがえない。宇宙の外側が不可知の世界になると言えるのは、人知が相対知であるからである。」

「人知は分別知であって、分別を超えた世界は認識の対象になりえないということから断定されるのか？」

「その通りで、釈迦の立場に立って、宇宙を手のひらに握りえたもののみが、宇宙の外から宇宙を眺めることができる。そして完全な自然を知ることができる。科学者がとらえた自然は、神の目から見れば、玩具のように粗末な自然であり、その中に創造された生命は、また奇形の模造の生命でしかない。魂のない生物や、人造人間を造って、創造主になりえたように思うのは人間の錯覚である。

人間不在の長寿人間を造ろうとすること自体が、自然《カミ》の意志をくむと言いながら、自然《カミ》の意志をくむどころか、全く逆の方向に向かって迷走している証拠である。生は死あっての生、死なき生は自然にはない。生死老若あって、不生不死、不増不減が自然の本姿である。喜憂、愛憎なき長寿に、何の意味があろう。百年の生をもつカゲロウ、万年生きるモグラに何の意味があろう。もし科学者の手に地球をまかせておけば、彼らは人間を絶滅しておいて、無限の生命をもったロボット・人造人間を地上に氾濫横行せしめて、快哉を叫ぶくらいのものである。しかもこの愚劣な悲劇は現実に始まっているのである。私が科学者に警告する理由はそこにある。」

「結局、科学者は、虚偽の自然を探索することを中止し、一日も早く真の自然、自然の外側、いわば神の立場に立てということか？　それにしても、自然の外側に立つ体験をもたない人間から見れば、自然の外と言い、内と言っても、それは紙一重の差にしか考えられない。言ってみれば、自然の外側から見た自然も、内から見た自然も、大差があるようには思えない……」

「自然の内と外、それは紙一重の差のようで、実は神と人との差にもなる。神の立場に立ち、神の心をもちうるか否かの境でもある。外から見るのも、内から見るのも大差ないと言うが、リンゴの実の中に食い入っている芯食虫《しんくい》の目から見たリンゴは白い。外から見る人間の目にはリンゴは赤い。リンゴの実の中に食い入っている芯食虫から見るリンゴの世界は広大無辺でも、リンゴを一口に食べる人間は、リンゴの世界は小さいと言うかも知れない。リンゴの中にすむ芯食虫は、リンゴのことは自分が一番よく、しかも正確に知っていると言う。はたして芯食虫がリンゴを知っているのか、人間が知っているのか？」

「しかし芯食虫が食べたリンゴも、人間が食べたリンゴも同じ味になるだろう。宇宙の中の人間の立場が、リンゴの中の芯食虫にすぎなかったとしても、人間は虫とは異なって思索することができる。リンゴの外、宇宙の外までうかがうことを知っている立場である。人間は、人間以外のすべての立場を想像することができる。」

「芯食虫が生活しているリンゴの内外と、人間の味わっているリンゴの内外は異なっているように、人間の言う内外と、神の立場から言う内外は、また異なっているのである。人間の言う外は、内に対する外であり、内があっての外である。ところが、神における内外とは、内外を超えた別の立場である。」

「内に対する外と、内外を超えた外とは、どうちがっているだろうか？」

「神の目には内も外もない。そのため全くちがったものとなってしまうのである。人間は宇宙に内がある、外があると見ているが、内外を超越した神の立場というものは、内もなく外もない立場である。したがって、リンゴはただの、一個のリンゴにすぎないものになり、宇宙は内も外もない宇宙に変身する。」

「内も外もない宇宙というのは？」

「大小もなく、左右もなく、高低もない宇宙である。掌中に握りしめてしまった宇宙には、もう大小はない。大小のない物体には、内もなく外もない。時間空間そのものが存在しない。腹中のリンゴには、大小も内外もないのと同じである。人間が分別すれば、宇宙には大小、内外が発生したが、無分別の目で見れば、宇宙の大小、内外は一物に帰して一体となり、無名のものとなってしまう。広大無辺の宇宙も一個のリンゴの小ささとなり、一個のリンゴが巨大な大自然ともなる。大自然そのものには内もなく外もなく、大もなく、小もない。一草が大宇宙となり、大宇宙が一石の中に凝結されるのである。これが神の立場であり、かく見るのが神の目である。

海岸の砂浜で動くカニの小さな動きも、風の音、波濤のひびき、海鳥の小さな声は、みな大自然の同一、同時の調べ、波動である。何の区別もない。みな大自然の小さな分身であって、しかも同時に大自然の全いぶきを秘めた巨体でもある。全宇宙のエネルギーの燃焼、究極原子の流転の姿が、人間の目に万物、万象として映ったにすぎない。人間は内を見て、外を見ない。外を見て、内を忘れ、内外を合わせて、なお一体となしえない。そこには、個々ばらばらに解体された事物が、無秩序に存在するだけである。万物万象を同時に一体として把握しえないため、砂丘のカニの動き、波のさざめき、風の声が別々のものとして、耳に入るのである。ばらばらにこわされた楽器からは、歌は流れない。分断された楽人によっては、オーケストラの演奏はなされない。

神は、大自然のかなでる交響楽そのものである。人間は大自然の演奏を手伝うつもりで、多くの楽人の間を走りまわり、かきまわしているのである。大自然を分別し、カニ、波、風、鳥と区別してみた。砂浜の様々のものに、大小、左右、高低、優劣と差をつけてみた。さらに正邪、善悪、美醜などの判断を下した。大自然の演奏会に参加している楽人等を区別し、差別をつけ、引き離し、蹴落して、せっかくの交響楽をだいなしにしてしまったのである。それが人間である。自然の一員でありながら、自然に参加していない、たった一人の異分子が人間なのである。」

「神の立場が理解できたとしても、人間はやはり、地上に立ち、自然の指揮者とはなれない。人間の目には、カニはカニであり、風の音は風の音でしかない。宇宙の外にのがれる道はない。宇宙の内か外にしか住めない。」

老人は誰に語るでもなく独りつぶやいていた。

「人間の言っている内外は、もともと同根、同体のものである。内と言い、外と言っても、地中と地表の差でしかない。もう一度よく自然の本体を凝視してみるがよい。

自然とは、自ずから然るである。おのれ、自ずからの働きによって、自然にそうなったものが自然であって、自然は他者である創造者の力をかりて生まれたものではなく、どこまでも、自然《オノレ》の中に原因《ワケ》もなく、なさずして自然に生まれたものを自然と言っているのである。これが自然の本然の姿である。人知や人為の介入を許さない世界である。自然には、本来東西南北なく、大小内外もない。始まりもなく結果もないと言うべきである。これらは人間の分別知による付加物にすぎない。

自然は無因（無原因）無為、無分別（無知）の、いわば〝大無〟の世界なのであった。」

「自然は自然のままに宇宙を造ったにすぎないとすれば、宇宙を造った創造主の立場は消え、世界の根本原因と見られる神も不必要となる。もはや神は実在しないという結論が下されたのではないか？」

「神の不在はどこから証明されたか。それは〝無から有は生じない〟と見た西欧の哲学者の言葉から出発したのである。すべての誤りは、彼らが大自然を科学的な目でとらえたときから発生したのである。科学の目で見れば〝無からは何も生まれない〟のであるが、哲学の目で見れば〝有は無から発し、無に帰る〟のである。この世の分別知による相対的有無は本来同根である。二者であって二者でない。内外、表裏は二者にして一者である。有は無から生まれて循環して無に帰る。有無は一者の表裏二相にすぎないからである。とすればさらに、この一者である〝有無〟はどこから発生するかである。ふたたび言う、〝有は無から生まれる〟。この〝有無〟もまた〝無〟から生まれたのである。もとよりこの無は〝大無〟（絶対無）と称せられるべきである。相対界を超えて厳として実在する絶対界、〝大無〟の世界から生まれたのである。

無（大無）から、すべては発生する。この場所において相対は統一せられ、相対は消滅する。あらゆるものを超越するということ。大宇宙の外、大自然の真の外に立つというのは、実はあらゆる相対現象が、絶対無の世界において、統括、吸収されて消滅するということでもあったのである。原因なき無の世界、人為の加わらない無の世界、人知無用の世界においては、時間も空間も消え失せ、有無、因果、生死、喜憂等一切の相対的現象は光を失い、消滅して無へ帰る。〝大無〟の世界というか、絶対無の世界というか、それが神、とりもなおさず神の庭である。神の光をもって、人間界を照射するとき、一切が光を失い、矛盾と邪悪のこの世が姿を一変するのは、そのためである。

神は名なき〝大無〟の別名である。

神の座は無の世界であった。名なきところである。神は名づけられたとき、一つの概念によって規制せられてその姿を消す。もとより無分別、無為の世界であれば、五官の働きは用をなさない。しいて神を言葉にすれば、神は生きている〝無〟である。すべてを創り、また変えてゆく〝無〟である。その姿は、たとえるものがなく、その働きはくらべるべきものがない。人知をもって語りつがれるものではない。しかも、神は明々白々に観えて形容する形をもたず、声は激しく耳朶をうつも、高きか、無音の声かさだかならず、香ぐわしき香気我が身辺をつつみ、森羅万象光り輝くも、光は自他何れにあるか分別つかず、香気、光彩、内なるか外なるか、我なるか万物なるか、明白にして模糊、霞の中にありてなお鮮烈……」

老人は誰に語るともなくつぶやいていた。

あたかも風吹けば、草木なびき、草木まねきて風そよぐに似る……
一木一石知らざるごとくして知り、知るごとくして知らず飄然……
行雲、流水、心あるもの一としてなく、また心なきもの一としてなく、神ならざるもの一としてなし
されどあわれむべし。人知るもの一度としてなければ、心ありて心なく、万物万象の有無また夢の中

有無ありて有無なく、人有りて人無し
人に心なければ、万物に心なく
万物に心なければ、神また住まず
まことの心住むは神の国
神は森羅万象にみちみちて光り輝く精気
まことの心即神、即森羅万象
大自然の姿即神の姿なるも、人の目に映らず、人知らず
虚《うつろ》なる心、邪《あやま》てる心によりて、万象は光を失い、万物は死す
人、空虚にして、神なし
森羅万象の神は去り、天はまた無言

塞《と》ざされた森の木は再び語らず
小鳥さえずるも、歌わず
花咲けども、歓ばず
人は自然の中に生まれて住宅なく、食べるに食なく、着る着物なきを嘆く
さては虚像、虚栄の喜怒哀楽にうつつをぬかしてさまよい歩く
楽園は失われて、苦界に変じ、美は醜となり、真は偽に、愛は憎に変わる
世の平和は去りて、修羅の巷と化し、狂乱怒号の闘争にあけくれて、なお疑わず
人の世はあまりに真なく、善なく、美なし
人の世はあまりに知多くして、憂多く、歓び少なし
人の世はあまりに為すこと多くして、
煩忙混迷をまねく
神の国は遠からじ。無為、無心、ただ赤心に帰れば可なるに、人何ぞはるか彼方を望む！
人間復活の道は他に無し
自然復帰の道は塞ざされたるにあらず
人信ぜずして、知もて神の門をとざすのみ
自然とは何ぞ！
無とは何ぞ！
神とは何ぞ！

門は〝色即是空〟〝空即是色〟
門を開きて入れば、一切は空
空はそれ大無にして、無心、無為
絶対の無なれば即ち、これ神、これ仏
真言二つなし

七　「あの世」と「この世」

1――あの世の姿

かつて老人は、本気とも冗談ともつかない顔で、こんなことを話した。

「私は、この世のことについては無知で、愚な男であるが、ただこの世で誰も知らないだろうと思われることを一つだけ知っている。それは、あの世のことだ。」

「それは体験談か？　まさか死にかけて、生きかえったというような話ではあるまいな。」

「死んだのではないが、あの世を見てきた。あの世から帰った男と言ってもよいかも知れない。」

「実際にあの世から帰った者はいないはずだが、本当なら、あの世の話を聞きたい。」

「あの世の話より、本当はこの世の話のほうが面白いはずだが……」

「この世のことは明白であるから聞く必要もなかろうが、あの世のことはわかっていないから聞きたい。」

「あの世は知らないが、この世はわかっているという言葉は、あたりまえのようで、矛盾したことでもある。海底が全世界と思っている貝が、地上のことは知らないが、海底のこの世界のことはよくわかっていると言うのと同じである。」

「ものごとは反対側から見なければわからない。海底のことを知る者は貝でないということか、人間がこの世を知っているという知識にも限界がある、ということはうなずけるが。」

「人間は、〝明白にこの世を知っているのではない〟ということを知らないから、この世がわかっていると勘違いしているにすぎない。この世の中にいて、この世がわかったという場合は、まあこの世の半分がわかっているにすぎないとも言えるが、厳密に言えば、この世の全体の姿については、何もわかっていないと言える。」

「人間はあの世はもとより、この世もわかっていないのか……といっても、あの世を知る方法があるだろうか。」

「この世とあの世は表と裏、この世にいてはこの世がわからないが、あの世から見ればこの世の全貌がよくわかる。反対にあの世を知るには、この世から見なければならぬが、そのためには、この世がまずはっきりつかめていなければならぬ。」

「困ったことに、あの世の言葉はこちらに通じない。」

「なぜ？　こちらの言葉がないのか。」

「言葉はある、この世の言葉の少なくとも二倍の言葉が。したがってこの世に伝えるには言葉が足りない。あの世を全く見たことのない人間にあの世を説明するのは、聾の外国人に、かたことの日本語で話しかけるのと同様で、盲に絵をかいて説明しようとするよりむつかしい。」

「手ぶり身ぶりで、何とか大体の輪郭ぐらいは？」

「無駄とも思うが、たとえ影絵でも、見ないよりは何かを推察はしてもらえるだろうか……。第一、あの世へ行くと、あの世がこの世になっていて、この世があの世になっている。この世から考えると、あの世はあちらだと思っていたのに、行ってみるとこの世のほうが裏側で、あちら側になっている。あの世がこの世で、この世があの世である。」

「この世が幽霊の出るあの世か？」

「あの世の人間のほうが寿命が長く足が地についていて、この世の人間のほうが寿命がない、足がない、金がない、物がない、ないないづくしの幽霊になっている。」

「あの世の様子は？　一口で説明する言葉というと……。

地獄・極楽は？」

「地獄も極楽もないが、強いて言えば極楽の世界と言うほうが相応《ふさわ》しい趣である。」

「地獄がなければわれわれ悪人は大喜びだが……」

「まさにその通りで、悪人も、善人も向こう側では平等に救われる。」

「その極楽はどんな所で？」

「苦労がないから極楽と言ったまでだ。」

「苦労がない？　たとえば病気は？」

「もちろんあの世の人間に病気はない。もう二度と死ぬることがない。死がない世界に病気のあろうはずはない。」

「アハハ……。では食事はしないのか。死ぬことがないのだから、食べなくてもよいわけか。」

「いつ食べるということはないが、好きな物に出合えば食べる。口があるのだから、おいしいものをふんだんに食べている。おいしい果実、うまい酒、ないものはない。」

「働く、仕事は？」

「働くということはない。労働者や勤め人はいない。働かなくても食えない心配はない。たとえ食べなくても死ぬ心配がないのだから、仕事をする馬鹿はいない。」

「着物は着ているかな？」

「着物は着ているが、あの世の人は着物に関心がない。春夏秋冬、身軽ないでたちで飛び回っている。」

「寝床は？」

「どこでも思いついた処で寝る。まるでキャンプ生活だ。雨が降ろうが火が降ろうが、不死身の肉体には風雪暖寒はまったくこたえない。身体が頑健だから平気の平左だ。」

「ところであの世は老人ばかりやけに多い処だろうな。」

「いやいや若がえって青年男女ばかりの世界だ。みんな年をとらない万年青年だ。第一、あの世には時計がない、暦がない。」

「勉強や学問は？」

「なんのために勉強するのか。寝て、食って、遊んで暮らせる世界で、何を好んで勉強するものがあろう。この世では遊んでては食えないから仕事をする。勉強して他人より偉くなろうと思うから勉強するが、あの世では偉くなる必要が全然ない。」

「？……偉くなる気もないのか？」

「みんなが賢人で、学問による知識はないが、すぐれた智慧が平等にある。」

「ラジオやテレビは？」

「アハハ……。そんな玩具のようなものはない。桁違いに面白い観るもの、聴くものがあるから、そんなものは見向きもしない。」

「汽車や電車は？」

「ない。」

「退屈はしないかな？」

「その反対で、向こう側の人は汽車や飛行機がなくても、三千世界を自由自在に、宇宙の内も外も、心おもむくままに飛び回ることができる。」

「便利な羽が生えているのかな？」

「羽はないが、孫悟空のように飛行の術を知っている。一瞬の間に万里を往く。天界にも昇り、地の中にももぐる。」

「あの世は静かな処かな。誰も歌は歌うまい？」

「大間違いだよ。太陽は照りかがやき、歌も歌い、音楽も聴く。踊りの上手なものもいる。あの世では、草や木や小鳥も一緒に歌いおどる。人間界のマンボやロカビリー調なんかはおかしくて、という風な一見乱痴気さわぎが毎日だ。遊ぶ以外に用事はない世界だから、その点は徹底している。」

「へえ！　老人がいない？　みんな青年男女ばかりで太陽族顔まけの天国なんて想像しなかったが……」

「青年男女ばかりだから、菜種や豌豆の花ざかりに群れとぶ蝶々同様で、天真爛漫そのものである。」

「では子供が増えすぎて、あの世は人口過剰になりそうに思えるが。また、子供は誰が育てるのだろうか？」

「あの世は広大無辺で、人口過剰になる心配は何もない。子供はもちろん親が育てるが、一年もたたない内に独りだちする。親も子も自由を享受し、束縛されることはない。」

「愛憎がないといえば、この世にあって、あの世にないものは？」

「時計と、人間が造った物がない。それと人間的感情である。物に多少はあっても、貧富の感情はない。遠近があっても遅速がない。強弱があっても勝敗はない。上下があっても優劣はない。人間的な喜悲、苦楽、美醜、真偽、正邪の感情がない。」

「感情が全くないのであれば、争いも憎みもないだろうが、面白くもないのではなかろうか？」

「愛憎はないが、愛はある。喜悲はないが歓びがある。美醜はないが美があり、善がある。花が咲き、鳥は歌い、人はおどり舞うことができる。人間的感情はなくとも、自然の泉のように感情は湧き、満ちあふれている。」

「結局、自然そのままのものは、すべてあり、不自然な人間的なものは何もないということか。とすればやはりこの世に比べると、あの世には物がない。たとえ極楽でもさびしくはないか?」

「向こう側から見ると、この世の人がさびしそうに見える。病人がある。死ぬる人がある。金がない、物がない。汗を流して老人が働く。青年が右とか左とかいがみあっている。武器をとって戦う人がある。あの世の人から見れば、この世の姿は地獄に見える。迷っている。幽霊の世界そのものの姿だ。気の毒だ。憂き世とはよくも名づけたもの。」

「冥土の人が、この世の人を幽霊だと? 向こう側が天国で、この世が地獄か……。それにしても、なぜ亡くなった知人や親が、呼びに来てはくれないのかな。」

「あの世では、この世のように、むつかしく絡《から》んだ、親子兄弟のきずなはない。」

「では他人か……」

「他人が、この世の兄弟以上に親しい。」

「仏に供物《くもつ》を上げて拝んでも無駄なのか、こちらの声はとどくのか?」

「聞こえない、こちらとはもう無縁である。」

「一度行ってみてもよいようだな。」

「あなたも一度行っていたことがあるのだが……」

「私が、あの世に?」

「そうだ、生まれる前に……。忘れてしまったのだろう。青年時代のことは遠のき、子供の頃のことは忘れ、赤ん坊の時代は忘却のかなたへ。はるかに遠いその前のことは無の世界になっている。」

「？……ではこの世は、あの世と裏表で、回り舞台のようなものか。」

「表裏一体だとも言えるが……」

「あの世は本当にあるのか？」

「どんなことでも質問があればお答えしよう。私は見てきたのだから答えられないわけがない。私の話には矛盾があるかな。」

「ではこの冥土風景はうそではないのか？」

「うそではない。」

「私が死ねば確かめることができるか？」

「無駄である。」

「また何故に？」

「頭脳のない人間が認識しようがない。また知る必要もなかろう。」

「でも確実な証拠が得られないことには、信ずることもできない。」

「この世の実在は信じているのか。」

「信ずるというより、認識しえていると考えているのだが……」

「正しく認識ができていると、人間の認識を信じているにすぎない。」

「どちらにしても、少なくとも科学的に見て、この世は信ずることができる。」

「では、裏面のあの世も信ずることができるはずだが……」

「でもやはり、科学的に見て、あの世はないと信じるほうがよいようだ。」

「ここで言えることは〝冥土なんてあるものか、死んだら土だ〟などと言っている科学的確信は、実にたよりないものであることを考えておかねばならない。〝冥土なんてあるものか、死んだら土だ〟などと言っている確信は、絶対に間違いである。自分自身をいつわっている言葉だということを、よく反省してみるがよい。

人間の科学的な確信というものは、本当の確信にはなり得ない。

死んだ肉体は土だと言いながら、いつまでも、土になった仏に手を合して拝んでいる矛盾を平気でするのが、人間である。死ねば土だ、と平然として仕事をしたり、パチンコをしている人も、明日死ぬると医者から宣告されたら、今日の一日は狂気のように悩むであろう。明日がないと口では言っても、腹では明日の来るのを予期しているから、今日遊んでおられるのである。十年後に核爆発で地球が壊滅するとわかっていたら、今日の地球は違ってくる。

この人間の一生の次に来る死が、本当に土であると知っている人間であれば、その一生の生き方は全く一変しているはずである。口では冥土を否定する文化人ほど、冥土に引きずりまわされてこの世を棒にふっているのである。名とか金を集めてどこへもって行こうとするのか。妻も子もまた死ぬる。往く所も知らず、帰る所もわからない人間くらい不幸なものはない。だが最も不幸なのは、不幸であることに気づかないで、得意になっている人々である。あの世を否定し嘲笑する人間は、自ら〝自らの立場〟を知らないで嘲笑する人でしかない。

この世を明らかにするために、人間自身を知るために、あの世は明確に把握されねばならない。自分の手によって決定されねばならない……。だが、否定も許されないが肯定も許されない……問題なのである。」

「ではやはり、あの世の有無、実体を確かめておく必要がありそうだ。

そもそもこちら側から見ることのできるあちら側、あの世というのはどこだろう。」

「人間が、相対の世界を超えたときに、初めて見出すことのできる彼岸の理想郷から見たあちら側が、本当の冥土である。」

「それが、先ほどからの冥土話か。それにしてはあまりに非現実的で、観念的と言えるのではないか。」

「非現実的なのはこの世で、あの世は幽界であるから現実ばなれしているようだが、むしろ現実的である。」

「あの世にあるのは霊の世界か?」

「死後には霊もない。」

「霊もなく、現実もない世界を、どうして把握できようか。何もなければ描写することさえできないだろう。」

「何も無いというものがあり、それを描写したのだ。

死後の世界は、知的には人間とは無関係である。松の木が枯死したとき、松の霊が地上に迷うだろうか。松の種は地上に落ち、また芽を出すが、松の死体は、微生物が生棲して腐ってゆく。最後は土に還って土中の一成分となり、やがて他の植物に吸収される。ただそれだけのことであり、松の霊が土中でさまよったり、他の植物や動物の体内に入ったりはしないか、と心配する必要はなにもない。

人間の死後も同じである。腐って土に還り、微生物の食糧になり、植物に吸収され、その植物は、鳥や獣に食われ、また土に循環してゆく。人間の生命の種は種で、子供に受けつがれ、日々盛衰生滅の繰り返しで、日々に生まれ、新たに増殖され、日々に死滅してゆくのみである。

死体が柳の木に吸収されたからとて、死霊がさまよって柳の木に化けたりはしない。霊魂が、柳の虫になったり、人間の死骸の上に育った飼料を食べたからとて、牛や馬に人間の霊がのり移ったりはしない。そんな霊なら、犬や猫に食わせたがよかろう。」

「死霊はないと科学的に確信しているのであるが、毎日拝んでいる仏壇に何の霊もないとは断言する証拠がない。そのために人々は、神仏に手を合わしているとも言えるが……」

「この世ではその通りである。」

「ではやはり冥土にも、何らかの形で霊はあるのか。」

「死骸の霊は、野良犬が食って始末してくれるが、生きている人間の頭に残る霊をどこまでも追い出せないのが人間である。」

「その霊というのは？」

「幽霊である。文字通り観念的な世界における霊である。人間の世界から死後の世界をうかがい、死んでいるのでもなく、生きているのでもない、死霊と言えば死霊、生霊と言えば生霊、それが幽霊の世界である。」

「その霊の世界こそ、世間的な意味での冥土ではないか。」

「冥土の幽霊は正にその通りである。しかしこの冥土を見たものも、知ったという者もいないという、その理由がわかるかな。」

「しかしこの世の人間のことは、いわば頭の中のことであれば、霊媒者のように何とかうかがい知ることもできるのではなかろうか。」

「繰り返すが、この世の人間すら、人間は知ることができなかった。ましてありもしない幽霊の実体を知りに出掛けることは不可能である。」

「知りえないことなのか。」

「本当に知りうる者というのは、この世以外の立場に立って、この世を見た者にかぎられる。この世を真に知ったものによってのみ、あの世も真に知ることができる。

なぜなら、この世もあの世も一体のものであり、したがってこの世を真に知る者とは、同時にあの世をも合せて知る者でなければならず、この世を知ったというとき、当然あの世も同時に知ってしまうのである。」

「この世と冥土の関係は?」

「この世の実相、実体を知った者から見れば、この世は実相の世界（覚界）でもあり、虚相の世間（娑婆）でもある。二相が重複した世界である。実相の世界の裏面にあるのが本当の冥土（無の世界、大地）であり、虚相の裏面にある冥土（幽界、墓石）が幽霊の世界である。」

「老人が述べたあの世とは、後者の幽界か？」

「その通りと言ってもよいが、虚相の世界は、虚相をいだく者にあっても、虚相をいだかない者にはない。もともと虚無の世界であって、あるないは、この世の亡者にだけあるもので、しかも観念的なものである。したがって、死とともに成仏しえない生きている人間の非現実的な霊の世界を指したと言ってもよいのである。」

「結局、先ほどのあの世話は、この世の中の観念的冥土でもあったのか？」

「この世の人間が、心にいだく冥土の姿とも言えるが、幽界の虚相は、虚相ながら人間を悩ます虚相である。その虚相を哲学的に解明し、打破しようとしたものである。しかしまた死後の冥土の実体を映したと言っても何らさしつかえないのである。霧が晴れてみれば、あの世もなく、この世もない。共に、美しい姿の世界（実相）に転化できる。だが、冥土に行ったときの楽しみにしておけばよい。人間にとって重大なことは、冥土の実相はそのまま、この世の実相でもあるということである。」

「あの世に行って帰ったという者は一人もいない。しかし、どこまでもあの世を知っていると断言する根拠は？」

「なんでもない、真にこの世を見たからである。

生死は一如、あの世もこの世もない。」

2——この世の姿

この世にあるのは人間と自然であり、この世の姿といえば、人間が見た人間、自然、社会、宇宙の姿、この世の一切を含めたものと言ってよかろう。

しかし、これらは時と場合、人によって意見を異にしている。が、考えてみれば、この世は誰の目にも一つであるから、一様に自然観は一つであってよいはずであって、世界観も一つでなければならないとも言える。人はさまざまであるから、異なった人生観があってさしつかえないとも言えるが、人間の究極目的は本来同一であるはずであり、明確に決められるものであれば、これも一つでよいはずである。

老人は一事は万事に通じると言っている。このことからすれば、自然観に出発する人生観も、社会観も、世界観も、ともに同一のものであり、終始一貫して共通したものが流れていなければならないはずである。

老人に世界観を尋ねてみることにした。世界観を聞くことによって、他のことも大よそ見当は付こう。

「この世にあるのは、自然と人間である。自然だけがあると言いたいのだが、人間は自然の一員であって、異分子でもある。したがって、人間と自然と、その関係がこの世を形成することになる。」

「ということは、人間が自然をながめて自然観となり、人間をふりかえって人生観をつくる。この人生観と自然観が交錯して、この世をつくってゆくということか？」

「自然観と人生観を基盤として社会観が出来、世界観も確立されてゆく。その構成経過がそのままこの世の発達の姿となると言ってよいだろう。そしてもし人間が真に自然の一員でありえたら、自然と人間は一者となる。そのとき人間の自然観はそのまま人生観となり、その人生観にもとづいて建設された社会は、自然社会そのままであり、その社会観はまた宇宙の秩序、世界観、宇宙観とも共通の場をもつ。すなわち自然と人間が一致するだけで、全世界は一体となり、微動だもしない不変不動の世界観が確立されてゆくはずである。もちろん、このような世界観に立脚したこの世には、矛盾のない社会が建設されたはずである。」

「ところが実際のこの世は、矛盾にみちみちているばかりか、ますますその矛盾の輪を拡大してゆくように見える。この矛盾はいつ、どこから発生したのだろう。」

「人間は自然の中にいるために、かえって自然の姿を知ることができない。母の胎内にいる胎児が、もし自分の知恵で全世界を知ろうとしたら、胎内の腹を全世界と錯覚し、全世界とのつながりはほぞの緒だけだと考えるだろう。人間は自然を知りえないはずなのに、知りうるように思うために、各自が勝手気儘な自然観をつくる。人間の分別的認識が出発したときから、自然と人間の断絶が始まった。人間が相対の目で見て自然を解体し分裂せしめ、人を自然から遠離《おんり》せしめた。それがこの世の矛盾の出発点となったのである。」

「人間が自然を分別の眼で見たときから、人間は自然と対立する存在となり、ひとたび自然から離脱した人間は、自然の本姿を見失い、人知の判断で勝手気儘な自然を造ってゆく。また各自がめいめいばらばらな社会観を構築してゆくため、そこに矛盾が発生してゆくというわけで……」

「自然の分別、分離、細分化がこの世の分裂、破壊、矛盾の拡大進展を招き、人類の破局にまでつらなっている。」

「普通この世にある森羅万象の一切は相対の世界であり、矛盾の世界であるが、その矛盾を解決しようとする努力が、人間発達の原動力となって、いわゆる弁証法的に右に左に彷徨しながら、螺旋状の階段をのぼるように、よりよい世界をめざして発達してきたのがこの世の姿だと思っているのであるが……」

「この世を、分別眼で見れば、すべては相対の世界になる。しかし自然そのままが相対であると判断したのは、人間の早計だった。人間の見た自然と、自然そのものとは、全く異なっていると言ってもよかった。自然は本来矛盾の拡大に終始する世界ではないのである。

自然界は完全に統一された有機的な統一体であり、相対的分裂による遠心的な拡大、進展の裏面に、つねに復帰、統一をめざして中心に向かう求心的な凝結の作用が、同時に働いているのである。弁証法的な考え方でとらえられるような、分裂と統一、対立と統合。正反合の止揚の形を繰り返しながらも、次第に分裂と細分化の輪を広げ、速度を増して直線的に進むような発達をしていたのではなかった。自然界には発達と拡散に対して収縮、凝結の反面があり、しかもその二面は、その中心において統括され一元化されていたのである。したがって、自然界のすべてのものは相対的な二元の世界に見えて、実は一元の世界であった。これが統括的自然観（法輪的自然観）である。

ところが皮相しか見ることのできない人間の目では自然もこの世の姿も相対界としか映らない。そこで当然、弁証法的な考え方によって、この世は解釈できると考えられ、また事実、それで満足してきたのである。これが相対的自然観である。

「この世に二つの自然観があるとすると、当然この世の発達の姿も、二つの目で解説されるため、異なった社会が営まれることになるのか？」

「私はさきに人間の目に映るこの世の発達の姿を台風の形でとらえ、台風的発達論と称して解説してみたことがある。それは……。

この世の発達は、人知や感情の誕生から誘発されて起き、自然科学の発達、産業の発達、文明・文化の発達、一切の発達の状況がこの台風の渦巻の姿でとらえられるということである。そしてその発達の過程を解説し理解する上でも便利に思えた。

そして、この台風的把握は弁証法的な把握のような平面的で、一次元的な把握よりは、実質が三次元の立体的である点で、より真実に近い解明ができる、と一応、頭では考えていた。

ところが、ものを相対的にしか見ることのできない自分たちから見れば、台風の渦巻も、部分を抽出してみると、波状の渦巻、竜巻の渦巻、螺旋と類似のものにしか見えないため、台風的発達論も、弁証法的発達論の立体的組み合せに見えてくる。

したがって実際は、一を分別すれば正反の二となり、二から第三の合の道が生まれ、第三の道がまた二つに分かれてゆく。この正反合の過程の繰り返し、拡大、進展である弁証法の発達過程と混合されてしまって、この世の弁証法的発達を是認する立場から脱出できなかった。

根本的な差異は次の点である。弁証法的な見方からも、直線的にあるいは螺旋状に、人類は無限に発達向上してゆけるものと考えている。すなわち矛盾を認めながらも、理性でその矛盾を克服でき、分裂には統括をもって対処してゆけると確信しているのであるが……。

台風的発達論は、部分的には弁証法の適用を認めるが、全体的把握の立場からは、正反合の止揚を認めないのである。分別は分裂であり、分裂を統括しても、その統括は元の一者への復帰・統括にならず、再分割への準備でしかない。分別→統括（準備的一休止）→細分別→統括→（分裂ブレーキ）→細分化→の順で、すべてのものを細分化し、分裂せしめながら、直線的でなく、外側に湾曲しながら膨張拡散してゆく道で、最後に来るものは拡散、崩壊で、発達ではない。弁証法的発達の価値は根本的に否定されねばならない。」

「弁証法的にこの世を見れば、発達は価値ある発達と認められて、積極的にこの世を推進して間違いないと思っていたが、老人の発達論でゆくと、発達は発達にならない。少なくとも積極的な歯止め、ブレーキがなければこの世の発達は崩壊、破滅への道となる……というわけですか。」

「歯止めやブレーキ装置で自動車の発達を止めることはできない。完全に近いブレーキの開発がすすめばすすむほど、自動車を造るものはスピードアップするだけである。公害防止装置の開発は、公害発生の推進を助けるのみである。」

「ではどうすればよいのか、積極的な発達もだめ、統括的制御も消極的なブレーキの役目しか果たさないとすると、人間はやりようがないのではないか。」

「やりようがないのが、人間が為しうるただ一つのやり方になる。やりようがなくなれば、無に徹すればよい。

自然界には拡大、拡散の発達の根底に必ず収縮、凝結の働きがあると言った。この相をそのまま映した自然観、その自然観にもとをおいた社会観がなければならなかった。

人間は自ら知るべきではなく、自ら為すべきではなかった。知らずとも知り、為さずとも為しうる道があった。やりようがないのではなく、為す必要がない方法であることに気づけば、為さずして自ら為しえたのである。

為さずして為す社会こそ、本物の社会となりうるであろう。」

「法輪的発達論（台風的又は竜巻状発達論）にもとづく社会観というのは、どのような形をとるのだろうか。」

「台風的渦巻は拡大、拡散の姿を現わすとともに収縮、凝結の姿（相）も現わし、無限の拡大と、無限の収縮を、同時に現わすものであった。

このことは台風の渦巻を側面から見た形、すなわち竜巻の形として見れば理解されやすいだろう。竜巻は、左回りの風が渦巻状に中心に向かって吹きよせられ、収縮しながら凝集してゆき、天高く舞い上りながら中心点で凝結する。そして、陰極まって陽に転ずるように、凝結の終極点から一転して拡大、拡散の方向に渦巻の輪を広げていって、最後は、右巻きの渦巻は拡散、崩壊し、消滅してゆく。

この竜巻にこの世をあてはめてみると、この竜巻の上半分は、根源の自然からの分離、離散を現わし、積極的な遠心的拡大、飛散の陽の世界であり、物の世界である。下半分は自然の中心、根源に向かっての求心的集中、凝結への道で、いわば陽に対する陰の世界であり、一見消極的に見えるが、凝集し充実した、見えない世界、非物の心の世界である。

竜巻は、人が把握できる無限の物体（質量）が凝集し、凝結して心（物でないもの）となり、心がまた拡散して物となり、物はまた空（無）、心の世界に消えてゆく相と見ることができる。色即是空、空即是色の姿であると言える。

ゴム風船の膨張、収縮で現わされる拡散と凝結の姿は、凝結の無（心）から有（物）を生じ、有（物）は拡散してまたもとの無（心）に帰る姿であり、これまた宇宙の原理を現わすものと言えるだろう。台風と言い、竜巻と言っても、これを画けば平面的になって固定され、一次元、二次元の世界を現わすにすぎない。言葉が不通であるとともに、画

図《と》もまた不通である。

台風と竜巻を同時に、しかも立体的に表現するものとしては、孫悟空の如意輪棒がもっともふさわしいと思われる。（これらを総称して法輪的発達論とよぶ。）

この世の発達は如意輪棒状発達であると言える。如意輪棒は、発達すれば耳の中にも入れてかくせるほどの極微になり、伸ばせば何千丈という無限の長さの棒になり、ふり回せば広大無辺の地を覆うことができる。これは第一次元から第四次元の世界に通用する法輪である。如意輪棒とは、伸縮自在の法輪（場所空間）であり、棒（延長時間）であって、人の意の如くなるものであり、この時空を自由自在に伸縮し、ふり回す（時空を超える）ことができるものが、空（空観）を悟った人間（孫悟空）であることは間違いがない。

問題は、この如意輪棒のふり回し方である。このふり回し方いかんで、どのような社会もできる。世の人々は、孫悟空のふり回す如意輪棒の威力には目をみはらせられる。だが、それよりも重大なのは、耳の中にかくされ消えてしまう如意輪棒の意味の深さである。

普通人々は竜巻が発生すれば、天高く上った竜巻の上半分に目を奪われやすいが、その基部にある求心的な収縮の渦巻を見失ってはならない。瀬戸の海で海面に現われた渦巻は誰でも注視するが、本当に気をつけねばならぬのは水中の渦であろう。

とにかく本来の自然には、発達と収縮の二つの作用、働きが、同時に同量で遂行されているのである。とかくこの世では、積極的に見える発達の面が強調され、消極的に見える収縮面が軽視されやすい。しかしこの世において大切なのは自然の原点であり、中心から離脱、離散、拡大、拡散してゆく道（物質）でなく、中心に向かっての求心的な凝結の道（精神）であり、すなわち耳の中に消えていった如意輪棒の意味である。人間の目に見える形質のある物、森羅万象ではなく、その内に凝結して内在するものである。

それは心《しん》である。心《こころ》である。心こそ森羅万象の中心であり、出発点であって終点でもある。原点であり、無限の究極であり、凝結して最小のものであって、最大をも包含するものである。台風の目、竜巻の心《しん》、如意輪棒をふりまわす者の心、それは強いて名づければ、神の意志と言ってもよいであろうか。

現在人間は、その原点（自然・神の原点）から離脱して遠離してゆく発達の方向に向かって、全力を投じているのであるが、遂ぐべきは人知人為の発達でなくて、消滅であり、神に向かっての求心的努力、無為にして、凝結を目ざす復帰の道であったのである。」

「しかし、自然界には、発達と収縮、陰と陽の二面の世界があるのに、発達の面には目をそむけ、収縮の面のみを重視するのは不公平ではなかろうか。積極的な発達によって、行きづまりやひずみが出れば、収縮の方向に反転して均衡をとってゆけば、それでよいのでないか。要は均衡の問題で、中庸の道でよいのではなかろうか……」

「自然本来の姿の中に、拡散と収縮が同時に同量をもって行なわれる。しかも全体は移行し変化してゆく。バランスは自然にとれ、無為にして完璧である。

ところが人間が見た自然と人間は、自然本来の自然でもなく、人間でもない。そのためにこの世の発達は、どこまでも出発点からして自然からの遠離になり、人間と自然の離間、断絶をまねく暴走への道になってしまうのである。

人間は放任しておけば、収縮の求道の道をとらず、人知や欲望の発達のままに、拡大進展の道を好んで歩きはじめる。人間は神の道より悪魔の道を好むと言ってもよい。

したがって、積極的な発達、暴走の道にストップをかけ、消極的、求心的、凝結の道に向かって、ひたすら精進せねばならぬのである。

中庸は中庸でなく、中途半端でしかなく、公平は結果的には人間の錯誤と破滅に手をかすことになる。」

「発達の面しか見ない社会観が危険であると言えば、弁証法的な発達論を是認している現在の社会は、根本的に見て偏向の社会ということになるが……」

「もちろん、現在いずれの国においても、発達の意義に疑惑をもって、その進展を根本的に否定しようとしている者はいない。だから、それだけ世界は危険になっていると言えるのである。」

「ここで法輪的認識論、また発達論から見た世界観について要約してもらいたい。

老人はさきに人間は自然を知ることはできないという、いわゆる不可知の立場を明らかにした。しかし実際は、自然を知りえないはずの人間が自然を知り、宇宙を理解できると思っている。まずその点から……」

「人々が自然を知り、宇宙を理解していると思っているのは、科学的な意味においてである。しかし、科学的真理がどのようなものであるか、その価値の実体を、もし、人々が本当に知ることができれば、人は自然を知っているのでも、宇宙を理解しているのでもないことがわかるであろう。」

「それにしても天文学者の研究による、宇宙の起源や、構造、発達などは興味のある問題であり、人間に価値がないとは思えない。

たとえば、百五十億年前のこと、その頃の宇宙の物質はこの地球の物質の何十倍もの密度をもち、温度は数千億度という超高温度の世界で、星雲や星も、またこの地球上に見られる物質は何もなかったという。その光原体の原始宇宙が、五十億年前から膨張を始め、巨大なガス塊となり、そのガス体から原始星雲が発生していった経過などは、想像するだけでも驚異と神秘の世界と言えるだろう。

また現在の学者の観測では、この五十億年のあいだ、星雲が次第に遠ざかっている事実を観測している。これは宇宙が膨張している証拠なのではないかと言っている。そして、星雲の距離が二倍遠くなれば二倍の速度、三倍の距離のものは三倍の速度で、飛び散るように遠ざかっているという話などは、老人の竜巻状発達論に照らしてみても、面白い事実ではなかろうか。

また、この膨張説に対して、宇宙の開闢以前には、いま膨張しているのと同じ速度で、宇宙は収縮していたのであるという説もある。

ともかく宇宙は、無限の過去から無限の未来へと続いているのだろう。このような知識は、人間にとって貴重なものではなかろうか。」

「それは貴重とも言えるが、一面御苦労なことだったとも言えるのである。天文学者は広大な宇宙を相手にしていることで、地上のこせこせした煩わしさからのがれうるから、この研究が神秘的な価値をもつとも言える。

宇宙の起源、構造がどうなっているかを眺めることの価値は、湖面に投ぜられた一石が描く波紋の研究価値と、根本的には大差がないはずである。森羅万象の発生、起源をたずねまわることは、人間の喜悲・幸不幸とは、実は無縁のことなのである。

神秘といえば、一個の卵からひよこが生まれるのも、一粒のケシ粒から美しい花が咲くのも神秘である。広大なるがゆえに広大な価値があるのではない。神秘なのは、ただ宇宙の星雲の世界のみではない。リンゴの実一つの中にも、小さな水滴の中にも大宇宙があるはずである。〝意味がある〟〝価値がある〟とは、その物にあるのではなく、そのものを見る人の心にある。

一粒のケシの種、一個の卵の構造の中にも、大宇宙の構造を調べるのと同じ無限の科学的未知と価値があるはずである。土壌中の一元素、原子核の中にも大宇宙の天体と同じ動きがある。極微の世界においてさえ、素粒子があたかも星の運行のごとく、ある時は竜巻のごとく収縮し、ある場合は台風のような発達の姿をとって飛び交っていることを思えば、ただ不可思議というほかない。

大宇宙の天体において、極微の世界において、ある時は竜巻的発達の運動が起こり、同時にまた凝結の運動があるということは、有は収縮して無に帰り、無は膨張して有《う》を生ずる。有《う》はまた飛散して空に帰る法則の顕現とも言えるだろう。釈尊が成住壊空と言った言葉も、この世の生成、存続、破壊、死滅を、輪廻の形式で説明したものであろう。竜巻式、あるいは法輪的考え方は、輪廻の考え方を立体的なものにしたとも言える。立体的な法輪の立場から見れば、宇宙の万物の生成発展の姿は、発達と消滅の繰り返しであり、その循環・流転が自然の姿と言える。

だが、これは達観的に見れば＋－《プラスマイナス》＝0となり、陰陽二なく、不生不滅、不変不動とも言えるのである。本来自然における発達と凝結は、二者であって二者でない。発達、収縮ともになくて、無始、無終であると言っても、何らさしつかえはなかった。

種子は地より芽を出し、生長し、花を開き、稔り、枯れ、また地に埋もれ、再び芽を出す。生と死の循環であって、しかも不生不死・不増不減である。

人間の生死も詳しく見れば、すでに平常の日々において細胞の誕生、増殖が行なわれるとともに、新陳代謝の名のもとに、細胞の消衰死滅が併行で行なわれている。人間の日々は生であり死でもある。老病生死が平常のことであれば、人はまた不老不死とも言える。

植物や動物は、無限に増殖するのでもなく死に絶えるのでもなく、自然の摂理のままに自ずから収縮し膨張して、変化、生成、消滅してゆくのみで、大局から見れば不変である。

この世にある生物、無生物の区別も根本的にあるのでないことは、現在の生物学、物理学の立場から見ても明白である。生命のない無生物が増殖したり、静物と思われた鉱物も、原始物理学の立場からのぞいてみれば、激しい中性子や素粒子の衝突、分裂、結合の世界であった。この世の一切の静物は不動のように見えて、静止する物は一つもなく、この世の物体はみな常に流転する。だが動くもの一つもなく、動かざるもの一つもなしとも言える。現象界のすべての物が、人間の相対眼でとらえられたときに初めて発達、収縮、動静、軽重、遅速、増減、盛衰、消長の姿としてクローズアップされたのみである。

もし人間が科学の眼をとり去って見れば、形も質も、変動もない、一切が名なきものに変身する。時空とともに、もの、形、質も光も、エネルギーも、すべては究極において一者《もの》であったのである。

しかもすべてのものは無から発して無に帰る。一切は空なりの言葉どおりである。万物の実在を確認するための空間と時間、形や質を規定するもの、光やエネルギーの本体、これら一切のものの実体を知ろうとして、科学者は幾千年も苦闘してきたと言えるが、科学者はこれらの究極のものを知りえないがために、いたずらに論議を重ねるのみで、本態をますます複雑怪奇なものにするだけである。科学者は、何を尋ねるべきかを知らないからである。

「知ろうとして、ますます不知の淵に迷いこむということか？」

「知りえないことを知らないために、知りうると思って、知る必要のないことを知りにでかけ、知らねばならぬことを尋ねようとしない。〝何か〟という人間の疑問に答えようとして、不知の洞窟に迷いこんでしまった。そのため、無意味なことを知りにでかけ、結局は何の結論も出ない。」

「自然とは何か——に答えようとしたのが科学者であるが……」

「人は〝何か〟の何かがわかっていない。〝桜とは何か〟の詩人の問いに、科学者が桜の木の堅さや葉の細胞構造を調べて解答してもむだである。〝宇宙とは何ぞや〟の人間の質問に科学者の解答は無価値であったのである。人間が本当に知りたいのは、宇宙の全体的把握である。部分的な宇宙の構造や運動ではない。人間が疑問に思い心配しているのは、宇宙の起原や終末のように見えて、真実は人間の発生や終末に対する疑惑である。

人間の足が、歩いて山に登り、桜を見に行くためのものであったとしたときに、科学者が、足の筋肉や骨の研究ばかりして、足の構造がわかった、運動機能が判明したと満足しているとしたら、滑稽でしかない。科学者も足の価値を認めている。しかしその価値は足の機械的価値であって、人間としてすなわち人間の足としての価値ではない。

〝桜は何か〟はそのままで、桜を見る〝人間とは何か〟の質問である。宇宙とは何かの答えは、その宇宙を見つめている〝人間とは何か〟に答えられる解答でなければ、何の意味もない。結局、この〝何か〟は、〝人は何か〟である。宇宙を知ろうとする人間の疑惑は、宇宙に対面している人間と、宇宙の間に横たわる断絶の溝、その溝とは何かを知ろうとしている人間の本能的、潜在的要求から発生する。すなわち分断された人間と宇宙を再び結びつけようとする人間の願望が、〝宇宙とは何ぞや〟になったのである。

人間の疑惑はすべて、人がなぜ自然から離脱したのかに出発している。したがって、自然に帰る、宇宙と人間が再び結びつく（神との再結）にはどうすればよいかに答えることが、初めて〝何ぞや〟に答える解答となるのである。宇宙とは何かの疑問から、宇宙を知ろうとする人間の真の意図は、宇宙と一体になる、宇宙を腹中にする、我がものとすることにあったのである。

百姓がリンゴを作ろうとするのは、作って食べるためである。植物学者が作ろうとするのは、作って解剖するためであると言ったら滑稽になろう。リンゴを食べないで、リンゴの元素や素粒子を食べて満足する科学者があまりにも多い。科学者の〝何か〟はリンゴの原子を科学するための〝何か〟であって、人間のためではなかった。」

「それでも科学者は次のように言うのではなかろうか。たとえ科学者の努力が、たんに知るための努力であったとしても、その知恵はいつか、何かに役立つのではなかろうか。また、山があるから登る、知りたいから知ろうとする。それが人間の自然な成り行き、宿命ではなかろうか……」

「それは人間の宿命的な業《ごう》とは言えたとしても、自然の成り行きではなかった。また知りたいから知ろうとしたというが、知りえないことを知りうるように思って進むのは無意味な錯覚でしかない。見込みのない無謀登山で真理に対面することはできない。」

「科学者が知りえないという断言もできないのではなかろうか？」

「科学者が真理や神を追究しているならともかく、科学者は反対の方向を追究しているのだから、知りえないと断言できるのである。

科学者が科学的な目で、宇宙を見て宇宙を知ったというとき、人間と宇宙の断絶の溝がなくなった、両岸が接近して渡りやすくなった、一体となれるというのであれば、問題はないが、科学的に知れば知るほど、宇宙はますますわからないものになり、人間とは疎遠なものになり、ついには無縁のものになる。」

「科学の知恵が、実際に人間を混迷に陥し入らせるのに役立つばかりかどうか。科学の歴史的事実をのぞいてみたい。」

「科学は宇宙を知りえないのに、知りうるかの如くよそおうために人は迷いだす。」

「もちろん、知りえないということを知っておれば迷いはしない。」

「その宇宙を、ギリシアの哲人は、地水火風の四大元素からできていると思った。古代インドでは地水火風に空を加えた五大元素を考えていた。科学が進歩して、宇宙はこんな簡単な元素からできているのでなくて、九十数種の元素からできているというようなことが発見されてきた。

科学者は古代人より、より宇宙を正確に知ったものと言えようか。ところがそうではない。

宇宙を構成する元素が、水と火と言っても、酸素と水素だと言っても、幾十幾百の元素から成ると証明しても、あるいは現代の物理学者のように、三百種の素粒子が一番究極的な宇宙の極微物質であると説明しても、宇宙を知るという意味では大差はないのである。分析的に事物をのぞいてゆけば、無限に分割されてゆく。宇宙は、星の世界と見た人間と、宇宙を銀河星雲と見た昔と、諸元素や素粒子の集合体と見た人間の間に、優劣、幸不幸のものさしをあてはめてみても何の差もでないはずである。

牛の糞を一生かかって研究して、その内容を解明した科学者と、枯野の野糞をみて俳句を作った人間を比較すれば、後者は一物を通して自然の全体を知ろうとした者と言えるが、前者は一物の中に潜入して、自然に対しては、むしろ盲目の人となった者と言えるのである。研究が極微の世界に進めば進むほど、科学者は、より深く、より多く知りえたと思っているが、それはむしろ、ますますわからなくなったにすぎない。

物体の究極の世界であるかのごとく見えた原子の世界が、この原子の内部を一度のぞいてみれば、驚くべきことに、そこにはさらに極微の素粒子の世界が展開されており、素粒子に比べれば、原子はまた巨大な宇宙の世界であった。だが今度こそ究極の単位と思われた素粒子の世界も、その種類が続々と発見され、三百種にもなってみると、もはやこれも究極の世界でないことは明白である。事実、素粒子の世界よりもさらに究極的な量子力学の世界が展開されてきた。現在では最早、原子物理学の極微の世界は、無限の未知の世界と言わざるを得なくなった。宇宙天文学の世界でも、量子力学の世界でも、科学者は無限大と無限小の世界の無限性に戸惑いをみせはじめたと言えるであろう。

科学の世界は、いつも無限の未知への入口に立つのみで、一歩も究極に近づくものでなく、相対的に近づいたにすぎない。無限の距離から見れば、一歩も近づいたのではない。科学的真理は、局時局所の真理というより、現在ではもはや全く意味のない瞬間的なものでしかない。ミクロ（極微）の真理をいくら積み重ねても、ミクロはミクロの価値しかない。不完全、不知、矛盾の積み重ねに終わるのみである。

科学者は、このことを十二分に知っているはずである。にもかかわらず徒労の道を歩みつづけるのである。それは、彼らの知恵で、真理が、たとえ一時的なものにせよ、実際に人間に目にものを見せる形で実証することができると信じているからである。

たとえば、一グラムの原子が破壊されたとき生ずるエネルギーが、二千五百万キロワットのエネルギーに匹敵すると知ったとき、科学者は原子核の破壊装置の発明に力をそそぎ、ついに原子力開発に成功した。その一つの応用である原子爆弾の威力を見たとき、人間は科学の知恵に驚嘆してその成果に満足したのである。

しかし、このとき人間は反省せねばならなかったのである。人間は自然のほんの一物体に秘められていた巨大な威力を掘り出した人知を誇るよりも、科学者は何千年間かかって、やっと自然の一物（神の力）を知りえたにすぎないという事実、すなわち人知が大宇宙の智慧から見れば、いかにとるにたらないものであるかということと、人間が過大に見積りやすい価値が、実質は神の力を悪用したにすぎず、無価値なものであるという事実を凝視せねばならない。結果的には原子の火の価値が、科学の価値を決定するのであるが、原子の火が真に人間に役立つかどうかの審判は科学にはまかせられない。原子の火がいろりの火より価値が大きいと、科学的な人知の立場から判断されたとしても、もしあらゆる面からの人間的総合判断を加えるならば、原子の火は、いろりの火ほどの火力も、便利さもない結果がでてくるだろう。

世界ジャンボ空中旅客機の価値、東海道新幹線列車の価値に比較される東海道遊歩道の価値判断は、科学的、哲学的、宗教的価値から決定されねばならない。

すべての価値を計るものさしは、時間でも空間でも、金銭でも、労働でもない。最終的には人間の喜びと幸いのものさしでなければならない。それは神の手で決定されると言ってよい。人間というものさし、しかも真実の人間をものさしとしたとき、科学的価値は蜃気楼として消滅し、あとには巨大な労力、資材の負担や浪費がつづくのみである。

科学は人間に奉仕してくれる天使でなく、人間を酷使する悪魔であることを銘記すべきである。人間は今や何をしているのか、何を為すべきか、その目標を明確にせねばならない。」

「物質が原子から出来ていることを発見した物理学者は、物質の構造単位を知ることで、物質の形質を知り、ニュートンは万有引力の発見で、物質の動力学的な見方が確立したと喜んでいるのだが、その喜びは鉄やゴムの性質を知り、自動車を造りえたから喜べるのである。科学の知恵は、自動車が飛行機の運動に保証をあたえたことで価値があるのではないか。科学は、人間が早い乗物を造りたいという欲望目的に答えてくれたことで賞賛される。」

「科学者は、堅い鉄が堅い、軟らかいゴムは軟らかい、高速車は速いと確信しているから、人間の要望をかなえさすことができたと考えているのである。ところが、科学者は科学のために科学したにすぎず、自然を知ったのでも、自然の法則を知ったのでもなかったのである。自然の中にある堅い軟らかい速い遅いは、本来科学者が考えているようなものではなかった。ものの形質、時間と空間の問題は、根本的に見れば、科学者の手におえる問題ではなかったのである。科学は不知の科学にすぎず、人間の造った自動車や飛行機の価値も、徹底的に究極すれば無価値のものとなる。

「科学者が知った原理法則を否定し、創造した物の価値一切を否定されるのか？」

「リンゴの落下を万有引力のせいだと知ったニュートンの心と、木の葉が散る風情をただ自然に散ると思った詩人の心と、どちらが自然の原理を知ったものと言えようか。ニュートンは自然の中にある科学的な一法則を知ったにすぎない。彼は時間と空間の概念を明確にして、物質の運動を解読したことで賞賛される。だが、その真理は科学の世界においてのみ意味をもつ。すなわち、自然の科学的解説に役立ったというだけである。自然とは何ぞやを知り、自然とともに遊ぶ。自然と一体になろうという人生の目的から見れば、その価値はゼロである。それは野球をする価値と、野球を解説する価値は全く異なっているようなものである。野球の解説者は野球をしたのではない。ニュートンは、自動車に乗って遊ぶつもりが、エンジンの研究につい夢中になって一生自動車の修繕工で終わってしまった人間と同じだと言える。自然を見ようとして、自然を見ないですんでしまった科学者があまりにも多い。ニュートンたちが造った今日の速い乗物は、明日の遅い乗物である。堅い鉄は砂よりももろいとも言える。

科学者は自からの手でその価値を次々とこわしてゆく。ニュートンの動力学、時間、空間の概念はアインシュタインによって大幅に書きかえられた。彼は〝光の速度以上に速いものはない〟〝宇宙では光の速さ以下で伝播する接近運動があるのみである〟と言って、従来の物理学に大きな波紋をなげかけた。しかしその彼が〝宇宙の大きな謎はまだ解くことができない。できないか、できるかさえも断言することはできない〟と言った。その意味を考えれば、彼もまた科学の領域と、その限界を感じて立往生したと言えるであろう。

「彼の予感した謎とは何か。科学者が解きえない謎とは……」

「昔から、物理学者の間で、あるかないかで論争が絶えず、今においても悩みの種になっているのが〝絶対真空〟の問題である。」

「私は科学的立場以外の立場から、次のように断言することができる。即ち〝絶対真空はある〟と。それは絶対無の世界において、真理として把握できるからである。しかし、絶対無が人知で把握できるものでないがゆえに、この結論は科学者の手によって裁かれるものではない。すなわち、絶対真空は究極的に見て、科学的立場から立証することもできなければ、反発することも許されない問題である。

神は科学を裁くことができるが、科学は神を裁きえない。アインシュタインの嘆きもそこにあったと考えられる。

科学者の手によって把握されうる真空は、相対界における有無の範囲内での無の真空でしかない。それが物理学者の追求しうる有《う》の〝物体〟に対する無《む》の〝場〟であって、物理学者の手が及ぶ領域（限界）がそこにある。すなわち、科学者の対象となる領域には厳然とした枠がはめられており、そこから外に飛びだすことができない。絶対真空は、科学者の領域外の問題として解決されるのである。」

「領域外と言えば、空間と時間の問題もある。」

「もちろん科学者をとじこめている金環（領域）は時間と空間である。時空は時空を超えた立場で論ぜられるべきものであるから、本来なれば時空は科学の対象にならないはずである。ところが、この人間が知りえないはずの時空の概念をもとにして、この世の一切の事物が組み立てられているのだから奇妙なものである。

時空が本当は何であるかわからないままで、人間は、これを基礎にしてこの世の一切の事物を組み立てた家、いわば蜃気楼の家に住んで安閑としているのである。人間が永遠の悩みをもちつづけざるを得ないのはそのためである。

時空とは何か。本当に実在するのか、否か。その科学的な確信と実証のあとをのぞいてみよう。

ニュートンは、〝絶対的時間というのは、外界のどんなものとも無関係に、一様にひとりで経《た》ってゆくものである。空間はそれ自身、外界のどんなものにも無関係に、つねに同一で変わらないものをさす〟と言っている。彼はこの世の一切の事物を認識し、測定する不変のものさしとして時空を使った。

ところが、ニュートンの時間と空間の概念も、不変絶対のものでないことが原子物理学や天文学の世界で証明されだした。光の速度の運動を考える場合には、時間は空間と切り離して考えることができなくなってきたのである。そのためアインシュタインは相対性原理のなかで時空連続体としての〝空間時間〟の概念を確立した。

ところが、さらに光のものさしでも計れないような現象が、量子学の世界で起きてきた。そこでは、光のものさしの代わりに、数学的な〝確率〟がものさしとして考えられだした。こうなってくると、ますます時間とか空間の概念というものはきわめて把握の困難なものになってきた。

しかし、いくら新しい科学者が出て、次々と新しい説を立てて、時空の概念を変え、物体や事象を計る基準を変えてみても、ニュートンやアインシュタインと同様に、人々は時間と空間の実在を認めざるをえない点においては、同じことであろう。また、科学者がその実存をどんなに疑ってみても、科学の領域から見て、その有無を判定することはできない。

時間と空間とは何か。それは果して実存するものかどうか。私はすでに〈無の哲学〉（『無』II）で述べた。〝時間と空間は本来一つのものであり、さらに究極の世界においては消滅する。すなわちその実存は否定された〟と。

時間と空間が、この世に本当は実存するものでないということは、時空を超えた立場において初めて断言しうる確信であった。

時空が消滅したとき、この世のすべて、時空の概念の上に組み立てられた大宇宙の事物一切の科学的解説は、根元的なところにおいて一切が否定され、無意味なものに帰してしまうのである。いわば絶対無の立場に立ってみれば、自然科学者の一切の領域及びその価値が消滅してしまうのは当然であろう。

だが、ここで考え違いをしてはならない。時間が無に帰し、空間が消失したと見えるとき、宇宙の森羅万象はかえって厳然として屹立し、人間は初めて宇宙の実体と対面し、直結することができるのである。

科学者は、今まで自然を分析し、解読することに汲々としてきた。そして、自然の腹を裂き、分解し破壊し、それが自然を知る方法であり、自然を生かす道であるかの如く錯覚してきた。だが、これは人間を自然からきりはなして殺し、自然をますます不明にしただけであった。人々が信じている科学的解明は、自然を解体するとともに、自分自身をも解体し、自然と人との崩壊に役立っただけである。

もし科学者に今後行くべき道があるとすれば、贖罪《しょくざい》の道のみであろう。罪ほろぼしの意味で、科学の道では自然を把握しえない理由を解説し、科学が役に立たないことを立証するための科学が、ただ一つ残された救いの道となるであろう。科学も哲学とともに、神を守護するための番犬としての役目があると言えばあるだけである。

現在、時代の最先端をゆく原子物理学者や生命学者は、皆一様にその前途が容易でないというより、危機感を感じはじめているのは事実である。しかし、それかといって彼らは、反転しようとはしないだろう。それどころか困難がませばますほど多くの議論をつみ重ね、経験や実験によって、反物質の世界や新しい次元の世界観を樹立しようと励むだろう。

しかし、彼らは将来、原子の究極の世界、宇宙の究極的生命の発見や、解明によって、はたして、この世の謎を解きうるだろうか。

否である。彼らはどこまでも不可能なことに挑んでいるのである。人間が抱く謎はどこまでも続き、悩みはますます増大するのみである。が、さらに重大なことは、彼らが最後の難問に挑んでいる人知の洞窟の爆破は、そのまま人類の破局に直結していることである。知は知によって亡ぶ。彼らが極大の宇宙を征服し、極微の究極をあばき美人のはらわたを裂き、生命を自由自在に手に入れたと思ったとき、人類は自らの墳墓を掘っている狂人にすぎなかったことに、いやでも気づかねばならぬだろう。

なぜなら、人間の進むべき方向は、それとは正反対であったからである。人知で知ろうとする神は前方にいない。知りうるはずのない方向に向かって進んでいて、人類に光明の光が来るはずはない。人間が洞窟の中の知から脱出できないかぎり、人間は無明の暗の世界を、最後の時が来るまでさまようだけである。

もの（物）の中に、ものはない。ものでないもの（心）の中に、心があるのでもない。

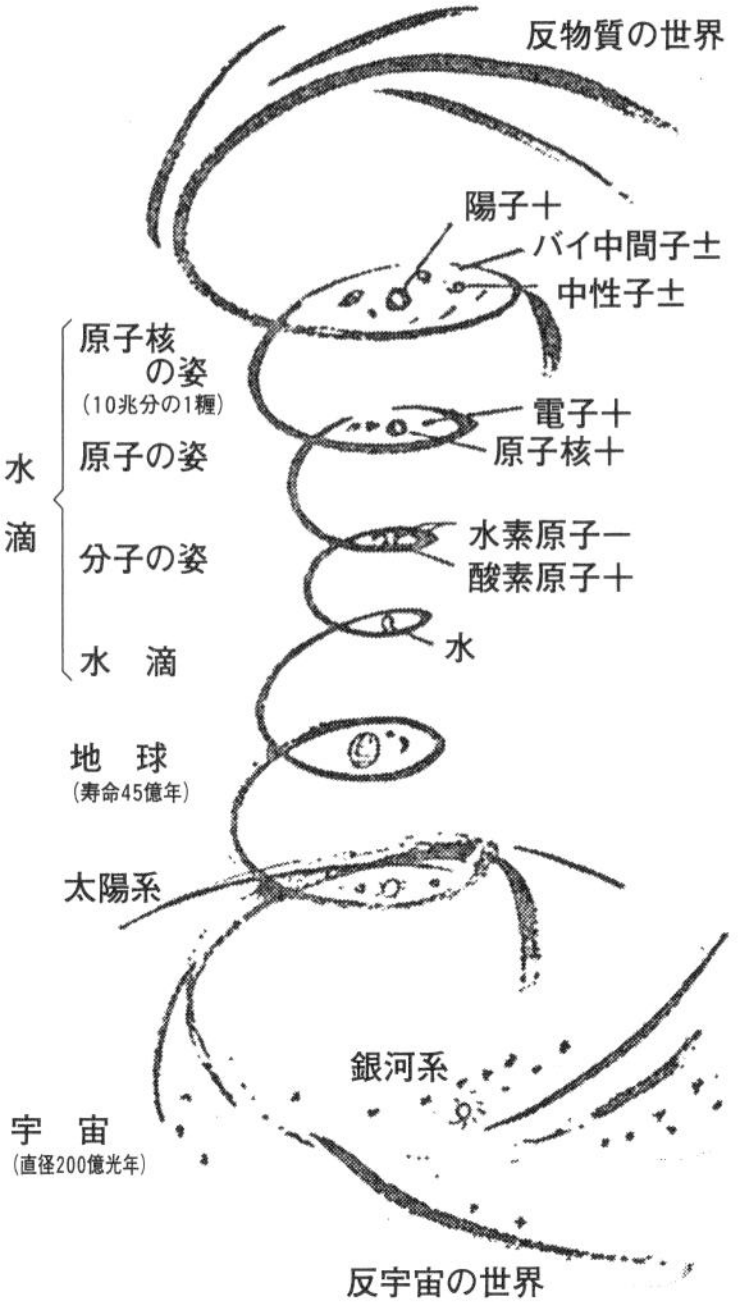

一滴の水の中に宇宙がある

宇宙の中に、宇宙を知る手がかりはない。
それは宇宙に対面する人間の中にあって、
しかも、この眼前の人間の中にはない。
このことを、知りえていないことを知ることが、
ただ一つの人間脱出の手がかりになるだろう。」

風　心

山小屋に尋ね来る人多きも
いまだ未踏
語るべき言葉もつきて
囲炉裏《いろり》の煙　いたずらにけむたく
旅客去りて　独りの火は　小さし
うらむべし
人は知らざることを知らず（不可知）
知りうることを　知らず（開悟）
不知の智に迷いて　無明の洞窟をさまよい
巷の踏々として　痴人の夢を追う

愁風あり暮色　窓外に迫る
深山の霧はいよいよ濃く　谷は既に蒙昧《もうまい》
野鳥のさえずりも　刻々　細く
渓流のひびき　かすかに心耳をうつ
されど頭をめぐらせば
残照　いまだ　西の湖に映え
一片の白雲　水心に宿り
しばし　寸刻の光芒に　忸怩《じくじ》として
悠久の生命を観る
さようなら　今日の愚　明日の日
独り知らざるを知れば　既に十分
何ぞ　破窓の月と酒盃を分たん
空谷の佳人は
　為さずして咲き
ただ狐狸のために香るとか

耕人讃歌

一
変わらぬもの　一つなき世に
確かなるものを求めて　さまよえる幾年月
闇路はるか　辿り行く　山の修院
幾曲りしつ　黒き杉木立の道をのぼりぬ
出迎える修女　微笑えみて　灯火をかかぐ
今ぞ知る　わが心の旅路の終りを
ああわが心の故里　ここに在りしを

二
朝陽　杉木立より　のぼり
朝霞晴る　筑紫の沃野　双眸のもとに開けぬ
悠久の　時の流れを映して　伊万里川
渺々として　西海に　そそぎ

一片の雲なき　碧空は　無限の時を刻む
今ぞ知る　神の心の広きを
ああ主の愛　創造の御手の尊さ

三

天地は　神の御座なれば
天の下　大地を耕すものは　幸なり
（いざ　神のみわざに　歓びつかえん）
野の鳥の囀り　神を讃美し
菜の花も　神を語らん
湧き出ずる水の流れは
永遠の真理をささやく
今日一日こそ　無限のいのち
残照　聖堂の十字架《クルス》に　映ゆる頃
晩鐘は　一日のつとめの終りを告げぬ
ああ神の御恵みを謝しつつ
（今ぞ　安らかに憩わん）

あとがき

この書は、四十五年も前の青年時代の私の一時、一刻の体験を老人の筆に托して書いたのだが、その私が、いつの間にか白髪の老人になっていた。

私の人生とは何だったのだろう。

私は二十代で、人生の旅路をストップさせた。それからの人生は、峠の茶店で、行き来する人たちを、ただそっと見ていただけだった気もする。

網をかついで、かけて行く人には、

「あわてて青い小鳥を追いかけたら逃げますよ。一服して話して行きませんか」とさそったり、
絶望して帰って行く人には、

「悲しむことはありませんよ。それそこに梅が一輪、二輪咲いています」などと話し掛けてもみた。

立ち止まって、差し出した粗茶を飲んで行ってくれる人も幾人かいたが、多くの人たちとはスレ違いで終わった。

今さら、見失った恋人を探しに出かける気もないが、夢の中でもよい、もう一度会って話しあってみたい気もする。

「私はいったい何だったのでしょう」と尋ねたら、その人は、微かに笑うだけだろうが、それでもよい。

わからないことが、その微笑の中に一つでもあれば、私も壺中の夢を見ることができる。

人　人を訪ひ　人を問わず
茅亭　おとずるるは　ただ狐狸
「汝は　誰ぞ」
我は答う
「汝は　誰ぞ」
ともに知らず
ただ酌み交わす　壺中の酒
炉辺　一刻　無限を楽しむ

一九八五年三月

著者

〈著者紹介〉
福岡正信（ふくおか まさのぶ）
1913年、愛媛県伊予市大平生まれ。1933年、岐阜高農農学部卒。1934年、横浜税関植物検査課勤務。1937年、一時帰農。1939年、高知県農業試験場勤務を経て、1947年、帰農。以来、自然農法一筋に生きる。1988年、インドのタゴール国際大学学長のラジブ・ガンジー元首相から最高名誉学位を授与。同年、アジアのノーベル賞と称されるフィリピンのマグサイサイ賞「市民による公共奉仕」部門賞受賞。主著に『自然農法 わら一本の革命』『無Ⅰ　神の革命』『無Ⅱ　無の哲学』『無Ⅲ　自然農法』『自然に還る』『〈自然〉を生きる』（いずれも春秋社）。
2008年、逝去。

無Ⅰ　神の革命

1985年7月10日　初版第1刷発行
2004年8月30日　新版第1刷発行
2023年3月20日　新版第5刷発行

著　　者　福岡正信
発 行 者　神田　明
発 行 所　株式会社 春秋社
〒101-0021　東京都千代田区外神田2-18-6
電話　03-3255-9611（営業）
　　　03-3255-9614（編集）
振替　00180-6-24861
https://www.shunjusha.co.jp/
装 幀 者　中山銀士
印刷・製本　萩原印刷株式会社

ISBN978-4-393-74143-6　　定価はカバー等に表示してあります

福岡正信　著作

自然農法　わら一本の革命
不耕地・無肥料・無農薬・無除草にして多収穫。驚異の自然農法、その思想と実践。
1320円

百姓夜話　自然農法の道
人智を捨て、無為自然への回帰を標榜する福岡哲学の出発点となった名著の復刊。
2200円

無I　神の革命
何もしないところから豊かな実りが得られる——人為・文明への警告と回復への道。
3080円

無II　無の哲学
人は何を為すべきか。古今の哲人の思想を批判しつつ、無為自然への回帰を説く。
3080円

無III　自然農法
米麦・野菜・果樹、あらゆる農の実践を縦横無尽に語る。福岡自然農法の真骨頂。
2750円

自然に還る
自然に仕え、自然と共生する農を考える。深刻化する地球的規模の砂漠化を救う道。
2750円

福岡正信の〈自然〉を生きる
「生きることだけに専念したらいい」人智を超えた自然の偉大さを語る、福岡哲学入門。
1650円

※価格は税込（10％）。